WINNICOTT & COMPANHIA

Blucher

WINNICOTT & COMPANHIA

Winnicott e Freud

(Volume 1)

Leopoldo Fulgencio

Winnicott & companhia: Winnicott e Freud (Volume 1)

Editora Edgard Blucher Ltda.

Publisher Edgard Blücher
Editor Eduardo Blücher
Coordenação editorial Jonatas Eliakim
Produção editorial Lidiane Pedroso Gonçalves
Preparação de texto Angela das Neves
Diagramação Negrito Produção Editorial
Revisão de texto Ana Maria Fiorini
Capa Leandro Cunha
Imagem da capa iStockphoto

Blucher

Rua Pedroso Alvarenga, 1245, 4º andar
04531-934 – São Paulo – SP – Brasil
Tel.: 55 11 3078-5366
contato@blucher.com.br
www.blucher.com.br

Segundo o Novo Acordo Ortográfico, conforme 6. ed. do *Vocabulário Ortográfico da Língua Portuguesa*, Academia Brasileira de Letras, julho de 2021.

Dados Internacionais de Catalogação na Publicação (CIP)
Angélica Ilacqua CRB-8/7057

Fulgencio, Leopoldo
Winnicott & companhia : Winnicott e Freud (volume 1) / Leopoldo Fulgencio. – São Paulo : Blucher, 2022.
286 p.

Bibliografia
ISBN 978-65-5506-437-7

1. Psicanálise. 2. Winnicott, D. W. (Donald Woods), 1896-1971. 3. Freud, Sigmund, 1856-1939. I. Título.

22-4344 CDD 150.195

Índice para catálogo sistemático:
1. Psicanálise

Para Lygia

Conteúdo do volume 1

Agradecimentos 11

Origem deste livro, fontes dos textos e indicação de alguns padrões editoriais 13

Introdução 17

Parte I. Análise **31**

1. Aspectos gerais da redescrição winnicottiana dos conceitos fundamentais da psicanálise freudiana 33

2. A noção de trauma em Freud e Winnicott 69

3. Ampliação winnicottiana da noção freudiana de inconsciente 85

4. A noção de *Id* para Winnicott 109

5. Aspectos diferenciais da noção de *Ego* e de *Self* na obra de Winnicott 127

6. A redescrição da noção de *Superego* na obra de Winnicott 145

7. A situação do *narcisismo primário* para Winnicott 167

8. Críticas e alternativas de Winnicott ao conceito de pulsão de morte 185

Parte II. Visão de conjunto **203**

9. Winnicott e Freud: continuidades, desenvolvimentos e rupturas 205

Publicações de Leopoldo Fulgencio 251

Referências bibliográficas do Volume 1 265

Conteúdo do volume 2

Agradecimentos 11

Origem deste livro, fontes dos textos e indicação de alguns padrões editoriais 13

Introdução 17

1. Winnicott e Klein: influências, continuidades e rupturas 31

2. O complexo de Édipo nas obras de Klein e Winnicott: comparações 65

   Priscila Toscano de Oliveira Marchiolli, Leopoldo Fulgencio

3. Atualidade de "O brincar como modelo do método de tratamento psicanalítico" 83

4. Winnicott e Ferenczi: plano para estudo das proximidades e distâncias destacadas pela literatura secundária 105

5. Modos de sofrer para Winnicott e Ferenczi e os objetivos do tratamento psicanalítico 125

6. *Telos* & desenvolvimento de Winnicott & Companhia 147

7. Breves diálogos atuais sobre o lugar da experiência no processo analítico 151

Referências bibliográficas do volume 2 159

Agradecimentos

À Fapesp e ao CNPq. Todos os textos aqui reunidos derivam de pesquisas financiadas pela Fapesp e pelo CNPq, ao longo desses anos em que tenho desenvolvido pesquisas.

Às revistas nas quais meus artigos foram publicados, pela autorização para republicá-los neste conjunto em forma de livro. Ao identificar a fonte dos textos aqui publicados, também serão citadas as revistas que, gentilmente, autorizaram sua republicação.

A meus colegas de profissão, com quem tenho desenvolvido laços fraternos e que são pessoas que posso admirar e tomar como modelo: Maria Thereza Costa Coelho de Souza, Rogerio Lerner, Elias Mallet da Rocha Barros, Paulo Sandler, Rogério Coelho de Souza e Regina Elizabeth Lordello Coimbra.

E, *sempre*, para aqueles com quem compartilho a vida familiar, minha esposa, Lygia, meus filhos (André, João, Nina Flor) e meu enteado (Tom).

Origem deste livro, fontes dos textos e indicação de alguns padrões editoriais

Todos os textos aqui publicados derivam de pesquisas desenvolvidas ao longo de minha vida acadêmico-universitária, há mais de trinta anos, contando com o apoio de instituições de fomento à pesquisa durante todo meu percurso acadêmico e minhas pesquisas de iniciação científica (CNPq), mestrado (CNPq), doutorado (CNPq e Fapesp), pós-doutorado (Fapesp), jovem doutor (Fapesp) e, mais recentemente, a auxílios regulares a pesquisas (Fapesp).

A maior parte dos capítulos são artigos já publicados em periódicos da área, ainda que alguns textos inéditos sejam frutos de conferências apresentadas em eventos, cuja origem será indicada. Ao final do Volume 1, incluí um texto inédito, que visa a oferecer uma visão geral crítica das relações entre Winnicott e Freud, apontando para alguns aspectos que me parecem decorrer das contribuições da obra de Winnicott para o desenvolvimento da psicanálise como método de tratamento e como ciência.

Fontes dos textos do Volume 1

Fulgencio, L. (2004). A noção de trauma em Freud e Winnicott. *Revista de Filosofia e Psicanálise Natureza Humana, 6*(2), 255-270.

Fulgencio, L. (2008). O brincar como modelo do método de tratamento psicanalítico. *Revista Brasileira de Psicanálise, 42*(1), 124-136.

Fulgencio, L. (2010). Aspectos gerais da redescrição winnicottiana dos conceitos fundamentais da psicanálise freudiana. *Psicologia USP, 21*(1), 99-125.

Marchiolli, P. T. d. O., & Fulgencio, L. F. (2012). O complexo de Édipo nas obras de Klein e Winnicott: Comparações. Ágora, *XVI*(1), 105-118.

Fulgencio, L. (2012). Críticas e alternativas de Winnicott ao conceito de pulsão de morte. Ágora, *XV*(Especial), 469-480.

Fulgencio, L. (2013a). Ampliação winnicottiana da noção freudiana de inconsciente. *Psicologia USP, 24*(1), 143-164.

Fulgencio, L. (2013b). A redescrição da noção de Superego na obra de Winnicott. *Rabisco. Revista de Psicanálise, 3*, 153-168.

Fulgencio, L. (2013c). A situação do narcisismo primário. *Revista Brasileira de Psicanálise, 47*(3), 131-142.

Fulgencio, L. (2014a). Aspectos diferenciais da noção de ego e de self na obra de Winnicott. *Estilos da Clínica, 19*(1), 183-198.

Fulgencio, L. (2014b). A noção de Id para Winnicott. *Percurso. Revista de Psicanálise, XXVI*(51), 95-104.

Fulgencio, L. (2021, inédito). *Winnicott e Freud: Continuidades, rupturas e novas perspectivas.* Conferência apresentada na Sociedade de Psicanálise da Polônia, em 2021, "Winnicott and

Freud. Points of convergence and directions of theory development", Conference opening.

* * *

Como cada um dos textos publicados tem uma vida e uma organização própria, sustentando-se em si mesmos, ainda que o conjunto seja integrado num todo temático e sistematizado de análise. Isto faz com que haja algumas repetições de argumentos e de citações, optei por deixá-las nesse formato, pensando na sua utilidade para o estudante e o pesquisador, reunindo argumentos e referências em cada um dos textos (blocos temáticos de análise). A eliminação das repetições exigiria uma reformulação maior dos textos e obrigaria o leitor não só a ir e voltar na consulta do livro, como atrapalharia também a compreensão do fluxo argumentativo de cada texto. Algumas repetições, no entanto, podem ser evitadas, e sempre que possível isto foi feito. Todos os textos foram revisados e atualizados, tanto conceitualmente quanto em suas referências.

Tenho o hábito acadêmico de indicar todas as referências bibliográficas, diretas e indiretas, utilizadas na produção de meus textos. Isto pode deixar o texto um pouco poluído, dificultando a leitura. Neste sentido, todas as referências foram colocadas em notas de rodapé, procurando deixar o texto mais direto e claro no seu encadeamento lógico, sem perder o conjunto de referências, úteis para que as verificações, consultas, e desenvolvimentos possam ser feitos.

Dentre as referências bibliográficas, a obra de Freud e Winnicott, serão citadas utilizando-se classificações universais, a saber:

1. A obra de Freud será citada segundo a classificação proposta por Tyson & Strachey (1956), quando da publicação da *The Standard Edition of the Complete Psychological Works of Sigmund Freud* (SE).

2. A obra de Winnicott será citada a partir da classificação feita por Knud Hjulmand (1999). Henry Karnac fez uma classificação da obra de Winnicott, classificando os doze livros, em geral coletâneas de textos, publicados (W1 a W12). Knud Hjulmand (1999) classificou todas as obras de Winnicott em função da sua data de publicação (registrados em termos cronológicos) e da sequência de publicação em cada ano (registrada em ordem alfabética).

3. Em 2017, a Oxford University Press publicou os *Collected Works of D. W. Winnicott* (*CW*), em 12 volumes organizados por ordem cronológica, o que torna possível agrupar sua produção, especificando-se sua produção ano a ano; como essa edição é, ainda, pouco acessível, não estou usando-a; ainda que esteja preparando uma tabela de correspondência de páginas entre as diversas edições da obra de Winnicott disponíveis – a de Henry Karnac em inglês, a de Henry Karnac em português, e a CW –, com o objetivo de facilitar o trabalho de busca das referências nas diversas versões.

Introdução

Winnicott é um clássico da psicanálise, colocado ao lado de Klein, Lacan e Bion, e, como eles, realizou grandes transformações teóricas e clínicas na psicanálise. Tem-se discutido a natureza, especificidade, amplitude e consequências de suas propostas para o desenvolvimento da psicanálise e da psicologia. Uma pesquisa rápida na *Psychoanalytic Electronic Publishing* (http://www.pep-web.org), a maior biblioteca on-line de psicanálise do mundo, tem reiterado Winnicott como um dos autores mais *vistos* e mais *citados*, dentre os dez mais nessas categorias.[1]

---

1 Em 30 de novembro de 2020, dentre os *mais visitados*, Winnicott é o 2º ("The theory of the parent-infant relationship"), 4º ("Transitional objects and transitional phenomena – a study of the first not-me possession"), 5º ("The use of an object") e o 9º ("Hate in the counter-transference"); e, dentre os *mais citados*, o 3º ("The theory of the parent-infant relationship"), o 6º ("Transitional objects and transitional phenomena – a study of the first not-me possession") e o 8º ("Fear of breakdown"). Em 2021, dentre a lista dos *mais vistos*, ele é o 6º ("The use of an object") e o 7º ("The theory of the parent-infant relationship"); e na lista dos *mais citados* é o 3º ("The theory of the parent-infant relationship"), 7º ("Fear of breakdown"), 8º ("Transitional objects and transitional phenomena") e 10º ("The use of an object").

Ao longo da história, ele tem sido avaliado das mais diversas maneiras, como: um clínico excelente, mas pouco dado à teoria e à sistematização (Assoun); criativo demais na sua terminologia, o que gera uma certa confusão (Phillips); importante, justamente pelos efeitos que gera, mais do que pelas propostas teóricas que enuncia (Pontalis); apresentando uma teoria psicanalítica do desenvolvimento emocional convincente e uma das mais importantes figuras do pensamento psicanalítico pós-Freud (André Green); propondo um novo paradigma para a psicanálise (Loparic, Abram); um continuador de Ferenczi (Figueiredo); expandindo o pensamento kleiniano (Joseph Aguayo) etc. Temos, na literatura secundária, algumas propostas de compreensão sistemática do lugar, importância e especificidade da sua obra (Phillips, Clancier & Kalmanovitch, Abram, Dias, Spelman, Alexander, Caldwell, Fulgencio), bem como um número significativo de estudiosos dedicados ao diálogo entre Winnicott e os diversos sistemas teórico-semânticos da psicanálise.

Em 2017 tivemos a publicação dos *The collected works of D. W. Winnicott* (CW), em doze volumes organizados cronologicamente, com a edição geral a cargo de Lesley Caldwell e de Helen Taylor Robinson, e a edição de cada volume a cargo de psicanalistas de renome (Ken Robinson, Christopher Reeves, Paolo Fabozzi & Vincenzo Bonaminio, Dominique Scarfone, Roger Kennedy, Angela Joyce, Jim Rose, Ann Horne, Marco Armellini, Arne Jemstedt, Steven Groarke).[2]

Tenho também me dedicado à análise da sua obra, tanto em termos teóricos quanto históricos e epistemológicos, perscrutando as relações de continuidade e ruptura entre Winnicott e os analistas que foram significativos para sua formação e com quem ele

2 Cf. prefácio de cada um dos volumes dos CW, na coletânea *Twelve essays on Winnicott: Theoretical developments and clinical innovations* (Kabesh 2019).

se manteve em diálogo direto ou indireto; como também as suas contribuições para os acontecimentos e conquistas do desenvolvimento, e para o desenvolvimento da psicanálise e das práticas psicoterápicas. Se, por um lado, Winnnicott se coloca como um freudiano e um aprendiz de Klein, por outro, ele também se manteve independente e nunca se colocou *sob o polegar* deles, fazendo as coisas (teóricas e clínicas) à sua maneira. Os comentários de Greenberg & Mitchell sobre sua postura apontam para este fato:

> *Winnicott conserva a tradição de maneira curiosa, em grande parte distorcendo-a. A sua interpretação dos conceitos freudianos e kleinianos é tão idiossincrática e tão pouco representativa da formulação e intenção originais deles a ponto de torná-las, às vezes, irreconhecíveis. Ele reconta a história das ideias psicanalíticas não tanto como se desenvolveu, mas como ele gostaria que tivesse sido, reescrevendo Freud para torná-lo um predecessor mais claro e mais fácil da própria visão de Winnicott.*[3]

Um dos pioneiros e mais importantes comentadores da obra de Winnicott, Adam Phillips, já em 1988, escreveu:

> *Enquanto Freud se preocupava com as enredadas possibilidades de satisfação pessoal de cada indivíduo, para Winnicott essa satisfação seria apenas parte do panorama mais amplo das possibilidades para a autenticidade pessoal do indivíduo, o que ele chamará de "sentir-se real". Na escrita de Winnicott, a cultura pode facilitar o crescimento, assim como o pode a mãe; para Freud, o homem é dividido e compelido, pelas contradições de seu*

3 Greenberg & Mitchell 1983, p. 139.

> *desejo, na direção de um envolvimento frustrante com os outros. Em Winnicott, o homem só pode encontrar a si mesmo em sua relação com os outros, e na independência conseguida através do reconhecimento da dependência. Para Freud, em resumo, o homem era o animal ambivalente; para Winnicott, ele seria o animal dependente, para quem o desenvolvimento – a única "certeza" de sua existência – era a tentativa de se tornar "separado sem estar isolado". Anterior à sexualidade como inaceitável, havia o desamparo. Dependência era a primeira coisa, antes do bem e do mal.*[4]

Neste livro, ocupei-me, então, de retomar o conjunto de análises que tenho feito, apresentando ao leitor uma visão geral das propostas de Winnicott na história e desenvolvimento das ideias na psicanálise. Todos os textos, escritos ao longo de mais de trinta anos de pesquisa, foram revistos e atualizados, acrescentando-se a eles dois textos novos, fornecendo-se uma visão geral desse tipo de estudo.

O livro aborda as relações entre Winnicott e aqueles autores que poderiam ser considerados colaboradores para sua formação, com os quais dialogou direta ou indiretamente de forma intensa, contribuindo para a estruturação e desenvolvimento do seu pensamento. É nesse sentido que analisarei algumas relações conceituais entre *Winnicott e Freud* (Volume 1) e *Winnicott, Klein e Ferenczi* (Volume 2). Freud e Klein são citados pelo próprio Winnicott como referências de base, constituindo sua formação, e Ferenczi, ainda que pouco citado por Winnicott, tem sido considerado muito próximo, nas suas concepções e propostas, a Winnicott. Nesse contexto, a falta de Bion não deixa de ser notada e aponta para uma lacuna a ser preenchida.

---

4 Phillips 1988, p. 29.

Volume 1: Winnicott e Freud

Este volume é constituído por uma série de análises de temas específicos, terminando com uma visão de conjunto das propostas de Freud e sua presença (e desenvolvimentos) na obra de Winnicott.

No Capítulo 1, "Aspectos gerais da redescrição winnicottiana dos conceitos fundamentais da psicanálise freudiana", dedico-me a comentar em que sentido Winnicott redescreveu os principais conceitos da psicanálise (o inconsciente, a sexualidade, o complexo de Édipo, a transferência e a resistência), mostrando que ele reitera a importância desses conceitos, mas dá a eles outros sentidos. Ao final dessa análise, procuro mostrar que modificações-redescrições, associadas ao abandono da teorização metapsicológica, realizam uma mudança no quadro epistemológico da psicanálise (levando do campo das ciências naturais, como pretendia Freud, para o campo das ciências hermenêuticas, mais próxima da fenomenologia e do existencialismo moderno). Esse tipo de análise torna possível afirmar, então, que Winnicott permaneceu como um freudiano para além de Freud.

No Capítulo 2, "A noção de trauma em Freud e Winnicott", ocupo-me da análise das diferenças entre eles no que se refere à noção de trauma, mostrando que Freud a concebeu como uma *excitação não descarregada*, usando a histeria como modelo, enfatizando que essa noção de trauma é construída com a ajuda dos conceitos especulativos da metapsicologia (a pulsão, marcando o ponto de vista dinâmico; a libido, no ponto de vista econômico; o aparelho psíquico e suas instâncias, no ponto de vista tópico); enquanto, para Winnicott, o trauma não é pensado em função do ponto de vista econômico, nem basicamente como sendo de natureza sexual, nem centrado no complexo de Édipo, mas diz respeito às falhas ambientais que interrompem a continuidade de ser. Procurei colocar em evidência o fato de que a noção de trauma em Winnicott é concebida em termos da quebra na confiabilidade do ambiente, quebra na continuidade de ser, e que isso tem significados, dinâmicas e consequências diferentes em função do momento do processo de desenvolvimento afetivo no qual ele ocorre.

No Capítulo 3, "Ampliação winnicottiana da noção freudiana de inconsciente", mostro que Winnicott acrescentou à concepção freudiana do inconsciente reprimido um outro tipo de inconsciente, referido a experiências que são anteriores à possibilidade do recalque (que não teria ainda surgido como um mecanismo de defesa), na consideração de acontecimentos, conteúdos e modos de ser – como cisões, eventos que foram vividos mas não puderam ser integrados ou experienciados como estando no campo, além de experiências de integração no tempo, espaço, na unidade psicossomática – que podem ser qualificados como inconscientes.

Nos capítulos seguintes (de 4 a 6), dedico-me a mostrar como Winnicott deu um novo sentido àquilo que Freud designou como as *instâncias* do aparelho psíquico, diferenciando o sentido metapsicológico do sentido descritivo dos termos, numa ampliação das concepções de Freud.

No Capítulo 4, "A noção de *Id* para Winnicott", coloco em evidência o fato de que Winnicott redescreveu o conceito de Id, como Freud o estabeleceu, expandindo a compreensão da vida instintual e diferenciando-a da sexualidade, considerando esta última como uma maneira específica de viver a vida instintual. Procurei mostrar que Winnicott nunca utiliza o termo Id no seu sentido metapsicológico, como uma instância de um aparelho psíquico, mas sempre no seu sentido empírico, relacionado às efetivas pressões da vida instintual.

No Capítulo 5, "Aspectos diferenciais da noção de *Ego* e de *Self* na obra de Winnicott", analiso quais são os sentidos e os referentes que Winnicott deu aos termos *self* e *ego*, considerando que ele não os usou de maneira clara e distinta ao longo de sua obra, para, então, explicitar que, num determinado momento mais maduro, ele caracteriza o *self* como um termo descritivo que se refere à experiência individual de ser, enquanto o ego tem dois sentidos: um mais amplo e de conotação ontológica, que o toma como uma tendência inata à integração, e outro como um conceito, que tem por referente a unidade do sujeito psicológico, nos seus mais diversos graus.

No Capítulo 6, "A redescrição da noção de *Superego* na obra de Winnicott", analiso quais são os aspectos diferenciais da noção de superego em Freud e em Winnicott, seja no que se relaciona à sua origem, seja no que concerne à sua constituição. Defendo que Winnicott redescreveu esse conceito, dando a ele novos referentes (diferentes dos que Freud considerou para eles), nem sempre associados com o que poderia derivar das relações de objeto impulsionadas pela vida instintual, mas que dizem respeito a valores projetados e introjetados pelo indivíduo na sua relação com a sustentação e o cuidado ambiental. Esse tipo de análise reitera a hipótese de que Winnicott rejeitou considerar *a noção de aparelho psíquico e suas instâncias* em termos especulativos e/ou metapsicológicos, mas que manteve e expandiu os sentidos e referentes empíricos desses conceitos, a favor de uma teorização que preza pela presença de referentes factuais para os seus conceitos, no desenvolvimento da psicanálise como uma ciência objetiva da natureza humana.

No Capítulo 7, "A situação do *narcisismo primário* para Winnicott", descrevo qual é o fenômeno e a situação vivida no princípio da existência, apoiando-me nas indicações de Freud, mas acrescentando-lhes os desenvolvimentos crítico-descritivos feitos por Winnicott. Para Winnicott, a compreensão das relações mais primitivas do bebê devem considerar a sua imaturidade e a sua dependência do ambiente, de maneira tal que não haveria sentido supor uma unidade independente e autônoma pertencente ao bebê, mas que tal unidade corresponderia, na verdade, ao conjunto bebê-ambiente. Nesse caminho, procura-se também estabelecer um diálogo com o artigo de Roussillon (2010, "The deconstruction of primary narcissism"), opondo sua consideração de que "no narcisismo primário a sombra do objeto primário recairia sobre o *self*" à afirmação de que no início não há sombra possível do objeto sobre o *self* porque não há uma realidade não *self*. Tais distinções têm como objetivo explicitar que tipo de situação transferencial e que tipo de objetivo analítico a ser alcançado estão presentes nos casos em que o paciente e seu analista precisam retomar a situação do narcisismo primário.

No Capítulo 8, "Críticas e alternativas de Winnicott ao conceito de pulsão de morte", retomo a avaliação de Winnicott referindo-se à pulsão de morte como o único *erro de Freud*, para mostrar que os problemas que Freud tentou resolver com essa noção (a compulsão à repetição e a origem da agressividade no ser humano) podem ser resolvidas de outra maneira. Dessa forma, procuro evidenciar que Winnicott mudou o foco da questão, considerando que os pacientes precisam regredir a situações similares à traumática, anteriores à constituição das defesas contra o trauma, a fim de as integrarem em sua personalidade, para, retornando um momento logo anterior ao momento em que foram aniquilados pelo trauma, evitar que isso ocorra, corrigindo a experiência passada.

Ao final, no Capítulo 9, "Winnicott e Freud: continuidades, desenvolvimentos e rupturas", numa apresentação com vistas à possibilidade de fornecer uma visão de conjunto das relações, proximidades e diferenças entre as propostas de Freud e as de Winnicott, dedico-me a analisar as especificidades das contribuições de Winnicott, na teoria e na prática da psicanálise. Nesse sentido, proponho retomar os aspectos gerais que Freud estabeleceu para caracterizar o que é a psicanálise para, em seguida, mostrar que Winnicott aprofunda e expande o pensamento de Freud, reiterando-se como um psicanalista. Em seguida, num diálogo com Martine Girard (2010, 2017), colocarei em destaque os desenvolvimentos que Winnicott fez na psicanálise, me ocupando em analisar criticamente: 1) o lugar da metapsicologia no pensamento de Winnicott; 2) as ampliações e modificações que Winnicott fez no processo de desenvolvimento, em termos teóricos e descritivos, especialmente em relação às fases iniciais e o lugar da vida instintual, com destaque para a imaturidade do bebê e a relação de dependência do ambiente, bem como a distinção entre as necessidades instintuais (do Id) e as de ser si mesmo (do Ego); 3) a modificação na ontologia psicanalítica, com a introdução da noção de ser, o que implica a compreensão do desenvolvimento emocional e um *telos* do desenvolvimento, referidos à experiência de ser; 4) a ênfase nas experiências de ser a partir-de-si-mesmo-no-mundo-com-o--outro no processo de desenvolvimento e no processo analítico; 5) e, ao final, uma compreensão ampliada da psicanálise como uma *cura pela experiência.*

Volume 2: Winnicott, Klein e Ferenczi

O volume 2, como o primeiro, é constituído por uma série de análises de temas específicos, abordando algumas relações conceituais de Winnicott com as de Melanie Klein e as Sandor Ferenczi, terminando com uma discussão sobre o lugar da experiência no processo analítico. Desse modo, considero que a diferença entre buscar *entendimento* e buscar *experiências* – tal como exposto por Thomas Ogden, referindo-se a uma *psicanálise epistemológica* (cujos principais expoentes seriam Freud e Klein) e uma *psicanálise ontológica* (cujos principais expoentes seriam Winnicott e Bion) – parece fornecer um aspecto central que distingue a perspectiva de Winnicott das de Klein e Ferenczi.

No Capítulo 1, "Winnicott e Klein: influências, continuidades e rupturas", retomo um campo de discussão já em andamento, procurando explicitar quais foram as principais influências que a obra de Melanie Klein teve sobre o pensamento de Donald Winnicott, bem como em que sentido há rupturas entre eles. Trata-se, em primeiro lugar, de apresentar um critério epistemológico e metodológico para estabelecer uma comunicação possível entre sistemas semântico-teóricos diferentes na psicanálise, considerando, então, que são os fenômenos descritos (e não os conceitos) que servirão como foco de análise e comunicação.[5] Em seguida, retomar, para uma análise crítica, uma série de propostas de compreensão das relações entre as propostas de Klein e Winnicott, começando pelos próprios comentários de Winnicott e, depois, aprofundando o tema com as análises críticas de Adam Phillips, John Padel, Joseph Aguayo, André Green, Susan Kavalier-Adler e Jan Abram & Robert Douglas Hinshelwood. Ao final, procura-se retomar a maneira como Klein descreve o fenômeno da *inveja inata*, para mostrar que, apesar de Winnicott recusar essa hipótese, ele reconhece a *inveja* como um fato da existência humana, mesmo precoce, mas advinda ou produzida em certas condições específicas.

No Capítulo 2, "O complexo de Édipo nas obras de Klein e Winnicott: comparações", em parceria com Priscila Toscano de Oliveira Marchiolli, que desenvolveu uma dissertação de mestrado sobre esse tema, procurou-se fazer uma análise comparativa da noção de complexo de Édipo nas obras de Klein e de Winnicott,

---

5 Procedimento metodológico que analisei em "Incomensurabilidade entre paradigmas, revoluções e *common ground* no desenvolvimento da psicanálise" (Fulgencio 2021c).

como forma de explicitar algumas diferenças e proximidades entre esses autores. Mostrou-se que, enquanto em Klein há a ideia de um Édipo precoce, base para a constituição do ser humano, ligado a fases pré-genitais e à relação do tipo parcial com os objetos, em Winnicott o complexo de Édipo aparece somente numa fase tardia do amadurecimento, quando o indivíduo já está integrado, caracterizando um desenvolvimento saudável.

No Capítulo 3, "Atualidade de 'O brincar como modelo de tratamento psicanalítico'", pretendo mostrar que o tratamento psicanalítico, do ponto de vista de Winnicott, tem um modelo clínico pensado em função da atividade de brincar, considerado em si mesmo, para além do seu valor expressivo ou simbólico, diferenciando-se da maneira como Freud e Klein compreendem essa atividade. Ao explicitar as características da psicanálise, focando nossa atenção nas propostas de Freud, Klein e Winnicott, especialmente no que diz respeito ao lugar da sexualidade, do complexo de Édipo, podemos apreender a diferença entre um modelo de tratamento psicanalítico que tem na interpretação e no desvelamento dos conflitos inconscientes (referidos à sexualidade e ao complexo de Édipo) o seu guia, para um outro que tem no brincar ele mesmo, na criatividade e no encontro de si mesmo e do outro o seu *telos*.

No Capítulo 4, "Winnicott e Ferenczi: plano para estudo das proximidades e distâncias destacadas pela literatura secundária", dedico-me a explicitar as principais proximidades e distâncias, fenomenológicas e conceituais, entre as propostas de Ferenczi e Winnicott, para apresentar um plano de estudo no qual os principais pontos, teóricos e factuais, de uma análise crítico-histórico-comparativa possa ser feito (ou melhor, continuar a ser feito). Trata-se de, retomando a literatura secundária, colocar em evidência que, apesar de ambos se ocuparem de fenômenos clínicos semelhantes (como a importância da mãe como relação primordial, as sintonias e dissintonias das sustentações ambientais seja no cuidado da criança, seja no processo psicoterapêutico psicanalítico, a necessidade da presença real do analista), eles têm modos diferentes de considerar o lugar da vida instintual no processo de desenvolvimento, bem como têm modelos ontológicos diferentes (Ferenczi, atrelado à metapsicologia freudiana das pulsões; Winnicott, sem desconsiderar a vida instintual, centrado na questão da necessidade de ser). Tal contexto torna possível compreender tanto as continuidades como as diferenças irredutíveis entre esses autores e suas práticas clínicas; ainda que o trabalho mais específico, analisando e julgando seus textos, fique para ser feito noutras propostas, considerando, então, este plano geral de estudo e objetificação dos temas e problemas em diálogo nesses dois autores.

No Capítulo 5, "Modos de ser e de sofrer para Winnicott e Ferenczi", retomo a questão universal do sofrimento do ser humano nos seus modos de ser no mundo, para focar em como Ferenczi e Winnicott compreendem esse fenômeno, cuidando de apresentar modos de tratá-lo com a psicoterapia. Nessa direção, procuro mostrar que Ferenczi, colocando-se no quadro do pensamento freudiano, apreende o sofrimento como um efeito, inevitável, dos conflitos que o ser humano tem na administração da sexualidade como impulso fundamental da sua existência, reconhecendo-o desde a sua origem, tanto mítica como factual, até os encontros e desencontros na relação com o outro, analista incluso. Noutro foco, mostro que Winnicott reformula o modelo ontológico de homem utilizado pela psicanálise, reconhecendo na necessidade de ser e continuar a ser o seu fundamento e, nesta direção, distinguindo dois grandes regimes de modos existenciais relacionais do ser humano: o que se refere ao ser e o que se refere ao fazer. Tendo feito essa distinção é possível diferenciar dois grandes tipos de sofrimento: os que dizem respeito a sentir-se real, tendo uma vida própria e encontrando-buscando um lugar para viver (problemas de *ser*); e o que diz respeito à constante e infindável, também inevitável, tarefa conflituosa de relacionar-se com o outro, de relacionar-se com o mundo, seja de modo ativo, seja passivo (problemas de *fazer*).

Ao final, proponho, considerando o conjunto de análises feitas e centrando minha atenção num dos aspectos clínicos centrais da psicanálise (a interpretação e o que ocorre, no processo analítico, para além ou aquém da interpretação), para diferenciação e discussão, a questão da prática como uma busca do entendimento, a *psicanálise epistemológica*, cujos maiores representantes são Freud e Klein) e/ou uma busca por experiências de si mesmo (num diálogo com Thomas Ogden (2020), a *psicanálise ontológica*, cujos maiores representantes são Freud e Klein). Esse comentário, ao final do segundo volume, implementa e dá continuidade à visão de conjunto apresentada no final do Volume 1, em que analiso as diferenciações sobre as diversas experiências e modos de ser em Winnicott.

* * *

O trabalho de análise da história do desenvolvimento das ideias, no que se refere à compreensão da obra de Winnicott, está ainda começando. No entanto, a reunião deste conjunto de estudos pode contribuir para aprofundar a discussão, testar hipóteses e, na continuidade do trabalho crítico, reformular o entendimento.

Trata-se, aqui, de afirmar também que Winnicott se coloca como um cientista, procurando situar a psicanálise num campo teórico e prático de discussão racional e de avaliação da sua utilidade e aplicabilidade heurística. Neste campo, eternamente aberto a reformulações, caminhamos na tentativa, nem sempre bem-sucedida, de aprimorar nosso pensamento e nossa prática, com o objetivo de aumentar a eficiência do pensamento na resolução de problemas clínicos e sociais, na realização da psicanálise como uma ciência objetiva da natureza humana.

Parte I

Análise

1. Aspectos gerais da redescrição winnicottiana dos conceitos fundamentais da psicanálise freudiana

A obra de Winnicott tem sido interpretada como causadora de mudanças significativas nos fundamentos da psicanálise.[1] Uma questão que se coloca é a de saber quais são, especificamente, as continuidades e rupturas feitas por Winnicott em relação à psicanálise freudiana. Greenberg & Mitchell (1983) afirmam que a maneira como Winnicott apresenta os conceitos e a história da psicanálise corresponde mais propriamente a uma redescrição:

---

1 Cf., por exemplo, Davis & Wallbridge 1981; Phillips 1988; Green 2000, 2005a, 2005b, 2013a; Loparic 2001b; Dias 2003; Lehmann 2003, 2007; Caldwell 2007; Caldwell & Joyce 2011; Abram 2008, 2012a; Spelman 2013a, 2013b; Spelman & Thomson-Salo 2015; Fulgencio 2016c, 2020c. Em 2013, o *International Journal of Pyschoanalysis* publicou, na seção de controvérsias, uma série de artigos abordando o tema "'On Winnicott's clinical innovations in the analysis of adults': Introduction to a controversy" (Abram 2012c; Blass 2012; Bonaminio 2012; Eigen 2012). Com a publicação dos *Collected Works of Winnicott*, em 2017, temos também uma série de prefácios, um para cada um dos doze volumes, reunidos na coletânea *Twelve essays on Winnicott. Theoretical developments and clinical innovations* (Kabesh 2019), uma série de análises importantes. Acrescente-se a esse material o livro *After Winnicott. Compilation of words based on the life, writings and ideas of D. W. Winnicott* (Karnac 2007).

> *Winnicott conserva a tradição de maneira curiosa, em grande parte distorcendo-a. A sua interpretação dos conceitos freudianos e kleinianos é tão idiossincrática e tão pouco representativa da formulação e intenção originais deles a ponto de torná-las, às vezes, irreconhecíveis. Ele reconta a história das ideias psicanalíticas não tanto como se desenvolveu, mas como ele gostaria que tivesse sido, reescrevendo Freud para torná-lo um predecessor mais claro e mais fácil da própria visão de Winnicott.*[2]

Não creio existir alguma dúvida quanto ao fato de que Winnicott tem grande admiração pelo que Freud fez ao fundar a psicanálise como uma ciência. Em 1950, ao sintetizar a importância das descobertas de Freud, ele diz:

> *O fato é que Freud criou um método de abordagem científica ao problema do desenvolvimento humano; desafiou a relutância em se falar abertamente de sexo e especialmente da sexualidade infantil, e considerou os instintos como realidades básicas e dignas de estudo; legou-nos um método a ser utilizado e desenvolvido, pelo qual poderíamos conferir as observações de outros e fazer as nossas próprias; demonstrou a existência do in-*consciente reprimido *e lançou luz sobre as operações do conflito inconsciente; insistiu no pleno reconhecimento da* realidade psíquica *(o que é real no indivíduo, e não apenas o realizado em ato); procurou, intrepidamente, formular teorias relativas aos processos mentais, algumas da quais tornaram-se geralmente aceitas.*[3]

2 Greenberg & Mitchell 1983, p. 139.

3 Winnicott 1965t, p. 29, os destaques são meus.

No entanto, Winnicott afirma: "nunca fui capaz de seguir quem quer que fosse, nem mesmo Freud".[4] Definindo-se como cientista que crê no desenvolvimento ordenado da teoria, comenta: "há certas coisas em que Freud veio a acreditar que nos parecem, a mim e muitos outros analistas, não serem de modo algum corretas – mas isso não importa. O fato é que Freud criou um método de abordagem científica ao problema do desenvolvimento humano".[5] Em 1967, com 69 anos, quatro anos antes de sua morte, Winnicott chega a dizer: "se houver algo que eu faça que *não seja* freudiano, gostaria de sabê-lo".[6] Sua frase não termina aí, mas é seguida de um "Não me importo que não seja".[7] A questão não é a fidelidade ao que Freud acreditava, mas sim que Freud descobriu uma ciência e um caminho para o desenvolvimento dessa ciência.

Não tratarei aqui da rejeição e do abandono que Winnicott fez da teorização de tipo metapsicológico na psicanálise,[8] mas sim de outros conceitos e fundamentos da teoria psicanalítica, mostrando as diferenças entre Freud e Winnicott. A escolha dos conceitos a serem analisados se apoia numa orientação dada por Freud[9] para caracterizar o que é a psicanálise, reiterados por Winnicott,[10] a saber: a importância da consideração do inconsciente, da sexualidade infantil, do complexo de Édipo, da realidade psíquica, da transferência e da resistência.[11]

---

4 Winnicott 1965va, p. 161.

5 Winnicott 1965t, p. 29.

6 Winnicott 1989f, p. 437.

7 Winnicott 1989f, p. 437.

8 O que já comentei em outros textos meus (cf. Fulgencio 2007h, 2015b; Fulgencio, Simanke, Imbasciati & Girard 2018).

9 Freud 1914d, pp. 27-28.

10 Winnicott 1962e, p. 360.

11 Cf. meu artigo "As especulações metapsicológicas de Freud" (Fulgencio 2003a, 2005b), republicado em *A bruxa metapsicologia e seus destinos* (Fulgencio, Simanke, Imbasciati & Girard 2018d); como também, "Incomensurabilidade

A psicanálise como método de tratamento e como ciência natural para Freud

Para Freud, a psicanálise, primordialmente, é um método de tratamento a partir do qual uma ciência foi edificada. O método consiste, *grosso modo*, em trazer para a consciência do paciente conteúdos inconscientes que estariam na origem de suas perturbações neuróticas. Isso deve ser feito numa situação específica que regula a relação médico-paciente, por meio da técnica da associação livre e da interpretação do que o paciente apresentava ao analista, bem como da compreensão da relação afetiva (relação denominada transferencial) que surgia como um *fato* no decorrer deste tratamento, relação esta que passava a fazer parte da dinâmica neurótica relacional do paciente e, nesse sentido, presentificada para ser cuidada na relação com o analista. Com isso, Freud acreditava ser possível que o próprio paciente encontrasse as explicações para os seus sofrimentos, estabelecendo a série causal, sem lacunas, de suas redes de determinações psíquicas (especialmente os sintomas, mas não só) e, dessa forma, ter a possibilidade de modificá-las.

Freud considerava que a psicanálise permitiu termos um conhecimento científico da vida psíquica e agir sobre ela. É disso que se orgulha ao afirmar que a grande contribuição da psicanálise à ciência foi a de ter tornado possível que *o espírito e a alma* pudessem ser tomados como "objetos da pesquisa científica, exatamente da mesma maneira que não importa qual coisa estrangeira ao homem"[12]. Para Freud, a psicanálise tem o direito de ocupar um lugar no rol das práticas científicas, da mesma maneira que a física,

---

entre paradigmas, revoluções e *common ground* no desenvolvimento da psicanálise" (Fulgencio 2020b, 2021c). Freud 1913j, p. 165; 1923a, p. 235.

12 Freud 1933a, p. 243, Lição 35.

a química e a biologia, considerando-a, necessariamente, como uma ciência natural. Essa inserção epistemológica, no campo das ciências naturais, não era apenas um desejo de reconhecimento pessoal, mas uma condição estrutural (epistêmica e metodológica) para a construção da psicanálise.[13]

Sua fé *inabalável* no determinismo psíquico[14] é um dos fundamentos para a elaboração do seu procedimento de pesquisa e do seu método de tratamento. O psiquismo é tão determinado em seu funcionamento quanto qualquer outra coisa da natureza. Daí Freud afirmar: "Eu creio de fato no acaso exterior (real), mas eu não creio no acaso interior (psíquico)".[15]

Assim, Freud não só faz uma *objetificação* da vida psíquica do homem, como tem necessidade de considerar que esta vida psíquica é regida por um *determinismo causal*,[16] como ocorre em todo sistema da natureza.

---

13 Para uma análise da obra de Freud, ver meus livros: *O método especulativo em Freud* (Fulgencio 2008g) e *Ensaios sobre a constituição epistemológica do pensamento de Freud* (Fulgencio 2021a).

14 Cf., por exemplo, em Freud 1923a, p. 238.

15 Freud 1901b, p. 257.

16 Freud se coloca como um pesquisador que vai à procura de explicações (desvendando séries causais que geram determinados efeitos, dentre eles, os sintomas). No campo da epistemologia, temos duas perspectivas para a busca daquilo que "causa" os fenômenos humanos (suas dinâmicas e seus movimentos); a série causal natural (tal como uma sequência de pedras de dominó que agem diretamente sobre a pedra seguinte, gerando determinados movimentos gerais), que Wright denomina explicação ou busca de explicação (*Explanantion*) e, por outro lado, a série causal que explica os fenômenos, suas dinâmicas e movimentos, em função de uma intencionalidade ou de um sentido a ser atingido, o que Wright denomina de entendimento (*Understanding*) – cf. George Henrik von Wright (1971). Freud se coloca à procura de explicações, ainda que Paul Ricœur (1965, 1969, 1970) avalie que Freud desconhecia o que ele mesmo fazia, dado que supõe que Freud procura entendimento.

Fundamentos da psicanálise de Freud

Trata-se, agora, de retomar, esquematicamente, como Freud caracteriza os fundamentos da sua ciência, em especial, qual o sentido e a importância que ele dá à noção de *inconsciente dinâmico*, de *sexualidade*, *complexo de Édipo*, e aos fatos clínicos da *transferência* e da *resistência*, para depois comentar a redescrição winnicottiana dessas noções.

O inconsciente dinâmico

A consideração de que a vida psíquica é composta por processos psíquicos conscientes e inconscientes, e que são estes últimos que caracterizam, verdadeiramente, o que é o psíquico,[17] corresponde à "pressuposição fundamental da psicanálise",[18] sendo o seu primeiro xibolete.[19]

---

17 Freud 1900a, p. 611.

18 Freud 1923b, p. 13.

19 Freud 1923b, p. 13. Os outros xiboletes da psicanálise são a teoria dos sonhos (1933a, p. 87) e o complexo de Édipo (1905d, p. 165n). Cf. Fulgencio (2008g, pp. 207-208). Xibolete é uma palavra de origem hebraica que significa *espiga* e tem o sentido figurado de uma prova decisiva que faz julgar a pertença de uma pessoa a um determinado grupo. Originalmente, como consta no *Velho Testamento*, trata- se de uma prova que resulta numa questão de vida ou morte. A tribo de Galaad havia vencido, numa guerra, a de Efraïm, "porém os de Galaad se apoderaram dos vaus do Jordão, por onde os de Efraïm haveriam de voltar. Quando algum dos fugitivos de Efraïm chegava a eles, e dizia: Peço-vos que me deixes passar. Os de Galaad lhe diziam: Acaso és tu Efrateu? E respondendo: Não sou. Eles lhes replicavam: Pois dize: *xibolete,* E quando o outro dizia *sibolete*, não podendo pronunciá-la com o mesmo acento, era imediatamente preso e o degolavam na mesma margem do Jordão. E assim, naquele tempo, foram mortos quarenta e dois mil homens de Efraïm". (*Livro dos Juízes* 12, 6).

Freud considerará três sentidos específicos para o termo inconsciente: o *descritivo*, o *dinâmico* e o *sistemático*.[20] O *inconsciente em termos descritivos* diz respeito ao reconhecimento de processos psíquicos, como observáveis na análise dos atos falhos. O *dinâmico*, numa acepção complementar a esta primeira, diz respeito ao inconsciente como um conjunto de elementos da vida mental que se determinam entre si, considerados numa trajetória de vida, e que estão na gênese dos atos falhos, dos sonhos e dos sintomas. E, por fim, Freud se refere ao *inconsciente sistêmico* como uma parte ou instância do aparelho psíquico. Nesse caso, apesar de Freud referir-se ao inconsciente como uma coisa, um substantivo, não estamos no campo daquilo que pode ter referência empírica no mundo factual, dado que este inconsciente sistêmico é, para ele, tão somente uma *ficção teórica*[21] utilizada para fins didáticos, e não um conceito que possa ter um referente empírico que lhes corresponda adequadamente. É nesse último sentido que esse tipo de inconsciente pode ser dito propriamente um inconsciente metapsicológico, ou seja, que está para além do que é possível acessar pela observação clínica, pela sua psicologia dos fatos clínicos.

Seja lá qual for o sentido considerado, o conteúdo do inconsciente para Freud corresponde a algo análogo ao que existe nas entidades mentais conscientes (representações, impulsos e desejos), mas que não são conscientes em função da sua repressão.[22] Esta repressão (*Verdrängung*), por sua vez, é um mecanismo básico de defesa contra a angústia que tem, *grosso modo*, o ego como seu agente.[23] Seria este tipo de ação que estaria na base, pois, da consti-

20 Freud 1912g.

21 Freud 1900a, p. 603. Para uma análise das ficções em Freud, veja Fulgencio (2008g, 2021a).

22 Cf. Freud 1915d; 1915e.

23 Digo, aqui, *grosso modo*, pois quando Freud supõe uma repressão originária ou primária como condição de possibilidade para que este mecanismo de defesa

tuição desse inconsciente (reprimido). A consideração de uma repressão originária não muda a caracterização dos conteúdos deste inconsciente, ainda que possa existir uma dúvida quanto ao agente que torna tais conteúdos inconscientes.

A questão de saber a partir de quando ou como surge o ego como agente da repressão não é, em Freud, totalmente clara ou explícita, mas tem em duas ou três grandes formulações suas referências básicas, a saber: 1) em 1914, no texto sobre o narcisismo, quando ele afirma que "algo tem de ser acrescentado ao autoerotismo, uma nova ação psíquica, para que se constitua o narcisismo";[24] 2) em 1923, no texto "O ego e o Id", Freud considera que o Eu advém do Id, por um processo de diferenciação, por exemplo, quando diz que "um indivíduo é, portanto, para nós, um isso (Id) psíquico, não conhecido e inconsciente, sobre ele se encontra colocado na sua superfície o eu (Ego), desenvolvido a partir do sistema-Pcs como um núcleo",[25] e continua, mais à frente: "É fácil de perceber que o eu (Ego) é a parte modificada do isso (Id) sob a influência direta do mundo exterior por intermédio do Pc-Cs, de certa maneira é uma continuação da diferenciação de superfície";[26] e 3) ainda, nesse mesmo texto, ele expressa sinteticamente sua posição afirmando que o eu surge desta diferenciação, marcando um limite que em última instância é identificável com a separação do corpo entre um dentro e um fora, ao dizer que

---

mais tardio, o recalcamento propriamente dito, possa ocorrer, tendo para onde enviar os conteúdos reprimidos pelo ego, não está claro que é o agente desse recalcamento primário, restringindo-se Freud a considerá-lo com um tipo de contrainvestimento: "É absolutamente plausível que os fatores quantitativos, tais como a força excessiva de excitação e efração do para-excitações, constituam as causas imediatas dos recalcamentos originários" (Freud 1926d, p. 94).

24 Freud 1914c, p. 77.

25 Freud 1923b, p. 24.

26 Freud 1923b, p. 24.

> *o eu (ego) é antes de tudo um eu corporal, não é somente um ser de superfície, mas ele mesmo a projeção de uma superfície [nota de Freud: quer dizer: o eu é finalmente derivado das sensações corporais, principalmente aquelas que têm sua fonte na superfície do corpo. Ele pode, assim, ser considerado como uma projeção mental da superfície do corpo, mais ainda, como já vimos antes, ele representa a superfície do aparelho mental].*[27]

A sexualidade

A noção freudiana de sexualidade colocou em evidência o seu significado etiológico na constituição da vida psíquica do homem. À procura de um critério para definição clara do que é a sexualidade, Freud a considerou como a expressão psíquica das excitações corporais, cuja finalidade última é a sua descarga, ainda que ele reconheça "não estar ainda em posse de um sinal universalmente reconhecido que permita afirmar com certeza a natureza sexual de um processo".[28] Ainda que exista uma grande complexidade na obra de Freud para determinar exatamente como e quando as excitações corporais passam a ter um sentido propriamente sexual para os indivíduos, pode-se afirmar que, para ele, é na sexualidade e na repressão desta que repousa a gênese do indivíduo e da cultura.

Certamente a compreensão psicanalítica da noção de sexualidade está associada à ideia que Freud apreende de Theodor Fechner, de que o ser humano é movido pelo princípio do prazer.[29] Em 1911, Freud já tinha afirmado que "[o princípio do prazer designa]

---

27 Freud 1923b, p. 26.

28 Freud 1916x, p. 320.

29 Freud 1920g, p. 8.

a tendência mestra [*die oberste Tendez*, literalmente a tendência superior] à qual os processos primários obedecem".[30]

A introdução, por Freud, na sua segunda teoria do aparelho psíquico, das ideias de pulsão de vida e de morte (reconhecendo um princípio de funcionamento do aparelho psíquico para além do princípio do prazer) não elimina o princípio do prazer, mas tão somente o coloca como subordinado a este impulso mais amplo que caracterizaria a pulsão de morte (a tendência a buscar o maior nível de estabilidade e o menor nível energético do aparelho).[31]

Ao considerar a sexualidade como definível pelas excitações corporais em geral, Freud acabará creditando aos instintos e a estes dois princípios (o do prazer e o que corresponde à pulsão de morte) os dois aspectos gerais motores e reguladores, em última instância, do funcionamento do aparelho psíquico.

O complexo de Édipo

O complexo de Édipo será, para Freud, a referência maior que diferenciará os que podem se dizer psicanalistas dos que não podem fazê-lo. Em 1920, numa nota de pé de página dos *Três ensaios sobre a sexualidade*, ele o reconhece como "o xibolete que distingue os partidários da psicanálise de seus adversários".[32] Nasio aponta a centralidade, até a identidade entre o complexo de Édipo e a teoria psicanalítica:

> *Todavia, o Édipo é mais do que uma crise sexual e a fantasia que ela molda no inconsciente; ele é também*

30 Freud 1911b, p. 219.

31 Cf. Freud 1920g, p. 9.

32 Freud 1905d, p. 126, nota acrescentada em 1920.

> *um conceito, o mais crucial dos conceitos analíticos. Eu diria que ele é a própria psicanálise, dado que o conjunto dos sentimentos que toca a criança quando de suas experiências sexuais que nós chamamos complexo de Édipo é, para nós, psicanalistas, o modelo que nos serve para pensar o adulto que somos. Tal como a criança edipiana, nós sentimos a onda de desejos em relação ao outro, nós criamos fantasias, nós nos divertimos com nosso próprio corpo ou com o corpo do outro, nós temos medo de ser ultrapassados por nossos impulsos, e aprendemos, finalmente, a refrear nosso desejo para viver em sociedade. O que é a psicanálise senão uma prática sustentada por uma teoria que concebe o homem de hoje como advindo da prova edipiana que atravessa todas as crianças, dado que elas devem aprender a refrear seus desejos e moderar seu prazer.*
>
> *Finalmente, o Édipo também é um mito, dado que esta crise real e concreta que ocorre em uma criança de quatro anos, esta crise é uma alegoria brilhante da batalha travada entre as forças do desejo individual e as forças da civilização que se opõe.*[33]

A consideração, por parte de Freud, de que o complexo de Édipo é *o* xibolete da psicanálise[34] explicita a importância que esta noção (ao mesmo tempo um acontecimento e um conceito) tem na teoria psicanalítica do desenvolvimento e na prática clínica. Isso não significa, no entanto, que tudo na teoria psicanalítica freudiana (tanto em termos teóricos como clínicos) seja redutível ao complexo de Édipo, como modelo ou fenômeno estruturante

---

33 Nasio 2007, pp. 20-21.

34 Freud 1905d, p. 126, nota acrescentada em 1920.

da vida psíquica. Mesmo que, para Freud, o complexo de Édipo possa ser considerado um vórtex em torno do qual se processa a organização da vida psíquica, ele não é suficiente para reduzir, em si mesmo, o modelo explicativo e a solução para a compreensão de todos os acontecimentos do processo de desenvolvimento e da prática clínica.

Os fatos da transferência e da resistência

Freud considerou que, ao realizar o tratamento psicanalítico de pacientes neuróticos, ocorrem, como *fatos* gerados e caracterizados pelo *setting* e pelo método de tratamento, dois fenômenos que, para ele, também servem como pontos de partida para caracterizar o trabalho do psicanalista, diferenciando-o de outros tipos de psicologia clínica: a *transferência* e a *resistência*.[35]

A transferência é pensada como um modo de relação psicoafetiva do neurótico em relação ao analista. Diz Freud:

> *Que são as transferências? São reimpressões, cópias das moções e dos fantasmas (fantasias) que devem ser despertados e tornados conscientes conforme os progressos da análise; o que é característico da sua espécie é a substituição pela pessoa do médico de uma pessoa anteriormente conhecida. Noutros termos: toda uma série de experiências psíquicas vividas anteriormente retornam à vida, não como alguma coisa do passado, mas como uma relação atual com a pessoa do médico.*[36]

---

35 Freud 1914d, pp. 27-28.

36 Freud 1905e, p. 116. É importante, aqui, ressaltar que, para Freud, a noção de desejo e a relação com os objetos estão presentes desde o início. Laplanche & Pontalis, ao caracterizar a transferência, reiteram este aspecto: "processo

É aqui fundamental reconhecer que Freud está se referindo aos que podem realizar este tipo de ação psíquica, os neuróticos, e não aos psicóticos, que ele considera incapazes de transferir (em função de um encerramento narcísico).

Por sua vez, a resistência, fato que ocorre junto com a transferência quando, no tratamento psicanalítico, procura-se "levar os sintomas mórbidos de uma neurose às fontes de onde eles derivam, naquilo que foi vivido [na história de sua vida do paciente]",[37] corresponde a um mecanismo de defesa inconsciente do paciente em relação à proximidade ou acesso aos conteúdos inconscientes reprimidos, dado que foram retirados da consciência pelo incômodo ou dor que causavam. Trata-se, pois, da resistência contra o acesso às representações reprimidas.

A realidade psíquica

O desenvolvimento do método psicanalítico também levou Freud a considerar que existia uma realidade no interior que se sobrepunha à realidade objetiva. O conhecido abandono que Freud fez da sua teoria da sedução levou-o a supor uma realidade interior, psíquica, que tem mais valor do que a realidade objetivamente dada. Essa realidade, diz Freud, "é uma forma de existência especial que não deve ser confundida com a realidade material".[38] Como comentam Laplanche & Pontalis, ela diz respeito aos desejos

pelo qual *desejos* inconscientes se atualizam sobre certos *objetos* no quadro de certo tipo de relação estabelecida com eles e, eminentemente, no quadro da relação analítica" (Laplanche & Pontalis, 1986, verbete "Transferência", os destaques são meus).

37 Freud 1914d, pp. 27-28.

38 Freud 1900a, p. 620.

inconscientes e aos fantasmas a eles associados, que se sobrepõem, modificam ou substituem a realidade exterior.[39]

Deve-se notar que, para substituir ou mesmo não levar em conta a realidade exterior, é necessário que esta seja reconhecida como tal, ainda que sem interesse em mantê-la enquanto tal no interior do indivíduo. Isso estabelece uma precondição, o reconhecimento da realidade externa, como estando na base da formulação do conceito freudiano de realidade psíquica.

Reformulações da psicanálise de Freud por Winnicott

Fixados, *grosso modo*, o sentido e o valor dados por Freud às noções acima comentadas, podemos nos dedicar à compreensão dessas noções na obra de Winnicott, para pôr em evidência as críticas, transformações, rejeições e novidades propostas por ele em relação a cada um desses pontos.

Expansões do conceito de inconsciente dinâmico

Ao comentar que tipo de inconsciente é esse ao qual Freud se refere, Winnicott diz que é o que se encontra claramente reconhecível na neurose, ou seja, naquelas pessoas que funcionam em termos de pessoas inteiras e cujas dificuldades dizem respeito aos seus relacionamentos interpessoais. Nesses casos, diz Winnicott:

> *o paciente existe como pessoa, é uma pessoa total, que reconhece objetos como totais; acha-se bem alojado em*

39 Laplanche & Pontalis 1986, p. 549.

> *seu próprio corpo e a capacidade de relacionamentos objetais está bem estabelecida. Desde este ponto de vista, o paciente encontra-se em dificuldades, e estas surgem dos conflitos que resultam da experiência de relacionamentos objetais. Naturalmente, os conflitos mais graves aparecem em conexão com a vida instintual, isto é, as variadas excitações com acompanhamentos corporais que têm como fonte a capacidade que o corpo possui de ficar excitado – de modo geral e localizado.*[40]

Para todo ser humano que chegou a ter um eu estabelecido como uma unidade, nesses termos acima descrito, pode, então, ser posto em andamento um tipo de mecanismo de defesa denominado repressão, constituindo, assim, um inconsciente reprimido:

> *Esta é a razão pela qual a psicanálise, em sua forma clássica, é um tratamento que lida com pacientes que têm o ego sadio até o ponto em que lidam com a ambivalência por meio da repressão e sem um rompimento da estrutura do ego, e o trabalho principal da análise do paciente com sintomas psiconeuróticos consiste em trazer à consciência o inconsciente reprimido. Isto é feito mediante a interpretação, dia a dia, do relacionamento do paciente com o analista, à medida que este relacionamento gradativamente evolui, e, ao evoluir, revela o padrão da própria história do paciente no nível do complexo edipiano e na idade de 2-3-4 anos.*[41]

---

40 Winnicott 1989vl, p. 53.

41 Winnicott 1989vl, p. 57.

No entanto, onde não há um Eu[42] assim estabelecido, ou seja, quando não estamos no campo da neurose, também não estamos no campo desse inconsciente *reprimido*. Winnicott diz, nesse sentido: "Não é possível a uma personalidade cindida ter um inconsciente, por não haver lugar para ele ficar",[43] ainda que muita coisa tenha acontecido na vida da pessoa e isso não esteja propriamente acessível à sua consciência. Winnicott, afirma, então, o tipo de dinâmica em jogo nesses casos: "onde jaz a esquizofrenia, o analista ou quem quer que esteja tratando o paciente ou administrando o caso, encontra-se envolvido na elucidação de uma cisão na pessoa do paciente, o extremo de uma dissociação. A cisão toma o lugar do inconsciente reprimido do psiconeurótico".[44]

No processo de desenvolvimento emocional, antes que um Eu enquanto uma identidade unitária tenha sido conquistada, um Eu que possa, então agir defendendo-se das angústias que surgem nos relacionamentos interpessoais, antes disso há um longo período no qual aquilo que é vivido não está ainda integrado e colocado em referência a esta unidade. Tudo o que é vivido nesse período certamente faz parte da pessoa, não está acessível à consciência e não constitui o inconsciente reprimido, mas outro tipo de inconsciente. Winnicott diz isso de outra maneira, mais conceitual, afirmando que o inconsciente (aqui, o Id) só pode existir depois que houver um Eu (ego) que possa constituí-lo como reprimido:

> *Nos estágios mais precoces do desenvolvimento da criança, portanto, o funcionamento do ego deve ser*

42 Usarei o termo "eu" para referir-me ao estado de integração alcançado quando a pessoa se sente como alguém inteiro que se relaciona com os outros como pessoas inteiras. Para uma diferenciação dos termos *Self*, *Ego*, *I AM* e *Whole Person* em Winnicott, ver o Capítulo 5.

43 Winnicott 1964h, p. 369.

44 Winnicott 1968c, p. 152.

> *considerado um conceito inseparável daquele da existência do bebê como pessoa. Podemos ignorar qualquer vida instintiva que exista sem conexão com o funcionamento do ego, porque a criança ainda não é uma entidade viva capaz de ter experiências.* Não há id antes do ego.[45]

É forçoso, pois, admitir que, para Winnicott, há ao menos dois tipos de inconsciente: um no qual há uma pessoa integrada, e outro que diz respeito àquilo que ocorre quando não há esta integração. Ao primeiro ele se refere como o *inconsciente reprimido* e ao segundo, como um inconsciente que diz respeito ao que ocorre numa fase em que não há, ainda, para o bebê, nenhuma exterioridade possível, em função da sua imaturidade (não integração), um *inconsciente primário* ou *originário.*[46]

Redefinição do valor e da importância da sexualidade

Winnicott apreendeu que existiam problemas e dinâmicas que não são, nem podem ser, redutíveis à sexualidade, o que implica, por sua vez, considerar que o próprio desenvolvimento ou organização

---

45 Winnicott 1965n, p. 70, os grifos são meus.

46 Análises específicas sobre esse tipo de inconsciente não reprimido, em Winnicott, são ainda um tema a ser desenvolvido, seja na sua caracterização, especificidade, modos de ação e presença (por exemplo, a noção de temporalidade e espacialidade em nós, sua origem e constituição), seja nos seus desenvolvimentos psicopatológicos. Loparic refere-se a um dos aspectos desse *inconsciente* não *reprimido* (expressão, em itálico, usada por Winnicott como a descoberta de Freud), quando ocorre um tipo específico de perturbação do desenvolvimento, como algo que deveria ter acontecido, mas não aconteceu (Loparic 2001a, p. 137), um *inconsciente não acontecido*; mas isso corresponde a apenas um dos aspectos desse *inconsciente primário* ou *originário* (ainda que Winnicott não use esses termos).

da vida psíquica não é redutível à questão da administração da vida sexual ou pulsional.

Se, por um lado, Winnicott reconhece a importância da descoberta freudiana da sexualidade infantil como "um fato central, infinitamente elaborado e modificado, mas irrefutável",[47] por outro, ele não considerará que isso é suficiente. Certamente o corpo está presente desde o início, mas isso não significa que a sexualidade esteja presente desde o início. Para compreender essa diferença entre os instintos e a sexualidade, é necessário fazer uma distinção entre a existência dos instintos como um fato presente desde o início do processo de desenvolvimento emocional e a sexualidade como uma maneira específica de vivenciar a instintualidade, quando a instintualidade, num momento mais tardio do processo de desenvolvimento emocional, está integrada num Eu.

Nos casos em que tal integração não ocorreu, ou ainda não ocorreu, os instintos são vividos como vindos do exterior, como algo que arrasta, empurra ou assola a pessoa. Faz parte do processo de desenvolvimento emocional saudável a experiência de viver os instintos como exteriores a si mesmo, e, só mais tarde, como uma conquista desse processo, vivê-los como integrados ao *Self*:

> *Deve-se ressaltar que ao falar em atender as necessidades do bebê não estou me referindo a satisfação de instintos. Na área que estou examinando os instintos não estão ainda claramente definidos como internos ao bebê. Os instintos podem ser tão externos como o troar de um trovão ou uma pancada. 0 ego do bebê esta ganhando força e, como consequência, está a caminho de um estado em que as exigências do id [exigências da*

47 Winnicott 1947a, p. 167.

> *vida instintual] serão sentidas como parte do self, não como ambientais.*[48]

Para Winnicott, a vida instintual não é sinônimo de vida sexual, e a possibilidade de estabelecer relações de objetos de tipo sexual necessita, na verdade, de um conjunto extenso de integrações:

> *A sexualidade humana adulta é resultado de um processo de desenvolvimento emocional que parte de duas raízes em si mesmas não-sexuais: excitações corpóreas de todos os tipos e relações inter-humanas. As aquisições principais realizadas ao longo desse processo são duas: 1) o desenvolvimento da vida instintual, que consiste na elaboração imaginativa de todos os instintos – impulsos de natureza biológica –, integração desses instintos no si mesmo e nas relações interpessoais, duais, triangulares ou múltiplas, terminando por estabelecer a sexualidade como o tipo instintual dominante na fase adulta e 2) o desenvolvimento de características sexuais não fundadas biologicamente, decorrentes de inter-relacionamentos de diferentes tipos.*[49]

Nessa perspectiva que coloca a sexualidade como uma conquista, teremos também uma mudança na concepção sobre o fator dinâmico que impulsiona a existência humana. Para Freud, com sua noção de sexualidade como fundamento da existência humana, é ao princípio do prazer que deveríamos creditar um dos impulsos básicos do existir humano e do funcionamento do aparelho

48 Winnicott 1965m, p. 179, o que está entre colchetes é comentário meu.
49 Loparic 2007, pp. 315-316.

psíquico. Considerando, agora, a proposta de Winnicott e uma diversidade de trabalhos que analisam uma mudança na ontologia psicanalítica, com a inserção da noção de ser,[50] a sexualidade (ou, em termos mais gerais, as pulsões) deixam de ocupar o lugar de impulso e fundamento básico da vida psíquica, encontramos tanto um reposicionamento do lugar da sexualidade (seja no desenvolvimento, seja na sua posição de impulso fundamental da vida psíquica), quanto a consideração de que é necessário um determinado nível de desenvolvimento, nível de integração, para que a sexualidade possa ser vivida e considerada como um impulso ou pressão a ser administrada nas relações interpessoais.

Destituição das pulsões como o único princípio básico do funcionamento psíquico

Winnicott aponta para a existência de outros aspectos determinantes no processo de desenvolvimento emocional afetivo do ser humano que não os ligados às excitações corporais e às pulsões (como força psíquica, epifenômeno das excitações corporais). Ele faz mesmo uma crítica à hegemonia dos instintos como sendo os impulsos básicos determinantes da vida psíquica, afirmando que a hipótese freudiana de que o ser humano é movido, desde o início, exclusivamente pelas excitações erógenas que procuram descarga nada mais é do que um mito. Diz Winnicott: "é necessário enxergar através do 'mito psicanalítico' (agora felizmente desaparecendo) de que o período inicial da infância é uma questão de satisfações relativas à erotogeneidade oral".[51] Nessa mesma perspectiva, ele afirma:

50 Phillips 1988; Fulgencio 2020c; Girard 2017; Roussillon 2009.

51 Winnicott 1968a, pp. 195-196.

> *Nos primórdios da psicanálise* a adaptação *[do ambiente ao bebê ou à criança] só significava uma coisa, satisfazer as necessidades instintivas do bebê. Muitos erros de interpretação se originaram da lentidão de alguns em entender que as necessidades de um bebê não estão confinadas às tensões instintivas, não importa quão importantes possam ser.*[52]

De uma maneira mais contundente ainda, não reduzindo a natureza humana a seus impulsos instintuais, ele afirma: "a psicanálise iria aprender que muita coisa acontece nos bebês que se acha associada com a necessidade, e separada do desejo e dos representantes (pré-genitais) do id a clamarem por satisfação".[53]

Winnicott introduz, descobrindo aspectos não considerados por Freud, a consideração de que é a *necessidade de ser* que fornece um fundamento e motor para a natureza humana[54], uma necessidade que não é redutível ao princípio do prazer, nem diz respeito às pressões instituais ou ao desejo, são necessidades de outra ordem.

Reformulação do lugar do complexo de Édipo

Para Winnicott, qualquer psicologia que desconsidere o complexo de Édipo, é incompleta, mas isso não é tudo, há muitos fenômenos da natureza humana que não dizem respeito ao complexo de Édipo, nem na saúde nem na psicopatologia. Isso faz com que Winnicott deixe de considerar esse fenômeno do desenvolvimento como a referência central para pensar a organização psicoafetiva

52 Winnicott 1965r, p. 108.

53 Winnicott 1989xa, p. 142.

54 Cf. Winnicott 1988, p. 148. Cf. tb. em Winnicott 1987e, p. 26; e Fulgencio 2020c.

do ser humano. Não se trata de desconsiderar a sexualidade e o complexo de Édipo, mas de dar a eles outro lugar e valor, considerando-os como uma aquisição mais tardia do processo de desenvolvimento emocional, para a qual muitas aquisições anteriores devem ter sido feitas.

Ele reitera, ainda que o recoloque, o complexo de Édipo como uma das partes fundamentais e necessárias a uma psicologia científica da infância:

> *[o complexo de Édipo] permanece ainda hoje como um fato central, infinitamente elaborado e modificado, mas irrefutável. A psicologia que fosse elaborada na omissão desse tema central estaria condenada ao fracasso e, portanto, não há como evitar a nossa gratidão a Freud por seguir avante e proclamar o que repetidamente averiguara, suportando o choque da reação pública.*[55]

A localização cronológica da situação edípica, colocada tanto por Freud quanto por Winnicott, entre os 2 e 5 anos,[56] tem uma importância fundamental, pois, reconhecendo esta afirmação, pergunta-se: e antes deste período, o que ocorre com a criança e com o bebê? Muitas tentativas foram feitas, na história da psicanálise, no sentido de enxergar um Édipo precoce ou mesmo um Édipo estrutural (estrutura simbólica) presentes antes do período edípico propriamente dito. Winnicott se oporá a essas tentativas. Ele comenta que a tentativa de compreender tudo o que ocorria na vida psíquica como um tipo de expressão do complexo de Édipo, ou tendo como dinâmica o que ocorria na fase edípica, era algo

55 Winnicott 1947a, pp. 167-168.

56 Cf. Winnicott 1947a, p. 167.

inadequado.[57,58,59] Era difícil, para ele, considerar, por exemplo, que um recém-nascido pudesse fazer todas as distinções que compõem o cenário edípico e, mais ainda, que adoecessem por causa dos conflitos e angústias advindos de relacionamentos desse tipo.[60]

Nesse sentido, ao criticar diretamente Melanie Klein, Winnicott reafirma sua posição em considerar a fase do complexo de Édipo como algo que diz respeito aos relacionamentos que ocorrem entre pessoas inteiras, julgando como algo sem utilidade pensar o Édipo em termos de objetos parciais. Diz Winnicott:

> *Se vemos a saúde como ausência de doença neurótica (descontada a hipótese da doença psicótica), então a saúde se estabelece na organização do primeiro relacionamento triangular onde a criança é impulsionada pelos instintos de natureza genital recém-surgidos, característicos do período entre os 2 e os 5 anos. É desta forma que, pessoalmente, interpreto o complexo de Édipo freudiano para os meninos e o que quer que lhe corresponda nas meninas (Édipo invertido, Complexo de Electra, etc.). Acredito que alguma coisa se perde quando o termo "Complexo de Édipo" é aplicado às etapas anteriores, em que só estão envolvidas duas pessoas, e a terceira pessoa ou o objeto parcial está internalizado, é um fenômeno da realidade interna. Não posso ver nenhum valor na utilização do termo "complexo de Édipo" quando um ou mais de um dos três que formam o triângulo é um objeto parcial. No Complexo*

57 Winnicott 1965va, p. 219-220.

58 Winnicott 1988, p. 67.

59 Winnicott 1958g, p. 32.

60 Winnicott 1965va, p. 219-220.

> *de Édipo, ao menos do meu ponto de vista, cada um dos componentes do triângulo é uma pessoa total, não apenas para o observador, mas especialmente para a própria criança.*[61]

Winnicott comenta o fato de que muitas pessoas jamais chegam ao Édipo, que se mantêm a vida inteira num modo de funcionamento que nada tem a ver com o Édipo.[62] Referindo-se, então, à psicanálise tradicional e afirmando sua perspectiva de descentramento e relocalização do complexo de Édipo, ele escreve:

> *A fim de progredirem rumo a uma teoria mais eficiente da psicose, os analistas devem abandonar inteiramente a ideia de que a esquizofrenia e a paranoia surgem por regressão do complexo de Édipo. A etiologia desses distúrbios nos leva inevitavelmente a estágios que precedem o relacionamento de três corpos.*[63]

É neste sentido que Winnicott apontou tanto para a importância como para a insuficiência da descoberta freudiana: "Se o fato central do complexo de Édipo for aceito, é imediatamente possível e desejável examinar os aspectos em que o conceito é inadequado ou impreciso como diretriz para a Psicologia Infantil".[64] Mais ainda, ele diz que muitos enganos poderiam ter sido evitados se o que Freud disse sobre o complexo de Édipo tivesse sido tomado muito mais como uma "compreensão intuitiva de um artista em relação

61 Winnicott 1988, p. 35.

62 Cf., p. ex., Winnicott 1989xa, p. 187.

63 Winnicott 1989xa, p. 191.

64 Winnicott 1947a, p. 168.

ao conjunto da sexualidade infantil ou Psicologia"[65] do que a explicação detalhada e madura da vida infantil.

Ampliação da noção de transferência e de resistência

Ao dizer quais são os objetivos do tratamento psicanalítico,[66] Winnicott dirá que sempre trabalha tendo em mente o que seria o funcionamento de uma *análise padrão*, referindo-se então ao fato de que, no início de um tratamento, ele sempre se adapta às necessidades do paciente; até mesmo nos casos em que o paciente não necessita propriamente de análise. Procurando esclarecer o que entende por análise padrão, ele escreve: "Isto significa para mim me comunicar com o paciente da posição em que a neurose (ou psicose) de transferência me coloca".[67]

Noutro momento de sua obra, ele especificará que há três tipos de pacientes que chegam aos consultórios, apontando, pois, para três tipos de relações transferenciais: os que "funcionam como pessoas inteiras, cujas dificuldades estão no âmbito dos relacionamentos interpessoais",[68] para estes a técnica de tratamento é a que Freud propôs; os que "a personalidade está começando a se tornar algo que poderíamos, com segurança, descrever como inteiro",[69] para os quais a técnica deve ser um pouco modificada, pois requerem um tipo de tratamento no qual o paciente precisará experimentar modos de relação com o analista que colocarão

---

65 Winnicott 1947a, p. 148.

66 Cf. no livro *Objetivos do tratamento psicanalítico* (Fulgencio 2021e) uma análise geral desse tema na psicanálise, bem como dois capítulos meus neste livro, que aborda esse tema em Freud e em Winnicott.

67 Winnicott 1965d, p. 213.

68 Winnicott 1955d, p. 463.

69 Winnicott 1955d, p. 463.

como questão a sobrevivência do tratamento, ou melhor, como diz Winnicott, a "*sobrevivência do analista* na condição de fator dinâmico";[70] e, terceiro caso, os pacientes "cuja análise deverá lidar com os estágios iniciais do desenvolvimento emocional, até o estabelecimento da personalidade como uma entidade e antes da aquisição do status de unidade em relação ao espaço-tempo",[71] para os quais a técnica ou o método de tratamento difere dos da *análise padrão*, cabendo ao analista se portar tal qual deveria ter sido feito pela mãe-ambiente nas fases mais primitivas do desenvolvimento, sustentando a situação no tempo, o que implica dar as condições de *setting* analítico que possibilitem ao paciente viver uma situação de dependência e tudo o que envolve uma dependência referida aos estágios mais primitivos do desenvolvimento emocional. Certamente, neste último caso, seria necessário especificar o que Winnicott estaria propondo, mas aqui também se trata de apenas indicar a diferença e não de caracterizar no detalhe as propostas dele.

Nesse cenário, a noção de resistência também é modificada, uma vez que não se trata mais apenas da reação do paciente procurando evitar que o inconsciente reprimido venha à tona, mas da busca pelas condições ambientais para que determinadas situações traumáticas, a rigor, as que interromperam o processo de desenvolvimento emocional,[72] possam ser experienciadas. Essas situações traumáticas não correspondem exatamente apenas a conflitos reprimidos, mas sim a situações de imaturidade do paciente, ou, ainda, de fracasso na relação de dependência, ou seja, fracasso do ambiente na sustentação do paciente.[73]

---

70 Winnicott 1955d, p. 463.
71 Winnicott 1955d, p. 463-464.
72 Cf. Winnicott 1989d.
73 Cf. Winnicott 1989d, p. 113.

Em alguns casos o paciente é colocado ante a acontecimentos que ele não tem maturidade para apreender e entender, e que são integrados à sua história, seja por imaturidade pessoal, seja por falta de suporte ou sustentação ambiental, para que o paciente possa integrar tais acontecimentos, como diz Winnicott, no seu *self*. Nesses casos o que ocorre não é uma repressão, mas outro tipo de defesa, no qual a pessoa congela a situação esperando que, no futuro, possa encontrar uma situação ambiental que forneça as condições para que aquela situação traumática seja retomada de tal modo a não aniquilar a pessoa, ou seja, noutras condições de dependência e confiabilidade ambiental. É a isso que Winnicott se refere quando diz que, em certos casos, o paciente viveu determinadas coisas que não pôde experienciar.[74]

Nesse contexto, é colocado no inconsciente (ou como inconsciente) uma série de acontecimentos que não correspondem a reprimidos ou recalcados (em função da dor ou incômodo, ou falta de possibilidade de resolver determinados conflitos), mas experiências que estariam relacionadas a falhas ambientais e, como citei, acontecimentos que não podiam ser integrados no campo do *self* (devido à imaturidade do paciente). A resistência no acesso ao inconsciente não corresponde apenas a uma defesa contra uma dor, incômodo ou conflito, mas à falta de *holding* para que aspectos não vividos, traumas relativos a falhas ambientais, possam ser trazidos à tona. A resistência para acesso ao inconsciente, seja de que maneira for, depende da confiabilidade no analista, do *holding* que o *setting* analítico pode fornecer e, nesse sentido, é evidente que caberá ao analista dar razões para que o paciente confie nele. A resistência, assim, passa a ser uma questão do *setting*, envolve e compromete, intensamente, o analista e o que ele pode fornecer,

74 Cf. Winnicott 1974.

de *holding*, de comunicação, de compartilhar fenômenos transicionais, de mostrar ao paciente que este é visto e entendido.

Aprofundamento na concepção de realidade psíquica

Em Winnicott é necessário considerar três tipos ou três modos de relação com a realidade: a subjetiva, a transicional e a objetivamente dada. Cada um deles pode também ser considerado, por sua vez, como associado a um tipo de relação de objeto e, por sua vez, a um tipo de relação transferencial (pensando no *setting* analítico, onde o analista é colocado no lugar de um objeto subjetivo, quando se compartilham fenômenos transicionais e quando o analista pode ser apreendido como um objeto externo). Ou seja, cada uma dessas relações com a realidade, com o outro, oferece modos específicos de viver e manejar a transferência.

Para Winnicott, no início, quando o ambiente (a mãe) se adapta de forma adequada, numa comunicação com o bebê que faz com que ela (ou quem faz as vezes dela) atenda às necessidades do bebê, então, do ponto de vista do bebê o mundo aparece e desaparece em função da sua necessidade, ou melhor, é ele quem cria o mundo que, na verdade, está sendo colocado à disposição pela mãe-ambiente. Não havendo, para o bebê, espaço para uma realidade não *self*,[75] tudo com o que o bebê se relaciona, quando ocorre esse tipo de adaptação do ambiente, corresponde a ele mesmo; é nesse sentido que Winnicott diz: "Psicologicamente, o bebê mama de um peito que é parte dele".[76] É a compreensão desse período muito primitivo que fará com que Winnicott crie a noção de objeto

75 Winnicott 1988, Parte IV, cap. 5.

76 Winnicott 1955c, p. 31.

subjetivo, o que implica dizer que, no início, não existe realidade nem externa nem interna, apenas uma realidade subjetiva.

Em seguida, como parte desse processo de desenvolvimento emocional, que não cabe aqui detalhar, haverá um período de transição, no qual o bebê ou a criança elege objetos que, paradoxalmente, são uma criação sua e algo que ele encontra no mundo (tendo uma materialidade que o objeto subjetivo não tinha). Winnicott dirá que esse tipo de objeto corresponde à primeira posse da criança, que eles não estão nem dentro nem fora, mas ocupam um espaço no qual estão, ao mesmo tempo, dentro e fora, unindo e separando o dentro e o fora. Winnicott denominou esses objetos e esses fenômenos como transicionais. Eles dizem, pois, respeito a outra realidade que, por sua vez, ainda não é nem a realidade interna, nem a externa, nem a subjetiva, mas um outro tipo de realidade, a transicional.

Será o uso desses objetos, bem como uma série de outros acontecimentos, que caracterizará o processo de desenvolvimento emocional que criará as condições para que a realidade externa seja, enfim, reconhecida como tal, ao mesmo tempo que, num mesmo golpe, também seja possível existir uma realidade interna diferenciada da externa.

Se, em Freud, temos a noção de realidade psíquica, construída por relação e constatação da realidade externa como tal, temos que reconhecer que em Winnicott estamos ante a outros conceitos de realidade: a subjetiva, a transicional e, só com o desenvolvimento, a realidade externa e a interna que, por sua vez, não chegam propriamente a ocupar todo o cenário, dado que o ser humano circularia, na sua existência cotidiana, por esses tipos de realidade. Aqui também não se trata de detalhar como são constituídas e quais as características dessas realidades, mas tão somente pontuar sua existência diferenciando a posição de Winnicott da de Freud.

Novidades, sem paralelos em Freud

Há, em Winnicott, uma série de proposições que não têm paralelo em Freud, como: a necessidade de ser, a tendência inata à integração, a solidão essencial, o verdadeiro e falso si mesmo, o elemento feminino puro (relacionado ao *ser*) e o masculino puro (relacionado ao *fazer*), a noção de elaboração imaginativa, o alojamento da psique no corpo, a sua concepção de que a mente é um tipo de especialização da psique, a área de ilusão, a noção de objeto subjetivo, a maneira como ele concebe a importância do ambiente, os objetos e fenômenos transicionais, a noção de espaço potencial, a concepção de mãe-ambiente e mãe-objeto, a afirmação de que a gênese da psicose está numa falha do ambiente, a teoria da deprivação e da atitude antissocial, a regressão à dependência, a fase do uso do objeto etc.

Tudo isso nos leva para outro universo linguístico e semântico, mais ainda, novos fenômenos e novos fatos passam a ser considerados.

A definição da psicanálise para Winnicott

Winnicott jamais considerou que estava fazendo outra coisa que não fosse psicanálise, mesmo nos casos em que não estava praticando estritamente o método de tratamento psicanalítico: "Faço análise porque é isso que o paciente precisa ter feito e concluído. Se o paciente não necessita de análise então faço alguma outra coisa".[77] Este fazer outra coisa, tanto prática como teoricamente, na transformação e ruptura com a teoria psicanalítica tradicional, não significava, no entanto, a procura de outra rubrica ou a fundação

77 Winnicott 1965d, p. 212.

de outra ciência. É nesse sentido que Winnicott afirma, tendo em vista sua constante preocupação com o desenvolvimento da ciência psicanalítica, que ele se ocupou de "manter abertas as pontes que levam da teoria mais antiga para a mais nova".[78]

Mas, apesar do que Winnicott pensava sobre ele mesmo e de sua obra, apesar de ele ter se mantido, institucionalmente, presente e atuante, tendo ocupado o lugar de presidente da Sociedade Britânica de Psicanálise por duas gestões, será que Winnicott não teria se afastado em demasia dos limites dados por Freud ao que este último caracterizou como o método e a ciência psicanalíticos?

O método psicanalítico para Winnicott

No que se refere ao método psicanalítico, Winnicott parece apenas ter retomado a posição de Freud, ressaltando algumas diretrizes gerais do *setting* e do objetivo deste tipo de tratamento: "O paciente vinha todos os dias, na hora combinada, e não havia pressa em eliminar sintomas, já que uma tarefa mais importante emergiu: permitir que o paciente se revelasse a si próprio".[79] Mas isso que pode ser erroneamente tomado como apenas uma retomada simplória do que Freud afirmou deve ser lido como incluindo todas as transformações na teoria e na prática psicanalíticas aqui comentadas.

No entanto, Winnicott, de certo modo, muda o próprio objetivo do tratamento psicanalítico: não se trata de procurar eliminar o sofrimento, mas de levar a pessoa a um desenvolvimento e uma integração nos quais ela possa ter uma vida que ela sinta como

78 Winnicott 1970b, p. 198.

79 Winnicott 1986k, p. 11.

sendo a sua, como sendo real e valendo a pena de ser vivida. Sobre seu modelo de saúde, ele diz:

> *O essencial é que o homem ou a mulher se sintam* vivendo sua própria vida, *responsabilizando-se por suas ações ou inações, sentindo-se capazes de atribuírem a si o mérito de um sucesso ou a responsabilidade de um fracasso. Pode-se dizer, em suma, que o indivíduo saiu da dependência para entrar na independência ou autonomia.*[80]

A ciência psicanalítica para Winnicott

Winnicott, assim como Freud, também defendeu que a psicanálise deveria ser uma ciência, diferenciando-a claramente de outras disciplinas de mesma natureza, como a educação, a pediatria, a psiquiatria, outras psicologias, o serviço social; e também de outros modos de conhecimento, como a religião, a filosofia, a poesia e a alquimia.[81] Num certo sentido, ele parece estar repetindo Freud quando afirma: "Veja que usei a palavra 'ciência', o que mostra que, do meu ponto de vista, Freud de fato iniciou uma nova ciência, uma extensão da fisiologia, uma ciência que se preocupa com a personalidade humana, com o caráter, a emoção e o esforço. Essa é minha tese".[82]

No entanto, diferentemente de Freud, ele não toma o homem como um objeto da natureza. Para ele, a psicanálise tem como meta fazer um estudo objetivo da natureza humana.[83] E o que é

---

80 Winnicott 1971a, p. 30.

81 Cf. Winnicott 1996b, p. 260.

82 Winnicott 1986k, p. 12.

83 Cf. por exemplo, Winnicott 1945h.

esta natureza humana? Winnicott se refere a ela afirmando, por exemplo, que "a natureza humana é tudo o que possuímos e o ser humano é uma amostra temporal desta natureza",[84] ou, ainda, que ela é "a base entre dois estados de não ser".[85] Mesmo que tenhamos dificuldades, aqui, para caracterizar o que é esta natureza humana, certamente Winnicott fala de uma maneira que, em termos estritos, não tem sentido dentro do quadro epistemológico e linguístico de Freud.

Winnicott considerará que a psicanálise é uma "ciência aplicada que se baseia em uma ciência".[86] Nesse modo de apresentar as coisas, ele distingue o que é a teoria psicanalítica em termos gerais, uma ciência, do que ela é em termos clínicos, ciência aplicada. Mais ainda, ao se referir ao tratamento analítico, ele ressalta que a análise nada mais é do que uma relação humana simplificada:

> *No exemplo mais simples possível, uma pessoa que está sendo analisada consegue corrigir uma experiência passada, ou uma experiência imaginária, ao revivê-la em condições simplificadas nas quais a dor pode ser tolerada porque está distribuída ao longo de um período de tempo; tomada, por assim dizer, em pequenas doses, num meio ambiente emocional controlado. Como vocês bem podem imaginar, na prática concreta raramente existe algo tão descomplicado como isso, mas o contexto principal pode legitimamente ser descrito desta maneira.*[87]

84 Winnicott 1988, p. 11.

85 Winnicott 1988, p. 132.

86 Winnicott 1986k, p. 12.

87 Winnicott 1945h, p. 36.

Um último aspecto, referente à posição freudiana que se ancora numa *sólida confiança no determinismo na vida psíquica*,[88] é também perturbado pelas propostas de Winnicott. Se, por um lado, Winnicott reconhece que "não existe nenhuma teoria dos estados emocionais, ou da saúde e dos distúrbios da personalidade, ou dos caprichos do comportamento que não se baseie em algum pressuposto determinista",[89] por outro, ele é claro em afirmar que as relações inter-humanas não têm a mesma determinação que as máquinas.[90] As relações de determinação inter-humanas não seriam, pois, redutíveis às dos sistemas naturais ou sistemas maquínicos.

Há, ainda, um ponto que Winnicott coloca como parte da sua teoria do desenvolvimento emocional, que é a questão da origem do ser humano. Para toda psicologia de cunho naturalista, essa origem é sempre fruto de uma série de relações causais, ou seja, a origem advém de alguma coisa, nas relações inter-humanas. Winnicott está de acordo que é somente da relação humana que pode ser isso que poderíamos chamar de natureza humana, mas introduz nessa origem uma formulação que é inadmissível para uma psicologia naturalista (com fundamento no determinismo). Ele pergunta: "Qual é o estado do indivíduo humano quando o ser emerge do interior do não ser?".[91] No quadro determinista reiterado por Freud para a psicanálise como uma ciência da natureza, sempre há que se considerar a existência de uma causa anterior que gera o que é dado; e todas as causas devem ser pensadas como pertencentes ao sistema da natureza. Mas, quando Winnicott diz que o ser vem do não ser, ele considera algo que não pertence ao sistema da natureza: o não ser. Winnicott não se dedica à explicação do

88 Freud 1923a, p. 238.
89 Winnicott 1984e, p. 273.
90 Cf. tb. Winnicott 1965r, p. 110; cf. Winnicott 1969g, p. 567.
91 Winnicott 1988, p. 153.

que é isso e, talvez, essa seja uma tarefa que cabe mais ao filósofo do que ao cientista, mas aponta para um tipo de característica da natureza humana, um tipo de determinação das relações inter-humanas, que retira a psicanálise do quadro estrito das ciências da natureza.

Após essas distinções e esclarecimentos sobre as continuidades e rupturas entre Winnicott e Freud, não é possível dizer que a psicanálise de Winnicott esteja no mesmo quadro epistemológico e metodológico que a de Freud, ainda que tenha sido construída a partir do método psicanalítico fundado por Freud. Nesse sentido, talvez seja necessário afirmar que Winnicott é freudiano para além de Freud, mais ainda, que a sua proposta levou a psicanálise do quadro das ciências naturais para o quadro das ciências hermenêuticas, fazendo que ela possa ser considerada como a realização, no campo da ciência, da psicologia científica esperada pela fenomenologia, pelo existencialismo moderno e pela analítica existencial (como mostrei no meu livro *Psicanálise do ser. A teoria winnicottiana do desenvolvimento emocional como uma psicologia de base fenomenológica*).[92]

92 Fulgencio 2020c.

2. A noção de trauma em Freud e Winnicott

A noção de trauma em Freud

Freud construiu sua noção de trauma a partir do tratamento de seus pacientes neuróticos, em especial do que ocorria com a histeria, observando que seus pacientes sofriam por causa de acontecimentos (reais ou fantasiados) ocorridos no passado... *a histérica sofre de reminiscências*. Antes mesmo de Freud ter criado a teoria psicanalítica, a histeria já era concebida como uma psicopatologia que tinha, na sua origem, um acontecimento traumático de natureza emocional, muitas vezes de conteúdo sexual, ainda que ela só pudesse ocorrer naquelas pessoas predispostas (organicamente) a esse tipo de afecção. Um estudo da história da psiquiatria pode mostrar como a histeria foi vagarosamente reconhecida como entidade mórbida ao longo do século XIX, para ser, ao final desse mesmo século, tomada como uma *patologia clínica modelo* a partir da qual todas as outras psiconeuroses eram analisadas.[1]

1 Cf. Ellenberger 1994, pp. 139-210.

Quando Freud foi a Paris, em 1884, e entrou em contato com os ensinamentos de Charcot, ele reformulou a compreensão que tinha sobre a histeria, reconhecendo nessa patologia tanto os fatores psicogênicos quanto a importância dos fatores sexuais. Será nessa direção que ele aprofundará suas pesquisas. O tratamento de pacientes histéricos forneceu-lhe um amplo campo de observação clínica, no qual ele pôde constatar que todos os seus pacientes tinham sido traumatizados por acontecimentos de natureza sexual. Na teoria inicial, o trauma foi considerado como um acontecimento real e depois, como sabemos, um acontecimento imaginário. É nessa passagem da teoria da sedução para a teoria do fantasma que está inserida uma nova maneira de explicar a presença de fatores sexuais na produção dos sintomas neuróticos:

> *Entre 1888 e 1893, Freud forja um novo conceito de histeria. Ele retoma de Charcot a ideia da origem traumática. Mas, por meio da teoria da sedução, ele afirma que o trauma tinha causas sexuais, sublinhando que a histeria era o fruto de um abuso sexual realmente vivido pelo sujeito na infância. No fim do século [XIX], todos os especialistas das doenças nervosas reconheciam a importância do fator sexual na gênese dos sintomas neuróticos, e especialmente da histeria. Mas nenhum deles sabia como teorizar essa constatação. Foi Freud que resolveu a questão. Num primeiro momento, até 1897, ele adotou as ideias partilhadas por numerosos médicos da época e elaborou a teoria da origem traumática (sedução real). Depois, num segundo momento, ele renunciou essa teoria para inventar a noção de fantasia e apropriar-se da de libido da sexologia.*[2]

---

2 Roudinesco & Plon 1997, verbete "Hysteria".

A introdução da noção de libido é extremamente significativa para a compreensão da noção freudiana de trauma. A natureza da teoria da libido, como um tipo de energia que é represada, desviada ou descarregada, será uma das construções auxiliares especulativas que fará a diferença entre a concepção psicanalítica freudiana de trauma e as concepções médicas ou de outras psicologias sobre o mesmo tema. Essa construção auxiliar é, no dizer do próprio Freud, uma especulação cuja validade deve ser medida não porque algum dia uma energia será descoberta, mas porque ao utilizar essa construção é possível chegar a explicações úteis e operativas para o tratamento das psiconeuroses. Diz Freud:

> *exporei em poucas palavras a representação auxiliar da qual me servi nesta exposição das neuroses de defesa. É a seguinte: nas funções psíquicas, cabe distinguir algo (montante de afeto, soma de excitação) que tem todas as propriedades de uma quantidade – ainda que não haja meio algum de medi-la –; algo que é suscetível de aumento, diminuição, deslocamento e descarga, e que se difunde pelas marcas mnêmicas das representações, como faria uma carga elétrica pela superfície dos corpos.*[3]

Esse conceito quantitativo é apenas uma especulação, e Freud diz que seu uso só se justifica pelo fato de auxiliar a organização dos dados empíricos,[4] não por corresponder a um possível elemento nos fenômenos.

Aqui, ao podermos caracterizar claramente a diferença entre o trauma pensado em termos empíricos (psicológicos) – referido

3 Freud 1894a, p. 60.

4 Freud 1894a, p. 61.

a conflito entre ideias (conscientes e inconscientes), conflito entre o eu enquanto um conjunto de representações fortes e representações incompatíveis com o eu, conflito entre desejos (conscientes e inconscientes) – e o trauma pensado em termos metapsicológicos – referido a um *quantum* de afeto ou a uma energia (a libido) que pode movimentar-se parcial ou totalmente em relação às ideias a elas conectadas, num aparelho psíquico impulsionado por pulsões. Articulando os aspectos psicológicos e metapsicológicos para definir o que é um trauma, Freud diz:

> *Pode-se mesmo dizer que o termo "traumático" não tem outro sentido senão econômico. Chamamos assim a uma experiência vivida que leva à vida da alma, num curto espaço de tempo, um acréscimo de estímulos tão grande que sua liquidação ou elaboração, pelos meios normais e habituais, fracassa, o que não pode deixar de acarretar perturbações duradouras no funcionamento energético.*[5]

Laplanche & Pontalis comentam a perspectiva teorizada por Freud:

> *O afluxo de excitações é excessivo relativamente à tolerância do aparelho psíquico, quer se trate de um só acontecimento muito violento (emoção forte) ou de uma acumulação de excitações cada uma das quais, tomada isoladamente, seria tolerável; o princípio de constância começa por ser posto em xeque, pois o aparelho não é capaz de descarregar a excitação.*[6]

---

5 Freud 1916x, p. 275.

6 Laplanche & Pontalis 1986, verbete "Trauma ou traumatismo (psíquico)".

Note-se também que, no comentário dos autores do *Vocabulário de psicanálise*, outros conceitos metapsicológicos são acrescidos – como parte do aprofundamento da concepção freudiana de trauma (sejam as da primeira, sejam as da segunda tópica) –, além da noção de *libido*, como o de *aparelho psíquico* com suas *instâncias*, as de forças psíquicas ou *pulsões*. A própria noção de trauma psíquico é pensada em termos analógicos, transpõe-se para o plano psíquico o que era pensado no plano orgânico: "A psicanálise retomou estes termos (em Freud apenas encontramos *Trauma*), transpondo para o plano psíquico as três significações que neles estavam implicadas: a de um choque violento, a de uma efração e a de consequências sobre o conjunto da organização".[7]

Ao considerar o trauma como um afluxo excessivo de excitação, Freud acaba por considerar que a própria constituição do psiquismo é fruto desses resíduos energéticos, ocasionados pela proibição ou renúncia das satisfações pulsionais, ou seja, o pensamento e o próprio psiquismo adviriam da impossibilidade de descarga de excitações, desviadas, então, para outros fins que não a satisfação do princípio do prazer. No processo de constituição do próprio psiquismo, as excitações não são diretamente passíveis de descarga, caso contrário, o homem funcionaria apenas pelo princípio do prazer, tornando impossível a organização cultural, o que implica não só uma renúncia, mas também a retenção de uma quantidade de energia que deverá procurar outra via de descarga. Diz Freud, em *O futuro de uma ilusão*: "Parece, sobretudo, que toda a cultura deve necessariamente se edificar sobre a coerção e a renúncia pulsional".[8]

Ao retomarmos a teoria do desenvolvimento da sexualidade ou, noutros termos, a teoria do desenvolvimento da libido, trata-se

7 Laplanche & Pontalis 1986, verbete "Trauma ou traumatismo (psíquico)".

8 Freud 1927c, p. 7.

sempre da mesma questão em relação ao trauma: como são desviadas e deslocadas as quantidades excessivas de excitações que advêm de acontecimentos que a criança não pode descarregar? No processo de constituição do psiquismo, analisado por Freud como fruto do desenvolvimento da própria sexualidade, caberá ao complexo de Édipo o acontecimento central e organizador da própria sexualidade, tanto no sentido amplo como no restrito.[9] Para Freud, não se trata apenas da constituição do indivíduo, mas da própria cultura e de suas instituições. Freud o reconhece como o fato universal que constitui todo ser humano neurótico e chega até mesmo a se surpreender pelo fato de que a noção de Édipo possa abarcar elementos assim tão diversos:

> *Gostaria, ao fim desta investigação condensada ao extremo, de enunciar este resultado: no Complexo de Édipo convergem os começos da religião, da moralidade, da sociedade e da arte, em perfeita concordância com o que constata a psicanálise, a saber, que o complexo forma o núcleo de todas as neuroses, tanto quanto elas se deixaram compreender, por nós, até aqui. Aos meus olhos, é uma grande surpresa que os problemas da vida da alma dos povos sejam suscetíveis de serem*

9 "Diz-se adequadamente que o Complexo de Édipo é o complexo nuclear das neuroses e constitui o elemento essencial de seu conteúdo. Nele culmina a sexualidade infantil, a qual influencia de maneira decisiva a sexualidade do adulto por seus efeitos posteriores. Cada novo recém-chegado no mundo humano é colocado no dever de chegar ao fim do Complexo de Édipo; aquele que não chega a isso é levado à neurose. O progresso do trabalho psicanalítico sublinhou sempre, de maneira muito clara, essa significação do Complexo de Édipo; o reconhecimento de sua existência tornou-se o xibolete que distingue os partidários da psicanálise de seus adversários" (Freud 1905d, p. 126, nota acrescentada em 1920).

> *resolvidos, eles também, a partir de um único ponto concreto, como o da relação com o pai.*[10]

Pode-se concluir que a noção freudiana estabelece que o trauma é um acontecimento de natureza psíquica, no qual o indivíduo está sujeito a uma excitação que não pode ser eliminada (seja por proibição seja por incapacidade devido ao momento de seu desenvolvimento psíquico), que esta excitação é sempre de natureza sexual ou diz respeito a relações com objetos marcados por excitações do tipo eróticas, que essa noção de trauma está intimamente ligada à ideia de que o bebê ou a criança, desde o início mais tenro, já reconhece determinados objetos (sejam pessoas, sejam partes de pessoas ou objetos propriamente ditos) como aquilo que, reconhecido como objeto externo (ainda que sejam elementos de sua fantasia), podem servir para eliminar uma determinada excitação, e que é a vivência do complexo de Édipo, em termos sempre traumáticos, já que a realização de todos os desejos aí envolvidos implicaria a própria destruição do indivíduo e da cultura. A sexualidade é, pois, sempre traumática e edípica; ela é, para Freud, o aspecto da existência do ser humano que está na base da existência e das relações inter-humanas, seja no seu sentido individual, seja no cultural. Tudo passa a ser entendido como uma questão de sublimação da sexualidade ou de dificuldades dessa sublimação ou, ainda, de sua realização sempre impossível na sua totalidade.

Note-se, ainda, que o trauma para Freud ocorre na conjunção de dois acontecimentos separados pelo tempo. Num primeiro momento ocorre uma vivência – real ou imaginária – de caráter sexual, mas que não tem, para a criança, um significado sexual. Esta situação é experienciada como uma excitação que não encontra meios de ser totalmente descarregada. Num momento

---

10 Freud 1912x, p. 156.

posterior – com o desenvolvimento da criança, a passagem pela puberdade e a ascensão ao sentido propriamente sexual das excitações corporais –, há uma segunda vivência que, tendo uma certa analogia com a primeira (não raro, uma analogia muito distante), é experienciada como uma vivência associada a uma emoção de natureza sexual, mesmo que essa segunda vivência nada tenha, objetivamente falando, de sexual. Essa segunda cena é, nesse mesmo momento, associada à primeira, ressignificando o acontecimento infantil como de natureza sexual, dando, então, a essa primeira vivência um caráter tanto sexual quanto traumático.

A noção de trauma exige que, desde o início, exista um indivíduo integrado, ou seja, exige que exista uma unidade que reconhece em seu interior uma excitação, que é vivida como algo a ser eliminado; uma excitação que é, inclusive, vivida como um conflito entre desejos de uma mesma unidade, irreconciliáveis; mais ainda, esse indivíduo já precisa estar maduro para estabelecer relações com objetos externos a ele (objetos por meio dos quais as intensidades vividas podem encontrar seu fim, a eliminação da tensão).

Ao explicitar sua noção de trauma, Freud usa tanto formulações empíricas quanto conceitos metapsicológicos, como os de aparelho psíquico, libido, pulsão. Assim, uma última questão poderia ser colocada: por que Freud introduziu conceitos metapsicológicos para pensar a noção de trauma? Trata-se, para ele, de seguir um modelo de ciência no qual ele foi formado. Para ele, a descrição dos fatos diz apenas como as coisas se apresentam e não como elas são produzidas, o que deixa lacunas nas explicações. Essas lacunas podem ser preenchidas com o auxílio de conceitos e modelos especulativos que ajudam na observação e organização dos dados empíricos. Analisei noutro lugar a natureza e a função das especulações metapsicológicas de Freud, concluindo que

> *a metapsicologia não pode explicar os fenômenos clínicos nem constituir o sentido, ou parte do sentido, desses fenômenos, caso a palavra fenômeno seja tomada de acordo com o uso habitual, designando algo acessível à experiência clínica. A sua função é a de auxiliar a organização dos fatos, tornando possível estruturá-los e relacioná-los; ela é um construto para conectar as descrições e uma orientação-guia para procurar (observar) novos dados. As especulações metapsicológicas não são nem fornecem explicações, mas estabelecem um quadro e uma direção para a busca de explicações factuais (empíricas) sobre os fenômenos psíquicos.*[11]

Ante o reconhecimento empírico de que seus pacientes passaram por situações nas quais seus desejos não podiam ser satisfeitos, Freud utilizou uma analogia, considerando o indivíduo tal qual um aparelho, movido por forças e energias, cujo objetivo último seria a eliminação da tensão represada, concebendo todo trauma como uma excitação de natureza sexual, cujo cenário maior é dado pelo complexo de Édipo, não adequadamente descarregada pelo indivíduo.

A noção de trauma em Winnicott

Winnicott, que tinha em seu horizonte pacientes e situações diferentes dos de Freud, ao menos em parte diferentes – por ser também pediatra que tratava dos bebês e de suas mães, bem como um psicanalista que atendia pacientes psicóticos –, logo percebeu que, no início do processo de desenvolvimento socioemocional do ser

11 Fulgencio 2008g, pp. 436-437.

humano, não havia um indivíduo integrado para apreender e estabelecer relações com objetos reconhecidos como externos a ele.

Sua concepção do que ocorre nos períodos primitivos do desenvolvimento emocional mostrou que só tardiamente é que ocorrerá um tipo de integração na qual existirá um eu separado de um não eu, com o reconhecimento possível de objetos objetivamente dados, em relação aos quais a criança poderá desejar, sentir falta deles, usá-los para satisfazer ou eliminar suas excitações etc. A análise das raízes da sexualidade segundo a perspectiva estabelecida por Winnicott, bem com das raízes da agressão, mostram que tanto uma como outra (sexualidade e capacidade para agredir intencionalmente) são aquisições a serem feitas no processo de desenvolvimento.

Ao pensar como ocorre a constituição pessoal e cultural do ser humano, Winnicott não as concebeu como fruto de energias que não puderam ser descarregadas. Para ele, o ser humano não é um aparelho que procura livrar-se de suas excitações, mas uma pessoa que necessita existir e continuar existindo. Ele observou que uma longa série de cuidados e acontecimentos relativos à interação com o ambiente era necessária para que um bebê pudesse passar do estado de não integração no qual nasce para um estado de identidade unitária; que, na primeira etapa do processo de desenvolvimento, não há, ainda, essa unidade e que uma série de integrações precisaria ser processada para que possa emergir um eu separado do não eu; mais ainda, que diversas aquisições deverão ser feitas para que o indivíduo possa ter a possibilidade de estabelecer relações a três termos, reconhecendo a si mesmo e ao outro enquanto pessoas inteiras e tendo, pois, um sentimento de responsabilidade para com esse outro. Do ponto de vista de Winnicott, só após um longo período é que uma criança poderá viver situações do tipo das descritas por Freud em termos do complexo de Édipo.

O conjunto das observações clínicas de Winnicott levou-o a pensar o trauma como uma ruptura na continuidade da vida. Trata-se, para ele, de um acontecimento que diz respeito à preservação e continuidade do si mesmo numa relação inter-humana. Diz Winnicott: "A ideia de trauma envolve uma consideração de fatores externos; em outras palavras é pertinente à dependência. O trauma é um fracasso relativo à dependência".[12] Ao tratar da comunicação silenciosa na experiência entre as mães e seus bebês, Winnicott também especifica o que ele considera como traumático:

> *A comunicação "silenciosa" é uma comunicação de confiabilidade que, na realidade, protege o bebê quanto a* reações automáticas *às intrusões da realidade externa, com estas rompendo a linha da vida do bebê, dando lugar a traumas. Um trauma é aquilo contra o que um indivíduo não possui defesa organizada, de maneira que um estado de confusão sobrevém, seguido talvez por uma reorganização de defesas, defesas de um tipo mais primitivo do que as que eram suficientemente boas antes da ocorrência do trauma.*[13]

Mas quais tipos de acontecimentos empíricos devem ser considerados como traumáticos? Para Winnicott, o que se entende por trauma depende do momento em que a criança está no seu processo de crescimento, um crescimento que vai da dependência absoluta em direção à independência relativa, da primeira infância para a maturidade plena.[14] Trata-se, pois, para Winnicott, de considerar

---

12 Winnicott 1989d, p. 113.

13 Winnicott 1970b, p. 201.

14 Note-se claramente que a teoria do desenvolvimento socioemocional proposta por Winnicott é mais ampla do que a teoria da sexualidade formulada por Freud. Ela não só abarca a teoria da sexualidade como a redescreve.

diversos sentidos do que se entende por trauma, referindo-se cada um deles a uma etapa do processo de desenvolvimento.

Neste capítulo, não tenho como objetivo analisar cada uma das fases do processo de desenvolvimento para, então, caracterizar os diversos sentidos da noção de trauma para Winnicott, mas sim apresentar o ponto de vista de Winnicott diferenciando-o do de Freud. Nesse sentido, retomarei o artigo "O conceito de trauma em relação ao desenvolvimento do indivíduo dentro da família", escrito em 1965, no qual Winnicott fornece uma classificação dos diversos tipos de traumas que podem ocorrer no processo de desenvolvimento, não numa análise exaustiva do tema, mas apenas indicando um caminho de pesquisa a ser aprofundado.[15]

Primeiro, o mais grave dos traumas, aquele que tornará impossível ou precária a organização do si mesmo e a estruturação da personalidade. Para Winnicott, esse tipo de trauma corresponde a uma falha do ambiente no atendimento à necessidade básica do bebê: a de ser e continuar sendo. Esse tipo de falha prejudica a realização das tarefas básicas do processo de desenvolvimento: a

15 Indico aqui alguns dos outros textos de Winnicott nos quais aparecem comentários sobre o que é considerado como traumático: em "Comunicação e falta de comunicação levando ao estudo de certos opostos", o trauma é tratado como uma violação do si mesmo (Winnicott 1965j, p. 240); em "A tendência anti-social", como deprivação (Winnicott 1958c); em "A mente e sua relação com o psicossoma", como inconstância do ambiente, levando a uma hiperatividade do funcionamento mental (Winnicott 1954a, pp. 411-416); em "Teoria do relacionamento paterno-infantil" (Winnicott 1960c, pp. 58-59), como aniquilação do indivíduo cuja continuidade do ser sofreu uma interrupção; em "A integração do ego no desenvolvimento da criança" (Winnicott 1965n, pp. 72-73), como associado às ansiedades ou agonias impensáveis; em "A localização da experiência cultural", como ausência da mãe por tempo excessivo (Winnicott 1967b, p. 157); em "O lugar em que vivemos", como ameaça de separação (Winnicott 1971q, p. 173). Essa não é, evidentemente, uma lista exaustiva, servindo aqui apenas para indicar um quadro geral no qual são apontados diversos sentidos da noção de trauma.

integração temporal e espacial do bebê, o estabelecimento da parceria psique-soma e a constituição do si mesmo.

Segundo, o trauma relativo ao momento em que o bebê, estando num mundo ou numa realidade totalmente subjetiva, precisa, gradualmente, seguir uma trajetória em direção à possibilidade de relação com um mundo objetivamente dado, afastando-se, pois, de seu campo de onipotência. Evidentemente, trata-se de uma longa jornada até a integração que torna possível à pessoa relacionar-se com o mundo objetivamente dado como externo a ela, mas uma trajetória do desenvolvimento nessa direção precisa ser sustentada e facilitada pelos cuidados maternos para que isso possa ocorrer. Nesse momento em que se inicia essa trajetória, o ambiente (a mãe) precisa passar de uma adaptação quase absoluta para uma adaptação relativa às necessidades do bebê. Ou seja, ela precisa falhar na sua adaptação. Caso ela não falhe, então, isso sim será traumático para o bebê.

Terceiro, considerando que o bebê ou a criança já tenha amadurecido a ponto de ter construído uma capacidade para "acreditar em...",[16] capacidade adquirida como resultado dos cuidados adequados de um ambiente confiável (quer dizer, previsível), então poderá ocorrer um outro tipo de trauma: a falha ambiental que retira a confiabilidade no ambiente. Esse tipo de falha pode levar a criança, por exemplo, a exigir que o ambiente volte a ser confiável, atacando esse ambiente na esperança de que este a sustente (como ocorre no caso da deprivação e seu consequente sintoma, a atitude antissocial), ou, ainda, numa outra direção ainda mais grave, pode ocorrer, como resultado dessa falha ambiental, uma perda quase definitiva da confiança e da esperança, perda da "fé em...".

---

16 Essa capacidade tem na sua base a *ilusão de onipotência* como uma experiência vivida pela criança, advinda da adaptação adequada do meio ambiente (a mãe) às suas necessidades, no período de dependência absoluta.

Quarto, num momento em que a criança já alcançou sua integração enquanto um si mesmo unitário, tendo diferenciado eu de não eu, mundo interno de mundo externo, momento em que ela já está apta para relacionar-se com pessoas inteiras, ela poderá ser traumatizada no sentido de ser ferida nessas relações. Para Winnicott, só depois de ter atingido esse estágio de integração é que seria possível conceber o complexo de Édipo e o complexo de castração como fonte de traumas (feridas) para uma pessoa.

E, por último, no quinto sentido, focado ainda na questão da continuidade de ser, Winnicott dirá que o trauma é um tipo de "destruição da pureza da experiência individual" causada por uma invasão "súbita ou imprevisível de fatos reais".[17]

É importante ressaltar que todos esses sentidos do trauma são pensados em termos relacionais, de tal maneira que o ponto de vista econômico (quantidade de excitação não passível de descarga) praticamente desaparece, dado que não são as intensidades energéticas que caracterizam o trauma, mas o que determinado tipo de relação inter-humana significa em termos da continuidade de ser e da confiabilidade no ambiente.

Nessa perspectiva, não seria, pois, o trauma sexual que estaria na origem da constituição do indivíduo, muito menos da cultura, dado que nem o indivíduo nem a cultura são pensados como sublimações dos impulsos sexuais, mas como frutos dos cuidados e da sustentação do ambiente que facilita e dá condições para ser e continuar sendo nas relações inter-humanas. É o cuidado e não o trauma que está na base da constituição do si mesmo e da vida cultural. Quando a criança amadureceu, a ponto de ter uma identidade unitária, ela poderá viver as relações interpessoais como relações de três termos, nas quais teria sentido pensar o que ocorre

17 Winnicott 1989d, p. 114.

com ela em termos do complexo de Édipo e do complexo de castração, mas antes disso Winnicott considera errôneo pensar o que ocorre, nessa fase mais tardia do desenvolvimento, nesses termos. Ele mesmo faz questão de dizer que, para ele, a linguagem que usa para cada fase do desenvolvimento "cresce, por assim dizer, com o crescimento da criança";[18] e, ainda de forma mais explícita, ele afirma que a "linguagem de uma parte [do processo de desenvolvimento] torna-se uma linguagem errada para outra parte".[19] Mais ainda, ao introduzir outros determinantes para o processo de desenvolvimento, também seremos obrigados a considerá-los quando estivermos analisando o que ocorre com a criança no momento em que ela vive o Édipo e a castração, ou, noutros termos, será preciso redescrever esses acontecimentos e os eventuais traumas (como indiquei, para esses momentos Winnicott prefere o termo *feridas*) que podem daí decorrer.

Note-se que a maneira como Winnicott teoriza a noção de trauma prescinde da noção de pulsão, de libido, ou mesmo da de um aparelho psíquico com suas instâncias. Ele não precisa de metáforas ou analogias com sistemas maquínicos. Para ele, o trauma é explicado em termos das relações inter-humanas, comentando aquilo que a própria observação pode comprovar, sem necessidade, pois, de uma metapsicologia.[20] Além disso, ao conceber o trauma nessa outra perspectiva das relações inter-humanas e do desenvolvimento emocional, seja na saúde, seja na doença, Winnicott também recoloca o problema clínico do tratamento das pessoas que sofreram ou sofrerão esses traumas.

---

18 Winnicott 1964g, p. 10.

19 Winnicott 1988, p. 52.

20 Sobre a natureza, a função e o destino da teorização na psicanálise, ver *A bruxa metapsicologia e seus destinos* (Fulgencio, Simanke, Imbasciati & Girard 2018d).

3. Ampliação winnicottiana da noção freudiana de inconsciente

A consideração de que a vida psíquica é, na sua essência e fundamento, inconsciente, é o que define e diferencia a psicanálise de todas as outras psicologias. Freud foi o primeiro a operacionalizar objetivamente essa noção, dando a ela um determinado sentido e referente, de modo a poder usá-la no quadro de um método de tratamento que, por sua vez, deu origem à psicanálise como ciência.

Meu objetivo aqui é analisar um conjunto de comentários de Winnicott que nos levam a reconhecer que ele se referiu ao inconsciente na psicanálise de uma maneira que amplia e redescreve a noção freudiana de inconsciente, ainda que isso não signifique um ensaio exaustivo que aborde o tema em todas as suas nuances. Dada a amplitude e complexidade desse problema, proponho delimitar a análise da noção de inconsciente pensando mais especificamente em quais são os seus referentes descritivos (por oposição a especulativos), deixando para outro momento a análise de suas características metapsicológicas.[1]

---

1 Alguns autores consideram que há dois corpos teóricos na psicanálise (cf.,

Para Freud, o inconsciente é o psíquico propriamente dito.[2] Ele o considera o primeiro *xibolete* da psicanálise,[3] embora não tenha sido o único a considerar a noção de inconsciente, seja na filosofia[4] seja na psicologia.[5] Restringindo meu foco de análise, me proponho a explicitar, inicialmente, de que maneira Freud concebeu o que é o inconsciente, selecionando apenas focos e temas desenvolvidos por ele que possam servir para caracterizar as especificidades e as novidades da compreensão que Winnicott tem sobre essa noção.

---

por exemplo, Fulgencio 2008g; Grünbaum 1984): um, no qual há referentes adequados para os conceitos propostos (resistência, transferência, complexo de Édipo, repressão etc.), e outro, para os quais não há referente adequado na realidade fenomênica (os conceitos metapsicológicos, *stricto sensu*, como os conceitos de pulsão [força psíquica], libido [energia psíquica] e de aparelho psíquico), todos reconhecidos por Freud como fazendo parte da *superestrutura especulativa* da psicanálise ou, noutros termos, a sua metapsicologia. Cf. uma análise sobre a natureza, função, desenvolvimento e futuro da teorização metapsicológica na psicanálise no livro *A bruxa metapsicologia e seus destinos* (Fulgencio, Simanke, Imbasciati & Girard 2018d).

2 Freud 1900a, p. 612.

3 *Xibolete* é uma palavra hebraica que encontramos no *Velho Testamento* (Livro dos Juízes 12, 6), usada para distinguir os que pertencem ou não a uma determinada tribo: só os que conseguem pronunciar corretamente a palavra pertencem a um determinado grupo. Freud considerou xiboletes da psicanálise a noção de inconsciente (1923b, p. 13), a teoria dos sonhos (1933a, p. 87) e o complexo de Édipo (1905d, p. 165n). Para uma análise mais detalhada desse tema, ver Fulgencio (2008g).

4 O próprio Kant diz que há representações claras e obscuras, em função de se darem ou não à consciência, e que estas últimas são mais extensas na composição do psiquismo (Kant 1798, parágrafo 5). Outros filósofos, como Schopenhauer e Nietzsche (para citar aqui apenas os mais influentes para Freud), também consideram a existência de processos psíquicos inconscientes.

5 Cf. o trabalho de Ellenberger (1970), analisando as propostas de psicoterapias que consideram a noção de inconsciente (seja as de tipo primitivo, como o xamanismo e o exorcismo, seja as de caráter mais científico, como Freud, Adler e Jung) como fundamento do psiquismo.

Por um lado, é sabido que Freud afirmou ser o inconsciente mais amplo do que haveria sido ali colocado pelo mecanismo do recalque, ou seja, que a noção de um inconsciente *reprimido* não corresponde à totalidade do que é inconsciente; por outro, porém, Freud não se debruçou de forma extensa sobre a análise do que seria esse outro componente do inconsciente que difere do recalcado. Girard, por exemplo, analisando a obra de Winnicott, considera que o momento inicial em que a criança é cuidada pelo meio ambiente não é registrado em termos de conteúdos psíquicos reprimidos: "nessa unidade inicial criança-ambiente, tudo que diz respeito aos cuidados não é conhecido pela criança e não poderá jamais retornar no processo de cura e na transferência; esses acontecimentos não podem ser considerados como fatos que adviriam do desvelamento do recalcamento".[6] O próprio Freud já teria notado que, nessa situação inicial, o que ocorre não poderia ser explicado com base na noção de recalque,[7] levando-o a supor a existência de um *recalque originário*. Winnicott reconheceu a direção do pensamento de Freud – "É possível que Freud estivesse tentando prever esses fenômenos quando usou o termo 'repressão primária', mas isto é discutível"[8] – e desenvolveu outra maneira de descrever e teorizar o que acontece nesse período e o que isso tem a ver com o inconsciente na psicanálise.

Alguns comentadores da obra de Winnicott já se referiram ao fato de que há, nesse autor, uma noção de inconsciente diferente da de Freud. Phillips, por exemplo, sem abordar diretamente esse tema, comenta, *en passant*, que, no caso de situações em que pessoas passam por uma agonia primitiva (agonia impensável), ocorre uma impossibilidade de realizar a apreensão da situação: "o que

6 Girard 2005, p. 20.

7 Freud 1923b, p. 19.

8 Winnicott 1960c, p. 45.

foi registrado inconscientemente, na perspectiva de Winnicott, foi uma interrupção, um apagão, na ausência da experiência pessoal do *self*. Winnicott iria escrever sobre o inconsciente como, entre ouras coisas, um lugar onde privações foram mantidas".[9] Não se trata de algo que foi reprimido e retirado da consciência, mas da constituição de outro tipo de conteúdo para o inconsciente. Roussillon, distinguindo, em Freud, um inconsciente funcional (ou o pré-consciente) e um inconsciente recalcado, refere-se a um terceiro tipo (passível de ser mais claramente reconhecido com base na obra de Winnicott), um inconsciente dissociado, relacionado ao que não teve lugar, que permanece potencialmente presente sem ter sido realizado, que diz respeito a algo vivido, mas não simbolizado: "O que foi vivido e não simbolizado, o que assombra as alcovas da psique, vagando, [fica] à procura de uma forma, de uma representação, de uma simples capacidade de presença. Isso existe como inconsciente num sentido de existir enquanto um potencial. Não é a dor do que não foi possível, talvez como mais tardiamente Freud teve a intuição, a culpa ligada ao que não aconteceu".[10] Loparic, por sua vez, afirma que Winnicott, além do inconsciente reprimido, se referiu a um inconsciente que tem como referente algo que "deveria ter acontecido, mas não aconteceu", constituindo um tipo de falha ambiental vivida pelo indivíduo, algo que foi, então, guardado por este, sem uma representação mental.[11]

As referências indicadas mostram que o tema já foi identificado por diversos comentadores da obra de Winnicott, apontando para o reconhecimento desse problema, mas não é objetivo deste capítulo analisar as diversas hipóteses já levantadas – a de Phillips, que afirma que o inconsciente em Winnicott é um *lugar onde as*

9 Phillips 1988, pp. 21-22.
10 Roussillon 1999, p. 18.
11 Loparic 2006, p. 41.

privações foram guardadas, a de Roussillon, que diferencia o inconsciente *funcional, recalcado* e *dissociado*, e a de Loparic, que supõe um inconsciente *não acontecido* –, mas sim explicitar quais são as especificidades das concepções de Winnicott. Para isso, proponho retomar, em linhas gerais, a maneira como Freud explicita a sua noção de inconsciente, tomando o cuidado de diferenciar seus aspectos descritivos dos metapsicológicos, para, então, fazer o mesmo com as propostas de Winnicott.

Aspectos descritivos e metapsicológicos da noção de inconsciente para Freud

Em *A interpretação dos sonhos*, Freud alude ao inconsciente da psicanálise como sendo diferente do inconsciente dos filósofos e do de Theodor Lipps,[12] querendo com isso dar um referente específico a esse termo. Segundo Freud, em *A interpretação dos sonhos*, o inconsciente corresponde, por um lado, a um conjunto de ideias que não são conscientes, tendo sido tornadas inconscientes para evitar incômodo (ou dor psíquica) à consciência (ao Eu consciente) do indivíduo; por outro lado, corresponde a um sistema ou parte de um aparelho psíquico.

Freud procurou apontar, em diversos momentos de sua obra, qual seria o sentido específico que o termo inconsciente tem para a psicanálise. Sua preocupação, nos principais textos nos quais trata desse tema, é compreender os processos psíquicos inconscientes como algo que tem um funcionamento diferente dos processos que ocorrem na consciência, bem como os distinguir dos processos fisiológicos. No entanto, ainda que os modos de funcionamento dos

12 Freud 1900a, p. 612. Para um estudo sobre as diferenças entre Freud e Lipps, veja Lipps 2001 [1897], Loparic 2001c e Fulgencio 2008g, Parte II, Cap. 2.

processos psíquicos conscientes e inconscientes sejam distintos, Freud parece ter tomado o que é encontrável na consciência como a sua referência, de modo que, para ele, a diferença entre os conteúdos da consciência e do inconsciente seria, nos processos psíquicos inconscientes, a falta da qualidade de serem conscientes.[13]

Em "Notas sobre o inconsciente na psicanálise", Freud considera haver três sentidos para o termo inconsciente (o *descritivo*, o *dinâmico* e o *sistêmico* ou *metapsicológico*). Em primeiro lugar, trata-se de considerar que existem elementos psíquicos que não são dados à consciência, mas que existem enquanto tais, não sendo também redutíveis ao corpo. Esses elementos são representações de conteúdos cognitivos ou representações de estados mentais ou, ainda, representações carregadas de afeto e afetos como representantes de estados mentais. Esse seria o referente e o sentido *descritivo* do termo inconsciente. Esses elementos psíquicos inconscientes agem entre si, tanto no presente quanto na composição com o passado e o futuro (projetado) numa história de vida. Ao analisar o que são os atos falhos, Freud demonstra que ideias conscientes e inconscientes se determinam entre si produzindo pensamentos e ações, levando-o, então, a caracterizar essa dinâmica como sendo também o sentido e o referente *dinâmico* do termo inconsciente. Mas isso não era uma novidade na história das ideias, seja na filosofia, seja na ciência. O que Freud considera novo, na sua concepção, corresponde à sua consideração de que o inconsciente é um sistema psíquico, uma das partes que compõem o aparelho psíquico. Freud está ciente de que ele especula, de que a noção de um aparelho psíquico é uma *ficção teórica*,[14] um conceito de validade apenas heurística, útil para pesquisar e explicar as determinações psíquicas que geram sofrimento e patologia. A um inconsciente

13 Freud 1900a, p. 255; 1915e, pp. 167-168.

14 Freud 1900a, p. 603.

assim concebido ele chama de *sistêmico* ou o inconsciente no seu sentido propriamente *metapsicológico*.[15] Certamente não há prova empírica do inconsciente metapsicológico, mas tão somente a consideração de que, dessa maneira, temos um ganho de entendimento e de poder clínico. Diz Freud: "Um ganho de sentido e de coerência é um motivo perfeitamente justificável para ir além dos limites da experiência direta".[16]

Na sua segunda tópica, Freud proporá outra figuração para o aparelho psíquico, com novas instâncias e um novo par de pulsões. Nesse segundo quadro teórico, o termo inconsciente passa a ser usado para *qualificar* os conteúdos ou partes dessas instâncias. Pode-se afirmar, seguindo os comentários de Laplanche & Pontalis,[17] que o lugar ocupado pelo Id na segunda tópica é o sistema inconsciente (Ics) da primeira. Assim, podemos afirmar que o sentido metapsicológico ou sistêmico da noção de inconsciente é reafirmado por Freud, ainda que seja necessário notar que essa caracterização metapsicológica não pode ser considerada uma especulação pura, dado que está mesclada com a sua particularização de um inconsciente descritivo e dinâmico.

Freud reitera o fato de que tudo o que ele identificou como inconsciente deriva de sua clínica com pacientes neuróticos,[18] nos quais o mecanismo básico de defesa contra as angústias, presente e constituinte da própria neurose, é o mecanismo do recalque. Isso faz com que Freud considere que a noção de recalque está na base do seu conceito de inconsciente: "Nosso conceito de inconsciente, nós o obtemos, pois, a partir da teoria do recalcamento".[19] Ainda

15 Freud 1912g, p. 266.
16 Freud 1915e, p. 166.
17 Laplanche & Pontalis 1967.
18 Freud 1915e, p. 215.
19 Freud 1923b, p. 14.

que Freud diga que o recalcado é apenas uma parte do inconsciente,[20] considera esse mecanismo o modelo de referência para pensar o que é o inconsciente: "o recalcado é para nós o protótipo do inconsciente".[21] Nesse sentido, podemos dizer que a grande referência de Freud ao inconsciente diz respeito ao *inconsciente recalcado* ou *reprimido*.

Freud está ciente de que o recalque propriamente dito exige que já esteja dada a distinção entre a consciência e o inconsciente.[22] O recalque não é fundador das instâncias psíquicas, o que o faz especular sobre a existência de uma operação anterior, que realizaria, então, essa fundação, denominada *recalque originário*.[23] O agente do recalcamento secundário é certamente o Eu, mas, no caso do recalcamento originário, o Eu ainda não está constituído, o que leva Freud a supor outro tipo de ação constituidora do inconsciente, um mecanismo de contrainvestimento com determinadas representações se aglutinando (como se fossem atraídas umas pelas outras), compondo um aglomerado que as qualificaria de inconscientes.[24] Também, após 1920, ele abordará um problema parecido, afirmando que o Ego nasce por diferenciação do Id.[25] A caracterização e a explicação de como se dá esse contrainvestimento, ou de como o Id vai se diferenciando para constituir o Eu, não foram claramente descritas por Freud.

Apoiado na sua clínica com neuróticos, Freud julga que o recalque corresponde ao mecanismo que constitui o conteúdo do inconsciente *reprimido*; no entanto, ele também reconhece que há

---

20 Freud 1915e, p. 166.
21 Freud 1923b, p. 14.
22 Freud 1915d, p. 147.
23 Freud 1915d, p. 148.
24 Freud 1915e, p. 180.
25 Freud 1923b, p. 24.

pontos obscuros na sua concepção sobre o inconsciente e que, talvez, o estudo das psicoses possa contribuir para esclarecê-los.[26]

Em *A interpretação dos sonhos*, Freud se refere aos elementos psíquicos inconscientes como representações, pensamentos, fantasias e desejos. Já em "O Ego e o Id", diz que foi pela compreensão dos sintomas, dos sonhos e dos atos falhos que ele se sentiu obrigado a reconhecer a existência de processos psíquicos inconscientes.[27] O que nos leva a afirmar, considerando essas referências, que o inconsciente é composto de um conjunto de representações reprimidas.[28] Freud admite, no entanto, que há mais do que isso no inconsciente, quer, por exemplo, devido às resistências (que não são propriamente referências a conteúdos recalcados), quer por considerar outros elementos constitucionais do indivíduo, heranças filogenéticas, conteúdos que não são adquiridos na história do indivíduo, dentre os quais se deveria contar as protofantasias.

Ao pensarmos na segunda tópica freudiana, sabemos que tanto o Ego como o Superego têm aspectos inconscientes, mas que no Id há apenas conteúdos inconscientes. Se, por um lado, Freud afirma que o recalcado se mescla e se funde com o Id, por outro, o recalque corresponde a apenas uma parte do Id,[29] ainda que, nesse ponto, ele pareça chegar ao limite daquilo que deve ser considerado um conteúdo psíquico, refletindo, então, que no Id está presente, como seu fundamento, tudo aquilo que "a biologia e o destino da espécie humana produziram e nos legaram",[30] referindo-se a esses conteúdos, pois, como uma expressão direta das pulsões que impulsionam a vida psíquica.

---

26 Freud 1915e, p. 161.
27 Freud 1923b, pp. 13-14.
28 Freud 1915e, p. 177.
29 Freud 1923b, p. 23.
30 Freud 1923b, p. 36.

Assim, para Freud, até mesmo as pulsões, no inconsciente, só podem ser encontradas na forma de representações.[31] É nesse sentido que Laplanche & Pontalis[32] afirmam que os conteúdos do inconsciente, como um sistema, são *representantes* das pulsões. O que nos leva a afirmar que, para Freud, o inconsciente, em termos psíquicos, tem representações como seus conteúdos.

Esse sobrevoo na obra de Freud sobre quais são os elementos do inconsciente que não correspondem ao recalcado, remetendo-nos à questão das origens, corresponde apenas a uma indicação que enquadra a análise das referências de Winnicott em outro tipo de inconsciente, que difere do inconsciente reprimido, deixando, no entanto, uma série de lacunas para a compreensão desse tema em Freud. Além disso, a preocupação em focar os referentes não especulativos da noção de inconsciente delimitou esse sobrevoo, deixando de lado uma série de formulações, de natureza metapsicológica, que, noutros contextos, seriam necessárias para compreender a questão do originário e do inconsciente na teoria freudiana.

Aspectos descritivos e metapsicológicos da noção de inconsciente feita por Winnicott

Se, por um lado, Winnicott reconhece que Freud deu um grande passo em direção à verdade científica quando propôs a ideia de um *inconsciente dinâmico*, por outro, abandonou a concepção de um inconsciente como um conceito metapsicológico e considerou que a proposta de Freud, referindo-se ao inconsciente reprimido, era insuficiente para compreender uma série de fenômenos que ele

31 Freud 1915e, p. 177.

32 Laplanche & Pontalis 1967, verbete "inconsciente".

pôde apreender com sua teoria do desenvolvimento afetivo e com a sua clínica tratando de pacientes psicóticos e de bebês.

Também para Winnicott, a repressão está na gênese da neurose,[33] e ele a caracteriza da seguinte maneira: "Repressão é o nome dado à perda, pela consciência em uma pessoa mais ou menos saudável, de um conjunto de sentimentos, memórias e ideias tendo como causa a dor intolerável que ocorre quando são trazidos à consciência o amor e o ódio coincidentes, bem como o temor à retaliação".[34] Assim, o neurótico é aquele ser humano que, tendo chegado à integração como uma *pessoa inteira* (*Whole Person*),[35] vive conflitos na administração da sua vida instintual no relacionamento com outras pessoas num cenário edípico e envolto em questões identificatórias.[36] Winnicott diz que há, pois, nos neuróticos, uma forma particular de inconsciente adequadamente denominável *inconsciente reprimido*.[37]

Winnicott afirma que a própria existência de um inconsciente, em termos mais gerais, só tem sentido quando alguma consciência pode existir: "O bebê ainda não tem um sistema consciente e outro inconsciente".[38] Temos, pois, que considerar: 1) que, no início, para o bebê, não há lugar algum para qualquer referência a algo que poderia ser considerado como um inconsciente; 2) que o inconsciente reprimido só poderá ter existência quando existir um

33 Winnicott 1989vl, pp. 56-57.

34 Winnicott 1988, p. 159.

35 Isto é, tendo chegado ao estágio do EU SOU e seguido no estágio da consideração (ou posição depressiva), integrando no seu *self* tanto a sua instintualidade (o que, antes desse momento, era vivido como sendo algo exterior ao *self*) quanto seus impulsos amorosos e destrutivos, reconhecendo o outro também como pessoa inteira.

36 Winnicott 1958m, pp. 517-518.

37 Winnicott 1945h, p. 35; 1963c, p. 281.

38 Winnicott 1987d, pp. 104-105.

amadurecimento no qual a distinção Eu-não Eu tiver sido alcançada, quando a diferenciação entre mundo externo e mundo interno é possível de ser experienciada, ou seja, quando há uma integração na qual pode haver um Eu que pode colocar em funcionamento o mecanismo do recalque.[39]

No início do processo de desenvolvimento afetivo,[40] a realidade psíquica do ser humano se confunde com o próprio corpo. Diz Winnicott: "O bebê ainda não tem um sistema consciente e outro inconsciente na área que pretendo examinar. Por ora, ele é um combinado de anatomia, com potencial para se desenvolver em uma personalidade humana".[41] O corpo não é apenas a biologia, mas sim esta última acrescentada de sentidos dados ao que ocorre com o corpo, sentidos que são dados pelo que Winnicott denominou *elaboração imaginativa* das funções corporais.[42]

Só um longo desenvolvimento, levando o indivíduo à sua unidade como sujeito psicológico, tornará possível o surgimento do mecanismo de recalque e do inconsciente reprimido. Antes desse momento, em que o indivíduo está integrado num EU, possível agente da repressão, ocorre um conjunto significativo de

39 Winnicott 1984i, p. 266; 1989vl, p. 53.

40 Para uma visão geral do processo de desenvolvimento do ponto de vista de Winnicott, ver Fulgencio 2020c.

41 Winnicott 1968d, pp. 104-105.

42 A *elaboração imaginativa* (cf. em Winnicott 1965vf, p. 25; 1987b, p. 77, carta a Victor Smirnoff de 19 nov. 1958; 1988, p. 40) tem, no início, um significado muito simples, para tornar-se cada vez mais complexa, participando desde a aquisição de uma noção de tempo e de espaço, e do longo processo de personalização (iniciado com o alojamento da psique no corpo, e continuado em direção à conquista do *status* de pessoa inteira), até funções altamente elaboradas, como sonhar, desejar e fantasiar (compreendendo, agora, esse fantasiar no seu sentido mais clássico, relativo a uma construção imaginária do indivíduo e das relações do indivíduo com base em suas representações mais ou menos deformadas, mais ou menos deslocadas).

integrações do indivíduo, tais como a constituição de uma noção de temporalidade, de espacialidade, a união entre aquilo que acontece com o corpo e os sentidos dados a esses acontecimentos (caracterizando o que Winnicott denominou alojamento da psique no corpo), que dizem respeito a modos de ser-estar no mundo, de como o ser pode seguir em sua continuidade, apoiado e sustentado pelo ambiente. Esses modos de ser são integrações e conquistas do processo de desenvolvimento afetivo que não são dados conscientes e que, nesse sentido amplo, mereceriam ser qualificados como inconscientes, mas certamente não correspondem ao inconsciente reprimido descrito por Freud.

Winnicott dirá que há dois grandes polos da psicopatologia a serem considerados: o da neurose e o da psicose. Entre eles há um conjunto de possibilidades intermediárias, dentre as quais ele colocará todos os tipos de depressão, além de incluir uma série de sintomas relativos aos transtornos psicossomáticos e a atitude antissocial.[43] Não é a classificação psicopatológica que quero colocar em foco, mas a compreensão da distinção dos processos psíquicos inconscientes em cada um desses extremos.

Enquanto o *inconsciente reprimido* estaria, necessariamente, ligado ao neurótico, no caso dos psicóticos, Winnicott percebe outro tipo de processo de defesa contra a angústia que decorre das falhas de sustentação ambiental num momento em que o indivíduo ainda não tem um Eu integrado ou, noutros termos, outro tipo de organização ou de conteúdo inconsciente: "A repressão faz parte da neurose, assim como a cisão da personalidade faz parte da psicose".[44]

Há de se considerar duas situações: nos casos patológicos, aquelas pessoas "cujos estágios mais iniciais de desenvolvimento

43 Winnicott 1955d, p. 464; 1989vl, p. 53.

44 Winnicott 1963c, p. 281.

são incompletos e esta qualidade domina o quadro clínico";[45] noutra, quando há saúde, o processo de amadurecimento ainda não chegou ao estágio em que há uma pessoa inteira (com um mundo interno e um mundo externo diferenciados) que se relaciona com os outros também tomados e reconhecidos como pessoas inteiras.

Pacientes psicóticos são pessoas não integradas e a cisão é a característica dominante. Nesse caso, não é possível considerar um inconsciente reprimido, pois este exige condições que ainda não foram alcançadas: "não é possível a uma personalidade cindida ter um inconsciente reprimido, por não haver lugar para ele ficar",[46] ou, ainda, "a cisão toma o lugar do inconsciente reprimido do psiconeurótico".[47]

O tratamento dos pacientes cuja personalidade está cindida não corresponde a trazer um inconsciente reprimido à tona, mas a outro tipo de trabalho que pressupõe lidar com a cisão do paciente, buscando dar a ele as condições ambientais para amadurecer (integrar-se) em direção à constituição da unidade chamada EU.

No artigo "Medo do colapso", de 1974, Winnicott afirma que alguns pacientes temem viver um tipo de loucura que na verdade já ocorreu, um colapso já vivido, mas que não pôde ser experimentado. Esse fato ocorrido, que o paciente guarda consigo, corresponde a um trauma tornado inconsciente, que determina a vida do paciente, ainda que esse algo inconsciente não possa ser considerado inconsciente pelo recalque. Procurando especificar que tipo de inconsciente é esse, Winnicott explicita: "Trata-se de um fato que se carrega consigo, escondido no inconsciente. Este último, aqui, não é exatamente o inconsciente reprimido da psiconeurose, nem, tampouco, o inconsciente da formulação freudiana da parte da psique

45 Winnicott 1989vl, p. 53.

46 Winnicott 1964h, p. 370.

47 Winnicott 1968c, p. 152.

que se acha muito próxima do funcionamento neurofisiológico".[48] Algo foi vivido, guardado na memória, certamente não propriamente como um conteúdo reprimido nem como algo que possa ser, no sentido estrito do termo, lembrado, tampouco como a representação de algo, mas, mesmo assim, permanecerá como parte da psique daquela pessoa. Winnicott diz que algo foi vivido, mas não foi experienciado,[49] ocorrendo um tipo de *morte fenomenal*.[50]

Não obstante, o trauma ocorreu e ficou registrado. Esse fato, guardado no inconsciente, não pode ser uma representação que o EU faria de tal ou tal acontecimento, dado que esse EU ainda não está lá: "Neste contexto especial, o inconsciente quer dizer que a integração do ego não é capaz de abranger algo. O ego é imaturo demais para reunir todos os fenômenos dentro da área da onipotência pessoal".[51] A angústia aí vivida é denominada por Winnicott "agonia impensável" [*unthinkable anxiety*],[52] dado que há um EU integrado que pode pensar ou mesmo ter essa experiência. Assim, um dos aspectos desses elementos inconscientes guardados – ou congelados pelo indivíduo, como explicita Winnicott[53] – corresponde a algo vivido, mas que não pôde ser experienciado,

48 Winnicott 1974, p. 73.

49 Winnicott 1989vl, p. 100.

50 Para fornecer um conteúdo mais intuitivo a essa expressão de Winnicott (1974, p. 75), ou seja, a tal fato *vivido*, mas *não experienciado*, Winnicott o compara com o que ocorre com o bulbo e a flor que dele emana quando amadurece: o perfume da flor à qual o bulbo dará origem está lá, mas nenhuma dissecação ou análise poderia encontrá-lo, só o desenvolvimento dessa situação o fará presente (Winnicott 1989vl, pp. 99-100).

51 Winnicott 1974, p. 73.

52 Cf. em Winnicott 1989vh, p. 99. Ele descreve essas agonias impensáveis como tendo algumas poucas variedades: "1. quebrar em pedaços; 2. cair para sempre; 3. não ter conexão alguma com o corpo; 4. carecer de orientação" (Winnicott 1965n, p. 72).

53 Winnicott 1955d, p. 467.

como uma *morte fenomenal*,[54] que permaneceria como um dado inconsciente à espera de melhores condições para ser retomado e integrado na área do *self*.[55]

Outro aspecto desse inconsciente que permanece no indivíduo como um tipo de acontecimento a ser integrado no campo do *self* diz respeito a momentos em que "nada aconteceu quando algo poderia proveitosamente ter acontecido",[56] um tipo de necessidade e/ou expectativa que era importante para a continuidade de ser do indivíduo, mas que, por falha ambiental, não ocorreu. Talvez seja o caso de supor, como já foi sugerido,[57] um inconsciente *não acontecido*.[58]

Muitos outros adjetivos poderiam qualificar esse tipo de inconsciente (cindido, não sustentado no tempo, não representacional etc.), especialmente ligando-o a acontecimentos patológicos, a falhas ambientais, à impossibilidade de integração de acontecimentos vividos em função da imaturidade do indivíduo, a não acontecidos, a elementos cindidos no indivíduo. Esse conjunto de adjetivos nos levaria a considerar, então, no caso da patologia, um inconsciente impensável ou agonias impensáveis, um inconsciente congelado, enfim, um inconsciente que difere do inconsciente reprimido tal como Freud propôs. O que importa aqui é a caracterização do tipo de dado que se torna inconsciente, mostrando

54 Winnicott 1974, p. 74.

55 Winnicott 1960c, pp. 58-59.

56 Winnicott 1974, p. 75.

57 Loparic 1999, p. 367ss.

58 Essa maneira de enunciar ou interpretar o que propôs Winnicott, considerando que há um *inconsciente não acontecido*, traz problemas lógicos e epistemológicos. No entanto, o problema aqui não é aprofundar e procurar resolver uma aparente contradição ou um paradoxo, mas sim considerar que há, em Winnicott, um inconsciente que não corresponde ao inconsciente reprimido de Freud.

que estamos num campo em que não é uma representação (seja a representação de coisa, seja a representação de palavra, ou melhor, "representação por meio de palavras [conceitos]") que é tornada inconsciente, mas outro tipo de dado psíquico.

Caberia perguntar que tipo de inconsciente fica presente nos casos saudáveis em que não há ainda integração do *self* para que o mecanismo de repressão possa ocorrer, mas em que há uma série de vivências que, na maturidade posterior, não estão presentes na consciência e nem por isso podem ser ditas reprimidas. Segundo Winnicott, o inconsciente que nunca pode se tornar consciente[59] não é análogo ao inconsciente reprimido, mas se trata de um inconsciente não redutível a um conjunto de representações, que é gerado num momento em que o bebê é imaturo demais para ter representações mentais.

Winnicott, coerentemente, denominou-o *inconsciente* primário.[60] Já comentamos o fato de que, no período pré-natal e logo após o nascimento, a vida psíquica se confunde com a somática;[61] mas não se trata apenas de um corpo que recebe sentidos, cujas experiências são catalogadas, organizadas, separadas e relacionadas[62] – um corpo biológico –, mas do corpo que está sendo "colorido" semanticamente pela elaboração imaginativa das funções corporais.

Com a continuidade do processo de amadurecimento, nessa fase inicial, que Winnicott denomina fase da dependência absoluta e da dependência relativa,[63] temos um conjunto amplo de in-

---

59 Winnicott 1965j, p. 237.

60 Winnicott 1989xf, p. 343.

61 Winnicott 1968d, pp. 105-106.

62 Winnicott 1965n.

63 Ver em Winnicott 1965r uma apresentação da teoria do desenvolvimento afetivo em termos do tipo de dependência que o indivíduo vive em relação ao ambiente.

tegrações que não são, de forma alguma, dados filogenéticos, mas aquisições que ocorrem porque há uma sustentação ambiental das necessidades de ser, a saber: a *temporalização*, a *espacialização*, o *alojamento da psique no corpo*, o desenvolvimento da *capacidade de ter fé*, o primeiro *reconhecimento da dependência*, a *criação-encontro dos objetos e fenômenos transicionais*, a constituição de um modo de ser-estar no mundo marcado pela distinção Eu-não Eu, a *conquista da capacidade de brincar* etc. Todas essas aquisições ou conquistas não podem ser tidas como representações, nem como afetos; elas são, mais propriamente, modos de ser e modos de ser no mundo.

Podemos comentar alguns aspectos que caracterizam determinados modos de ser relacionados com o mundo e com o outro – a exemplo da capacidade de ter "fé em..." e a capacidade de brincar – como característicos de um inconsciente primário ou constitucional, buscando fornecer descrições mais objetivas sobre esse inconsciente. Poder-se-ia objetar que esses aspectos associados às conquistas mais primitivas (temporalização, espacialização, personalização, capacidade de ter fé etc.), bem como às agonias impensáveis, são de natureza cronológica e afetiva díspares da capacidade de brincar e, portanto, não deveriam ser colocados, juntos, como fazendo parte desse inconsciente primário. No entanto, se pensamos nessas conquistas como integrações do indivíduo, levando-o à possibilidade de ser e afirmar-se como um *self*, essas conquistas podem ser elementos e processos psíquicos inconscientes que, por sua vez, não são elementos ou processos (dinâmicas e conflitos) recalcados, ainda que, no desenvolvimento do indivíduo que chega à possibilidade de usar o recalque como mecanismo de defesa, este possa gerar conflitos inconscientes recalcados que dificultam ou mesmo impedem esses modos de ser no mundo. Farei a seguir alguns comentários para explicitar o que acabo de afirmar.

Um ambiente suficientemente bom, que, mesmo sendo imperfeito, entende e atende às necessidades da criança, ou seja, fornece-lhe os objetos de que tem necessidade, acaba por gerar, na criança, um tipo de fé e esperança: considerando uma adaptação ambiental que não desaponta a criança nesse momento, ela pode constituir em si mesma a possibilidade de ter "fé em...", isto é, de ter a esperança e a expectativa de que há no mundo o que ela precisa, de que ela pode encontrar no mundo o que está de acordo com as suas necessidades.[64] Trata-se, na verdade, da confiança, dada pela adaptação ambiental, de que a necessidade (de ser) será atendida, de que a linha da vida não será quebrada. É a capacidade de acreditar ou ter fé, e não exatamente fé nisso ou naquilo, ou seja, fé de que é possível *ser*, pois o mundo que torna possível esse ser é um mundo que não a desaponta.

Na continuidade desse processo, quando há saúde, surgem os objetos e fenômenos transicionais, os quais não são também, por sua vez, apenas um conjunto de projeções e introjeções, mas modos de ser-estar e de se relacionar consigo e com o mundo. Mais importante do que os objetos transicionais em si (um pano, um ursinho etc.), é a maneira como o indivíduo se relaciona com eles.[65] Esse modo de relação corresponde também à aquisição da capacidade e possibilidade de brincar, como um aspecto universal da natureza humana. Ao caracterizar o que é a ação de brincar e o que deriva dela, Winnicott dirá que ela é uma forma de comunicação que leva ao encontro de si mesmo e do outro,[66] e que a "a psicanálise foi desenvolvida como forma altamente especializada de brincar, em prol da comunicação consigo mesmo e com os outros".[67]

64 Cf. Winnicott 1963d, 1986k.

65 Winnicott 1953c [1971], p. 15.

66 Winnicott 1971r.

67 Winnicott 1968i, p. 74.

A incapacidade de brincar é uma imaturidade que deve ser tratada pela sustentação ambiental, exercendo o que Winnicott caracterizou como ilusão de contato, que ocorre na vivência dos fenômenos transicionais. Quando encontramos um paciente que não sabe brincar, que não amadureceu a esse ponto, cabe ao analista levá-lo a essa conquista; isso ocorre em função da sustentação ambiental que o analista pode fazer, que corresponde a uma experiência de comunicação e de contato verdadeiros. Nesse sentido, o trabalho do analista não acessa o inconsciente reprimido, mas torna possível um modo de ser que é experienciado com o paciente.[68] A brincadeira, como modo de ser-estar, corresponde, pois, a um modo de ser inconsciente, partilhável ou compartilhável entre paciente e analista, que deve ser desenvolvido; mais ainda, deve ser desenvolvido como uma capacidade que funciona inconscientemente. Se a brincadeira for planejada conscientemente, ela perde sua característica essencial, que é a sua espontaneidade criativa.

Os conteúdos desse *inconsciente primário* não são, propriamente, conteúdos psíquicos, não são ideias nem representações de afetos ou de estados mentais. Na saúde, são modos de ser e estar pelos quais se pode operar no mundo; na patologia, correspondem a cisões, e mesmo não acontecidos, à espera de condições para serem integrados no campo do *self*. Não são, pois, conteúdos reprimidos ou objeto de mecanismos de defesa (relativos aos conteúdos da mente), mesmo que possam ser objeto de outros mecanismos de defesa (cisão, não integração corpo e psique, congelamento quando da falha ambiental etc.). Não obstante, com o amadurecimento

68 Observe a questão do destino dos objetos transicionais. Estes não se tornarão inconscientes porque reprimidos, mas ficarão inconscientes porque esquecidos, podendo ser lembrados em momentos de regressão (Winnicott 1989i, pp. 46-47). Assim, o destino dos objetos transicionais, na saúde, é serem esquecidos num fundo de armário, ficarem num tipo de limbo (Winnicott 1989i), nem perdidos nem reprimidos.

e integrações do indivíduo e a conquista de modos de ser que incluem a possibilidade de representar, bem como a de recalcar elementos e conflitos que dizem respeito à administração da vida instintual nas relações interpessoais, ou seja, com a conquista da capacidade de representar e de recalcar, as representações e os afetos também estarão associados a esse inconsciente, amalgamando-se com os conteúdos de um inconsciente reprimido.

O inconsciente primário, na saúde ou na patologia, será o alicerce do desenvolvimento afetivo. Na saúde, esse alicerce dará as bases para que a neurose possa ser edificada e, mesmo assim, não são propriamente conteúdos nem vivências reprimidas, nem mesmo retidas em função da angústia. Um inconsciente não exatamente representável, ou, ainda, passível de ser facilmente colocado em palavras ou numa forma discursiva (talvez nas artes isso seja possível), mas sempre real e presente em todos os modos de ser-estar no mundo, infantis ou adultos.

No caso dos neuróticos, não há dúvida que caberá ao analista tratar do inconsciente reprimido, dado que essas determinações inconscientes tornam a vida do paciente constrangida. Ao referir-se aos psicóticos, no entanto, Winnicott afirma que os problemas desses pacientes dizem respeito à luta para alcançarem a vida, ou seja, à possibilidade de se integrarem para, então, terem problemas propriamente relacionais: "um tratamento bem-sucedido de um psicótico permite que o paciente comece a viver e comece a experimentar as dificuldades inerentes à vida".[69] Para chegar à vida, trata-se, então, de integrar-se no tempo, no espaço, personalizar-se em termos de realizar uma integração (alojamento) da psique no corpo, ter fé no mundo (ter esperança de que é possível encontrar no mundo aquilo de que se necessita para ser), poder criar e encontrar o mundo (o que significa ter conquistado a capacidade

---

69 Winnicott 1988, p. 100.

de brincar), e da conquista da unidade do sujeito psicológico em termos da integração EU SOU e, depois, da chegada no *status* de pessoa inteira. Essas integrações não se dão em função do mecanismo de recalque, mas sim pela sustentação ambiental.

Nesse sentido, é possível compreender um pouco mais por que a maior parte do trabalho analítico ocorre em função de modos de ser inconscientes, isso sem que esqueçamos a importância e a presença das determinações psíquicas que advêm do inconsciente reprimido, que precisa ser interpretado na transferência.

Nenhuma das referências de Winnicott ao inconsciente é relativa a instâncias psíquicas, a figurações de partes de um fictício aparelho psíquico. Não são ficções teóricas, ficções heurísticas, como as que encontramos em Freud para figurar, tornar visível, o que ocorre na vida psíquica. O próprio Green notou que Winnicott não usa a noção de aparelho psíquico,[71] o que torna possível afirmar, apoiado também no desenvolvimento que fiz até agora, que Winnicott não se refere ao inconsciente como um sistema psíquico, ou seja, em termos metapsicológicos. Tanto a noção de inconsciente reprimido como a de um inconsciente primário são conceitos que se referem a modos de funcionamento pessoais reconhecíveis objetivamente na experiência factual. Não se trata, para Winnicott, de uma figuração ou analogia, mas de um inconsciente relativo a conteúdos e vivências da história pessoal e relacional de um ser humano, seja nos casos em que há representações reprimidas, seja nos casos em que esse inconsciente é composto de elementos não propriamente representáveis.

Pode-se afirmar que Winnicott, apoiado na compreensão que Freud forneceu sobre o que é a vida psíquica inconsciente, desenvolveu e ampliou o entendimento sobre o que são as determinações psíquicas inconscientes, para além da dimensão do inconsciente reprimido. Seu modo de teorizar afastou-se do uso de ficções teóricas, do uso de analogias e figurações especulativas, diferenciando-o, epistemologicamente falando, de outros autores pós-Freud que aprofundaram, desenvolveram e mesmo reformularam a metapsicologia freudiana propondo outras superestruturas especulativas. Não se trata, a meu ver, de uma questão teórica, ou filosófico-epistemológica, mas sim de, consideradas essas proposições de Winnicott, verificar que desdobramentos clínicos advêm de sua compreensão do que é o inconsciente e suas determinações.

4. A noção de Id para Winnicott

Neste capítulo pretendo mostrar que, para Winnicott, o termo *Id*[1] tem como referente os aspectos instintivos da existência psicossomática, aspectos que não correspondem à biologia pura e simples, mas à biologia que, pressionando por ações, é *elaborada imaginativamente*; mais ainda, que a vida instintual se organiza (no quadro de um desenvolvimento saudável) conquistando a integração que caracteriza os neuróticos, ou seja, pessoas inteiras que se relacionam com os outros como pessoas inteiras e encontram dificuldades e conflitos na administração da vida instintual nas relações interpessoais. Para isso, procuro: 1) retomar o sentido descritivo e metapsicológico que Freud dá ao conceito de Id; 2) mostrar que Winnicott caracteriza o Id como sinônimo das pressões instintuais, e não como uma instância ou sistema de um aparelho psíquico (conceito metapsicológico); 3) analisar que esse sentido está

---

1 Para padronizar o modo de referência ao termo ou conceito de Id, grafarei-o dessa forma, ainda que seu referente possa não ser o mesmo em seus diversos usos.

de acordo com as diversas passagens dos textos de Winnicott em que ele usa este termo.

Os sentidos descritivos e metapsicológicos do termo-conceito de Id em Freud

Para Freud, o Id é um conceito especulativo, um conceito metapsicológico com o qual ele *figura* uma das instâncias da *ficção teórica* de um aparelho psíquico.[2] O gráfico feito por Freud, em "O Ego e o Id", corresponde a um modelo espacial para o psiquismo, servindo como uma nova construção auxiliar que ajudaria na procura da explicação de diversos fenômenos não adequadamente abordáveis pelo esquema da primeira tópica (como as neuroses narcísicas, o sadismo, o masoquismo, a hipocondria, a reação terapêutica negativa, a compulsão à repetição etc.). Essa nova descrição metapsicológica das partes (sistemas) do aparelho psíquico não é feita sem que Freud procure preencher suas especulações com conteúdos empíricos, seguindo a prescrição kantiana que afirma que conceitos sem intuições são vazios e intuições sem conceitos são inúteis para o conhecimento científico.[3]

Tratarei, aqui, de retomar o que Freud considera como os conteúdos e as dinâmicas de funcionamento dessa instância psíquica, diferenciando, nesse sentido, um aspecto totalmente especulativo (o Id como conceito metapsicológico para o qual não há referente possível no mundo factual) de outro aspecto descritivo, no qual Freud procura indicar quais seriam os seus conteúdos e dinâmicas factuais.

---

2 Freud 1900a, p. 464. Sobre o método especulativo em Freud, ver Fulgencio 2008g.

3 Kant 1787, B 75. Sobre o kantismo de Freud, ver Fulgencio 2008g, 2021a.

Para Freud, no Id, como um dos sistemas que compõem o aparelho psíquico, encontramos, em primeiro lugar, aquilo que, advindo do corpo, apresenta-se como força ou impulso psíquico, ou seja, o que ele denominou de pulsões: "[o Id] enche-se de uma energia proveniente das pulsões, mas não tem organização, não promove qualquer vontade geral, a não ser a tendência a procurar satisfação para as necessidades pulsionais na observância do princípio do prazer".[4] É nesse aspecto metapsicológico como referente do conceito de Id que Laplanche & Pontalis comentam, citando Freud: "o Id é concebido como 'o grande reservatório' da libido e, mais geralmente, da energia pulsional. A energia utilizada pelo ego é retirada desse fundo comum nomeadamente sob a forma de energia dessexualizada e sublimada".[5]

Além dessas descrições metapsicológicas, Freud também se refere aos conteúdos empíricos que compõem o Id, incluindo aí tudo aquilo que é fruto do processo de recalcamento, ainda que o recalcado seja apenas uma parte dos conteúdos desta instância: "o recalcado mistura-se igualmente com o Id, do qual é apenas uma parte".[6] Por um lado o Id é descrito metapsicologicamente como uma instância psíquica, um lugar habitado por forças e energias psíquicas (as pulsões e a libido), por outro é descrito empiricamente como contendo a expressão psíquica das pressões corporais (biológicas) e os elementos inconscientes (representações e desejos) reprimidos. Trata-se, pois, de afirmar que há dois tipos de referente, dois tipos de formulações teóricas sobre o Id: uma *metapsicológica*, que faz parte da superestrutura especulativa da teoria psicanalítica, composta de conceitos para os quais não há referente possível na realidade empírica; e outra *empírica*, composta

4 Freud 1933a, p. 74.

5 Laplanche & Pontalis 1986, p. 286.

6 Freud 1923b, p. 23.

de conceitos (representações, ideias, desejos etc.) para os quais há referentes adequados na realidade factual interna.

Redescrição winnicottiana do conceito de Id

Nas diversas vezes em que Winnicott utiliza o termo Id, via de regra, este está associado àquilo que advém do corpo como uma pressão biológica, pressão instintual,[7] como aquilo que, advindo do corpo, é já organizado de determinada maneira, e não propriamente o corpo ele mesmo.

No seu artigo "A integração do ego no desenvolvimento da criança", ele diz:

> *No corpo de um bebê anencefálico podem ocorrer acontecimentos funcionais, inclusive localização instintiva, acontecimentos esses que seriam denominados vivências da função do Id, se houvesse um cérebro. Poderíamos dizer que, se houvesse um cérebro normal, haveria uma organização dessas funções, e a essa organização se poderia dar o nome de ego. Contudo, sem aparato eletrônico não há vivência, e consequentemente não há ego. Contudo, normalmente o funcionamento do Id não é perdido; ele é reunido em todos os seus aspectos e passa a ser vivência do ego. Assim, não faz sentido usar a palavra* id *para fenômenos que não são registrados, catalogados, vivenciados e eventualmente interpretados pelo funcionamento do ego.*[8]

---

7 Sobre a diferença entre o conceito de *Trieb* (pulsão) em Freud e o de instinto em Winnicott, ver Loparic 1999b e Fulgencio 2006i.

8 Winnicott 1965n, p. 70.

Aqui é necessário fazer a distinção entre a vida instintual (com suas correspondentes excitações corporais) e a sexualidade propriamente dita. Os instintos são, para Winnicott, efetivas pressões biológicas que exigem ação, desde que exista um cérebro intacto que possa registrar e dar sentido ao que se passa com o corpo. Nesse início não há, ainda, para o bebê, uma realidade não *self*. Quando o ambiente se adapta às necessidades do bebê, este vive a satisfação de suas necessidades como se delas mesmas adviessem os objetos que as satisfazem (do ponto de vista do observador, dados pelo ambiente, mas do ponto de vista do bebê, advindos dele mesmo). É por isso que Winnicottt diz que o bebê, nesse início, mama num seio que é ele mesmo. Noutra maneira de dizer, pode-se afirmar que o bebê cria o seio no qual mama, ou de forma mais geral, que os objetos que satisfazem as suas necessidades são objetos subjetivos, vivenciados como se adviessem dessas necessidades e, nesse sentido, criados pelo bebê.[9]

Os instintos ou pressões instintuais não são, eles mesmos, uma necessidade para o bebê, eles criam necessidades. Nesse sentido, a vida instintual não é vivida pelo bebê como algo que ele cria, como advindo dele, mas como algo externo a ele, tão externo quanto um trovão: "Deve-se ressaltar que ao falar em atender as necessidades do bebê não estou me referindo a satisfação de instintos. Na área que estou examinando os instintos não estão ainda claramente definidos como internos ao bebê. Os instintos podem ser tão externos como o troar de um trovão ou uma pancada".[10] Só bem mais tarde, no processo de desenvolvimento afetivo, é que os instintos serão integrados à pessoa total da criança e serão, então, vivenciados como algo que advém dela mesma.

---

9 Winnicott 1988, em especial, p. 57, para a caracterização do que são os instintos, e cap. IV e V, para as outras afirmações feitas nesse parágrafo.

10 Winnicott 1965m, p. 179.

A sexualidade corresponde a uma determinada maneira de viver a vida instintual quando esta já está integrada como algo que pertence e advém da própria pessoa. Sobre a caracterização do que é a sexualidade, diz Winnicott:

> *Freud verificou existir uma situação triangular que não podia ser descrita senão dizendo que o menino tinha amor pela mãe e estava em conflito com o pai como rival sexual. O elemento sexual foi demonstrado pelo fato de que tais coisas não aconteciam unicamente em fantasia: havia acompanhantes físicos, ereções, fases de excitação com clímax, impulsos homicidas e um terror específico: o medo de castração.*[11]

No início o bebê não tem maturidade para viver os instintos (fantasias, cenário edípico, reconhecimento de excitações corporais associadas a determinadas partes do corpo e a determinados objetos etc.), mas isso não significa que ele não tenha experiências instintuais. Numa criança com o cérebro intacto, é possível dizer que suas excitações corporais são vividas, registradas, catalogadas, reunidas etc., constituindo um campo de experiências específico, o campo da instintualidade ou campo de experiências do Id. Ao lado desse aspecto da existência existiria outro, não ligado diretamente aos instintos, mas aos aspectos relativos ao desenvolvimento do ego, à necessidade de ser e continuar sendo. Cabe afirmar que os instintos, para Winnicott, não são o corpo ele mesmo, mas o corpo que é "interpretado" pelo funcionamento do ego ou da tendência inata à integração, o que só pode ocorrer num cérebro que não esteja danificado (como é o caso extremo de uma criança anencefálica).

11 Winnicott 1947a, pp. 167-168.

Winnicott reconhece que a psicanálise surgiu focada na questão dos instintos, formulando uma teoria da sexualidade (da instintualidade) pensada em termos de zonas erógenas. É justamente neste contexto que ele se refere, no seu artigo "O conceito de indivíduo saudável", ao Id como sinônimo de instintualidade, ligado às zonas erógenas. Assim, podemos ler: "Na primeira metade do século de Freud, toda declaração de saúde precisava ser feita com base no estágio em que se encontrava o id, de acordo com as predominâncias sucessivas das zonas erógenas. Isso continua sendo valido. A hierarquia e bem conhecida – inicia-se com a predominância oral [...]".[12]

A teoria do desenvolvimento da sexualidade, pensada em termos de zonas erógenas, corresponde a uma tentativa de compreender a linha instintual do desenvolvimento, mas esse desenvolvimento é díspar do desenvolvimento do ego: "Assinalar a importância dos processos de amadurecimento que se referem ao ego, mais do que daqueles relacionados à consideração das posições do Id na hierarquia das zonas erotogênicas".[13] Para Winnicott, o desenvolvimento emocional do ser humano ocorre na consideração de duas linhas paralelas: uma que diz respeito aos instintos e às relações que a vida instintiva impulsiona e determina, e outra que constitui o ego e seus desenvolvimentos, também caracterizável como a linha identitária do desenvolvimento emocional.[14]

O que Winnicott afirma é que a análise do desenvolvimento focado na questão da administração da vida instintual é algo importante de ser considerado, mas que o desenvolvimento não tem a ver apenas com a administração dos instintos. Ele caracteriza o

12 Winnicott 1971f, p. 24.

13 Winnicott 1971f, p. 41.

14 Para uma análise da distinção destas duas linhas, veja Fulgencio 2020c.

trabalho de Freud como aquele que construiu uma teoria do desenvolvimento das relações objetais, pensadas em termos das excitações corporais que pedem satisfação ou eliminação, ocupando-se da compreensão da vida psíquica em termos das suas relações com as pressões instintuais. Porém, para Winnicott, essa abordagem corresponde a um dos aspectos da vida psicoafetiva, uma vez que não aborda a linha do desenvolvimento que se refere à constituição do ego enquanto um aspecto da existência que não pode ser redutível ou referida à questão da administração dos instintos nas relações inter-humanas. Diz Winnicott, nesse sentido:

> *Se prosseguirmos, começaremos a utilizar uma linguagem diferente. Esta seção se iniciou com uma abordagem sobre os impulsos do Id e termina fazendo referência à psicologia do ego [...] Hoje em dia, porém, não nos sentimos satisfeitos com uma avaliação de saúde baseada nas posições do Id. É mais fácil descrever os processos de desenvolvimento como pautados na função do Id do que no ego e em sua complexa evolução, mas mesmo assim o segundo método não pode ser evitado. Temos que tentar fazê-lo.*[15]

Winnicott está chamando a atenção para o fato de que o processo de desenvolvimento deve considerar, em primeiro lugar, a constituição do ego (tomado aqui como sinônimo de um tipo de integração alcançado pelo indivíduo), primeiro como um tipo de experiência fugaz (a experiência de ser associada ao *self* que encontra os objetos subjetivos, com a ajuda do ambiente), para se consolidar mais firmemente em termos da diferenciação mais estável que separa o Eu do não Eu, como também, num momento

15 Winnicott 1971f, pp. 26-27, 1962.

mais tardio, alcançando o estado em que o indivíduo é uma pessoa inteira que se relaciona com os outros como pessoas inteiras. É também nesse sentido que Winnicott diferencia o *ser* do *fazer*, colocando que, primeiro, devemos conquistar a possibilidade efetiva de ser para, depois, ter sentido tudo aquilo que se pode fazer (e, como um dos aspectos deste fazer, o fazer que diz respeito às pressões instintuais e ao encontro erótico). Diz Winnicott: "Do ser, vem o fazer, mas não pode haver fazer antes do ser [...]".[16] Os processos que levam ao ser são díspares daqueles que levam o indivíduo a fazer algo com seus instintos.

Ao comentar que a saúde pode ser pensada em dois grandes campos, o da neurose e o da psicose, ele também colocará ênfase na diferenciação entre chegar a Ser e ter problemas com o Fazer (reconhecendo na psiconeurose os problemas relacionados com o fazer e relacionado com a administração dos instintos nas relações interpessoais [que caracterizaria os neuróticos]). Diz Winnicott:

> *Se está claro que não nos satisfazemos com a ideia da saúde como simples ausência de doença psiconeurótica – ou seja, de distúrbios relativos à progressão das posições do id em direção à genitalidade plena e a organização de defesas associadas à ansiedade e a relações interpessoais –, então podemos dizer / que nesse contexto, a saúde não é fácil.*[17]

Para Winnicott os neuróticos são aqueles que conquistaram uma unidade na qual os instintos, antes sentidos como elementos externos, agora, são vividos como advindos de dentro do indivíduo; mais ainda, os neuróticos são pessoas inteiras que se

16 Winnicott 1971f, p. 26.
17 Winnicott 1971f, pp. 28-29.

relacionam com os outros como pessoas inteiras no quadro do cenário edípico. Diz Winnicott:

> *na psiconeurose, o paciente existe como uma pessoa, é uma pessoa total, que reconhece objetos como totais; acha-se bem-alojado em seu próprio corpo e a capacidade de relacionamentos objetais está bem-estabelecida. Desde este ponto de vista, o paciente encontra-se em dificuldades, e estas surgem dos conflitos que resultam da experiência dos relacionamentos objetais.*[18]

Reconhecendo que Freud construiu sua teoria do desenvolvimento da sexualidade em função da análise de seus pacientes neuróticos, é compreensível que ele tenha tomado como processo universal a questão do complexo de Édipo e da administração dos instintos nas relações interpessoais.

Podemos, pois, para compreender a posição de Winnicott em relação à vida instintual, dizer que os instintos estão presentes desde o início, mas que a sexualidade, como uma determinada maneira de viver a vida instintual, é algo que será alcançado a partir de certo grau de maturidade do ego. Nesse sentido, cabe então reiterar que, para Winnicott, instintualidade e sexualidade não são a mesma coisa. Pode-se afirmar que a sexualidade é uma determinada maneira de viver a instintualidade, quando esta última está integrada na pessoa, em especial quando foi atingido o estágio edípico e os relacionamentos interpessoais acontecem permeados por sensações e fantasias de natureza erótica e devem, pois, ser administrados nas relações interpessoais.[19]

---

18 Winnicott 1989vl, p. 53.

19 Winnicott 1988, Parte III. Para uma análise inicial sobre o lugar da teoria da

Quando um indivíduo conquistou saúde suficiente para ser um neurótico, então a vida instintual é vivida como algo que pertence ao indivíduo e que exigirá sua administração, tanto em termos da realidade quanto em termos das fantasias a elas associadas, nas relações interpessoais.

Ao referir-se à adolescência, como um momento em que a vida instintual retoma suas pressões com intensidade, ele também usa o termo Id referindo-se aos instintos, afirmando que:

> *é possível estudar o adolescente em termos das reações do ego às mudanças do Id, e o psicanalista praticante deve estar preparado para enfrentar este tema central, seja tal como se manifesta na vida do paciente, seja tal como se apresenta no material do paciente trazido ao contexto analítico ou na fantasia consciente e inconsciente e nas partes mais profundas da realidade psíquica, pessoal e interior do paciente.*[20]

No entanto, a vida instintual – que retoma seu desenvolvimento na adolescência acrescentando ao indivíduo uma potência motora e a uma potência sexual, com efetivas possibilidades de matar e gerar – não é o centro determinante de tudo o que ocorre na adolescência. Winnicott reconhece que, nesse momento, também há que se considerar a questão da linha identitária do desenvolvimento: mais importante do que os problemas com o corpo e as excitações corporais nas relações interpessoais, há o problema existencial que coloca a questão ou busca fundamental de ser alguém

---

sexualidade em Winnicott, com alguns comentários sobre suas raízes, ver Loparic 2007, pp. 311-358.

20 Winnicott 1962a, p. 119.

em algum lugar.[21] A questão da administração da vida instintual, referível ao Fazer (ou deixar que façam), se mescla com as questões identitárias, como um desenvolvimento assentado na experiência psicológica de ser:

> *Pode-se dizer que, ao longo de seu desenvolvimento emocional, o indivíduo chega a um estágio em que se torna uma unidade. De acordo com os termos que adotei, esse é o estágio do "eu sou" (Winnicott 1958g) e (independentemente do nome que damos a ele) é relevante porque o indivíduo precisa alcançar o ser antes do fazer. O "eu sou deve preceder o "eu faço", do contrário o "eu fago" não tem sentido para o indivíduo. Presume-se que esses estágios do desenvolvimento cheguem de forma suave nos estágios mais primários, sendo reforçados pelo ego materno, e, portanto, possuem uma força nos estágios iniciais que se origina na adaptação da mãe às necessidades do bebê. Busquei demonstrar anteriormente que essa necessidades não é apenas uma questão de satisfazer os instintos, mas que deve ser compreendida primariamente como função de segurar e manusear.*[22]

Winnicott afirma, dando ênfase ao que é fundamental e base do existir: "Depois de ser, fazer e ser feito. Mas, antes, ser".[23]

Bem mais à frente, no processo de desenvolvimento afetivo, quando chega a adolescência, encontramos uma complexa e diversa constituição de padrões de ser e se relacionar (fazer) nesse

---

21 Winnicott 1962a, p. 123.
22 Winnicott 1971l, p. 207.
23 Winnicott 1971g, p. 139.

momento da existência em que a organização preexistente do ego (com a conquista de um Eu Sou, diferenciado do mundo externo) reage à nova investida do Id,[24] ou seja, reage à retomada das pressões instintuais, agora com um colorido sexual mais claro, acrescido de potência motora (a agressão, agora, pode matar!) e sexual (o ato sexual e a procriação são, agora, um fato possível), meninos e meninas vivem um mundo de turbulência e instabilidade, um mundo no qual só as soluções pessoais são válidas. Winnicott aponta para a mensagem que a vivência adolescente nos ensina: "À medida que deixam este estágio, os adolescentes começam a se sentir reais, e adquirem um senso de self e um senso de ser. Isso é saúde. Do ser, vem o fazer, mas não pode haver *fazer* antes do *ser* – eis a mensagem que eles nos enviam".[25]

Quando Winnicott se dedica ao problema da atitude antissocial, também há uma referência ao Id como sendo a instintualidade, opondo o universo de problemas e questões relativos aos instintos ao dos problemas identitários ou relacionados como o sentimento de ser. Ao diferenciar, então, as necessidades do Id das necessidades do Ego, referindo-se aos cuidados maternos, Winnicott diz:

> *A mãe deve falhar em satisfazer as exigências instintivas, mas pode se sair perfeitamente bem em não deixar o bebê se sentir desamparado, preenchendo suas necessidades egoicas até que o momento em que ele já introjetada uma mãe que apoia o ego, e tenha idade suficiente para manter essa introjeção apesar das falhas de apoio ego por parte do ambiente.*[26]

---

24 Winnicott 1962a, p. 117.

25 Winnicott 1971f, p. 26.

26 Winnicott 1958c, p. 511.

Aqui Winnicott diferencia os cuidados do ambiente que dizem respeito às satisfações das necessidades instintuais, necessidades do Id, dos cuidados ambientais que dizem respeito às *necessidades de ser*, que podem, aqui, ser tomadas como sinônimo de *necessidades do ego*. Noutro momento de sua obra, faz o mesmo tipo de diferenciação:

> *A psicanálise preocupa-se primordialmente (e não poderia deixar de ser assim) com as necessidades instintivas (do ego e do Id), mas neste contexto estamos mais preocupados com as condições ambientais que tornam possível todo o restante; isto é, estamos mais preocupados com a mãe segurando (*holding*) o bebê que com a mãe* alimentando *o bebê. O que constatamos, no tocante ao processo de crescimento emocional individual, quando o* holding *e todos os demais cuidados são suficientemente bons?*[27]

Para que o ser humano consiga, no decorrer do seu processo de desenvolvimento, reconhecer que existem objetos externos que podem servir para atender às suas necessidades instintuais, é necessário que ele tenha alcançado a capacidade de diferenciar entre o Eu e o não Eu. Conquistado esse lugar ou modo de ser no mundo, atingida uma unidade do sujeito psicológico com o reconhecimento de um mundo externo díspar do mundo interno e, mais ainda, com a integração dos instintos nessa unidade (ou seja, com os instintos sendo experienciados como algo interno e pertencente ao indivíduo), poderá ocorrer, de maneira mais objetiva, a frustração e a raiva em relação aos objetos, como reações à não satisfação das pressões instintuais. Isso, que ocorrerá de maneira

---

27 Winnicott 1965s, p. 215.

mais consistente e mais estável no estágio da consideração (ou posição depressiva), é prenunciado nos momentos, intermitentes, em que o bebê concebe a qualquer de seus objetos (subjetivos ou transicionais) uma realidade não *self*, objetificando-os: "Logo que a organização do ego se torna possível, o bebê atribui ao objeto a qualidade de ser não eu ou separado e experiencia as satisfações do id que incluem a raiva relativa a frustração. A satisfação instintual acentua a separação entre objeto e bebê, levando a objetificação do objeto".[28]

Assim, no decorrer do processo de desenvolvimento, quando a criança atingiu o estágio da consideração, ocorrerá um modo específico de administrar os instintos, com a integração do amor e do ódio, a integração dos aspectos amorosos e destrutivos, dos indivíduos e de seus objetos:

> *Quando se estabelece a confiança neste ciclo benigno e na expectativa da oportunidade, o sentimento de culpa em relação às pulsões do Id se modifica e, neste caso, precisamos de um termo mais positivo, como envolvimento. A criança está agora se tornando capaz de se envolver, de assumir a responsabilidade por seus próprios impulsos instintuais e pelas funções ligadas a eles. A fantasia que acompanha as pulsões vigorosas do Id contém ataque e destruição. Não é só que o bebê imagina que come o objeto, mas também quer apossar-se do conteúdo do objeto. Se o objeto não é destruído, isso se deve à sua própria capacidade de sobrevivência, não ao fato de o bebê protegê-lo. Este é um aspecto do quadro.*[29]

---

28 Winnicott 1971g, p. 133.

29 Winnicott 1963b, p. 116.

Certamente, quando o desenvolvimento leva o indivíduo à integração, na saúde, em termos de pessoa inteira, esses aspectos instintuais e identitários são vividos em conjunto. Como diz Winnicott: "A análise leva em consideração tanto a distorção do ego como a exploração pelo paciente de suas pulsões do Id durante as tentativas de autocura".[30] Não obstante, são fenômenos díspares que podem exigir cuidados psicoterapêuticos díspares, seja no cuidado com o *setting*, seja no cuidado com o manejo da transferência.

Consideração final sobre a redescrição não metapsicológica do conceito de Id

A retomada desses diversos momentos em que Winnicott utiliza o termo Id pôde mostrar que ele se refere ao Id enquanto *sinônimo de vida instintual*, tanto num momento inicial do desenvolvimento quanto num posterior, quando a vida instintual pode também ser caracterizada como vida sexual. Em todos esses momentos em que Winnicott usou o termo Id, em nenhum deles o fez referindo-se a uma parte (sistema ou instância) de um constructo teórico (o aparelho psíquico) ficcional, com o objetivo de figurar o psiquismo, tendo em vista explicitar suas dinâmicas de funcionamento. Como já observou Green,[31] Winnicott não usa a noção de aparelho psíquico, logo, também não usa a de instância psíquica, preferindo referir-se à estrutura e organização da vida emocional ela mesma, qualificando e diferenciando fenômenos e relações do indivíduo com os objetos, com o ambiente e consigo mesmo. Não se trata apenas de uma questão de nomenclatura, dando nomes diferentes para as mesmas coisas, ao contrário, são nomes díspares para

30 Winnicott 1965ve, p. 282.

31 Green 2005b, p. 13.

fenômenos díspares, estabelecendo distinções epistemológicas e metodológicas importantes, tanto para a teoria como para a clínica psicanalítica, que aumentam o poder de descrever e agir sobre os processos afetivos em jogo nas relações inter-humanas e, especialmente, na prática psicanalítica.[32]

32 Sobre o lugar da metapsicologia no pensamento de Winnicott, ver os textos de Fulgencio (2018d), em *A bruxa metapsicologia e seus destinos* (Fulgencio, Simanke, Imbasciati & Girard 2018).

5. Aspectos diferenciais da noção de *Ego* e de *Self* na obra de Winnicott

O estudo da maneira como Winnicott utiliza os conceitos e termos teóricos da psicanálise pode mostrar que há uma diferença significativa entre o que ele propõe e o sentido que estes têm nas suas acepções de origem.[1]

O termo *ego*, na psicanálise, tem um sentido metapsicológico consagrado, referindo-se a uma das instâncias psíquicas do segundo modelo metapsicológico do aparelho psíquico, apresentado por Freud em 1923. Winnicott, por sua vez, parece não só modificar o sentido dado pelos psicanalistas ao termo ou conceito de ego, mas também introduz o termo ou conceito de *self*, não comumente utilizado na psicanálise até então e que parece ter um referente próximo ao de ego.[2]

A questão que se coloca, como necessária para o esclarecimento das contribuições de Winnicott para a teoria psicanalítica, é a de saber qual sentido e referente ele dá aos termos *ego* e *self*. O próprio

1 Cf. comentários de Greenberg & Mitchell 1983, p. 139.

2 Cf. Phillips 2007 [1988], p. 120.

Winnicott reconhece a necessidade de designar com mais clareza qual sentido deve ser dado ao termo *ego*.[3]

Como sabemos, Freud não usa o termo *ego*, mas *Ich*, cuja tradução mais direta para o português nos leva ao termo *eu*; cabendo a Strachey a responsabilidade por ter adotado o termo latino *ego* como tradução para o alemão *Ich*, numa opção por marcar com uma tonalidade médica a teorização feita por Freud.[4]

Winnicott considera que o uso do termo *ego*, na história do desenvolvimento da psicanálise, precisa ser esclarecido, para que seu uso possa ser útil.[5] Mas a distinção entre o sentido e o referente dos termos *self* e *ego*, até mesmo para o próprio Winnicott, nem sempre foi feita de forma clara e distinta: "Foi o próprio Fordham que me fez reconhecer com um choque que eu estava usando as palavras *self* e '*ego*' como se fossem sinônimos, o que, naturalmente, não são e não podem ser".[6]

No decorrer de sua obra encontramos, ainda, outros termos que têm referentes afins, como *me*, *not-me*, *I Am*, *whole person*, designando outros modos de integração do indivíduo, que precisariam ser cotejados com os sentidos dados aos termos *self* e *ego*. Certamente, está fora de questão fazer aqui um trabalho filológico

---

3 Winnicott 1987b, p. 77, carta a Michael Fordham de 26 de setembro de 1955.

4 Ao analisar a posição de Freud, usarei os termos *ego* e *eu* como traduções do termo alemão *Ich* e, portanto, como sinônimos. No entanto, reservarei, preferencialmente, o termo *eu* para quando estiver me referindo aos aspectos descritivos desse conceito, e o termo *ego* para os aspectos mais metapsicológicos do termo, escolhendo um ou outro em função do contexto em que estiver analisando as posições de Freud. Quando estiver analisando as concepções de Winnicott, empregarei os termos *self*, *ego*, *eu sou* e *pessoa inteira*, explicitando os sentidos específicos de cada um deles.

5 Winnicott 1987b, p. 77, carta para Michael Fordham de 26 de setembro de 1955.

6 Winnicott 1964h, p. 371.

e conceitual exaustivo, mas sim contribuir para que esse trabalho mais amplo possa ser feito no futuro, estabelecendo algumas distinções esclarecedoras sobre os referentes dos termos *self* e *ego*.

Para atingir esse objetivo, proponho: 1) retomar sinteticamente os sentidos que Freud deu ao termo *Ich*, em especial, diferenciando seu sentido descritivo de seu sentido especulativo; 2) analisar diversos trechos da obra de Winnicott em que ele usa os termos *self* e *ego*, mostrando as diferenças que têm em relação a Freud e também entre si; 3) explicitar que o referente dado ao termo *ego*, por Winnicott, não corresponde ao seu sentido tópico, especulativo, dado por Freud.

O referente descritivo e o metapsicológico do conceito de ego em Freud

Pode-se afirmar que Freud deu dois referentes ao termo *Ich*: um psicológico, descritivo, designando a unidade pessoal que distingue o indivíduo do mundo; e outro metapsicológico, especulativo, referindo-se a uma instância do aparelho psíquico (ver comentário de Strachey apresentado no início da tradução do artigo "Das Ich und das Es").

Por um lado, o termo *Ich* é usado para descrever ou designar a unidade pessoal do indivíduo, tal como encontrou, inicialmente, no tratamento de pacientes histéricos; por outro, Freud considerou que esse termo devia ser referido a uma instância ou sistema de um suposto aparelho psíquico.

Ellenberger[7] mostra como a psiquiatria dinâmica, em meados do século XIX, tomou a histeria como a doença básica de referência

7 Ellenberger 1970, pp. 141-145.

para pensar e classificar as doenças mentais, o que esclarece qual era o cenário conceitual que Freud tinha em mente quando propôs a sua compreensão dos mecanismos (inconscientes) que produzem os sintomas na histeria, base para a compreensão da gênese de todo sintoma nas neuroses.[8]

Para Freud, no caso da histeria, o *eu* foi ameaçado por ideias incompatíveis com seus valores pessoais e/ou morais-sociais – via de regra, ideias relacionadas aos desejos sexuais –, colocando em risco a sua integridade e/ou produzindo grande angústia. O resultado desse conflito, tornado ou não inconsciente, era a produção de sintomas, uma solução de compromisso que atendia simultaneamente aos dois polos do conflito (o *eu* e as ideias incompatíveis com o *eu*). Aqui, claramente, o termo *eu* é usado no seu sentido descritivo, como a unidade empírica do sujeito psicológico. Já no *Projeto de uma psicologia para neurólogos*, Freud faz uma definição do que é o *eu*, em termos metapsicológicos, como a totalidade dos investimentos do sistema neuronal.[9] Em *A interpretação dos sonhos*, o *eu* é referido a uma parte da totalidade do sujeito psicológico associado à consciência (*eu* consciente que, ao lado da censura do sonho, contribui para manter o indivíduo adormecido elaborando e transformando o material onírico e seus conteúdos) que participa ativamente na elaboração secundária do sonho e dos conflitos a ele associados. O *eu*, nesse momento, tem muito mais um sentido descritivo do que especulativo, não sendo considerado, ao lado das outras instâncias (Inconsciente, Pré-consciente, Consciente) como mais uma delas ou similar a elas.

Também noutros textos importantes (especialmente em *Três ensaios sobre a sexualidade* e "Introdução ao narcisismo"), Freud refere-se ao *eu* em termos descritivos, sempre apontando para

---

8 Cf. Freud & Breuer 1895d, p. 269.

9 Freud 1895, "Introdução ao 'Eu'", pp. 36-38.

efetivos mecanismos de ação psíquica realizados por um sujeito psicológico em relação às suas representações e aos objetos de seu amor ou desejo.

Quando Freud postula a concepção de um aparelho psíquico subdivido por instâncias ou sistemas, ele está propondo uma analogia para figurar aquilo que não é figurável (o psiquismo); descrevendo, então, o psiquismo, especulativamente, como se fosse um aparelho. Ele caracteriza tal proposição como uma *ficção teórica*[10] de valor apenas heurístico ou, numa outra terminologia, como um conceito metapsicológico.[11]

Um conceito metapsicológico corresponde a um tipo de ideia abstrata, uma convenção. Na verdade, um conceito que não tem, nem tem a possibilidade de ter, um referente adequado na realidade fenomênica. No entanto, seguindo a máxima kantiana de que intuições sem conceitos são inúteis (para o conhecimento científico), e conceitos sem intuições são vazios, Freud procurará preencher o conteúdo de seus conceitos metapsicológicos, tanto introduzindo neles conteúdos empíricos, descritivos, quanto fazendo analogias.

Sabemos, no entanto, que é em 1923, no seu "Das Ich und das Es", que Freud reformula sua metapsicologia e apresenta uma nova tópica para seu ficcional aparelho psíquico, acrescentando um novo sentido para o termo *Ich* (*ego*), ao qual se refere como uma das instâncias do aparelho psíquico, ao lado do Id e do Superego.

A questão que se coloca sobre a origem do *Ich*, seja em termos da unidade do indivíduo a partir da qual uma série de ações podem ser realizadas (inclusive o próprio recalque, fundamental

---

10 Freud 1900a, p. 603.

11 Ver em Fulgencio (2008g, 2021a) uma análise sobre a natureza e a função da metapsicologia em Freud; ver também um diálogo sobre o lugar da metapsicologia na obra de Winnicott no livro *A bruxa metapsicológica e seus destinos* (Fulgencio, Simanke, Imbasciati & Girard 2018).

para a constituição do inconsciente reprimido), não passou despercebida por Freud, ainda que ele não tenha desenvolvido uma resposta (seja em termos metapsicológicos, seja em termos descritivos) para esse problema. Em "Introdução ao narcisismo" ele diz, referindo-se ao problema da constituição da unidade empírica do indivíduo, que "é necessário admitir que não existe desde o início, no indivíduo, uma unidade comparável ao *eu*; o *eu* deve ter um desenvolvimento. Mas as pulsões eróticas estão lá desde o início; é necessário, então, que alguma coisa, uma nova ação psíquica, venha se juntar ao autoerotismo para formar o narcisismo".[12]

E, no campo de uma explicação mais propriamente metapsicológica, no quadro da sua teoria da constituição do aparelho psíquico, Freud comenta qual seria o processo de formação dessa instância psíquica: "[o *ego*] é a parte do id que foi modificada sob a influência direta do mundo exterior, por intermédio do sistema percepção-consciência".[13]

É comum encontrarmos Freud usando o termo *Ich* conjugando seu sentido descritivo com o metapsicológico.[14] Considerando como unidos os dois registros (dois sentidos ou referentes) do termo *Ich* (o descritivo e o metapsicológico), podemos afirmar que, para Freud, *o id existe antes do* ego.[15] Esse é um ponto fundamental para a compreensão da noção de *ego* e *self* em Winnicott, dado

12 Freud 1914c, p. 76.

13 Freud 1923b, pp. 23-24.

14 Por exemplo, em Freud 1923b; 1940a, "O aparelho psíquico e o mundo exterior", pp. 198-199.

15 Para explicar como o id pode começar a existir (como uma instância psíquica), Freud supõe a existência de um recalque originário, que seria um mecanismo no qual certos conteúdos se agregam, se atraem, aglutinando-se e constituindo este "lugar" para o qual o recalcamento propriamente dito poderia enviar os conteúdos reprimidos. Não caberia aqui uma discussão sobre o "recalque originário", mas tão somente a referência ao processo que pode lançar alguma luz sobre o sentido do termo *Ich* em Freud.

que será justamente na explicação dos processos iniciais referidos à integração do indivíduo em termos de um *Eu* que encontraremos elementos para diferenciar, neste caso específico, a posição de Winnicott da de Freud.

Os referentes do conceito de ego e de self para Winnicott

Semelhante a Freud, Winnicott também considera que o *ego* não existe desde o início: "A *primeira pergunta* que surge com respeito ao que é denominado ego é a seguinte: há um ego desde o início? A resposta é que o início é o momento em que o ego inicia. [nota de Winnicott: É bom lembrar que o começo é uma soma de começos]".[16] No início,[17] diz Winnicott, só do ponto de vista do observador é que se pode referir-se à unidade ao bebê. Na verdade, nunca há apenas um bebê, mas sempre o bebê acompanhado, cuidado por alguém, um bebê e seu ambiente de sustentação. É nesse sentido que Winnicott pôde afirmar "Isso que chamam de bebê

16 Winnicott 1965n, p. 71.

17 Pode surgir, aqui, uma dúvida, quanto a saber o que deve ser considerado como *o início*. Tomo, por caracterização e referente do que pode ser considerado como início, aquilo que Winnicott afirma como a experiência de ser: "Gostaria de postular um estado de ser que é um fato no bebê normal, antes do nascimento e logo depois. Esse estado de ser pertence ao bebê, e não ao observador. A continuidade do ser significa saúde. Se tomarmos como analogia uma bolha, podemos dizer que quando a pressão externa está adaptada à pressão interna, a bolha pode seguir existindo. Se estivéssemos falando de um bebê humano, diríamos 'sendo'. Se, por outro lado, a pressão no exterior da bolha for maior ou menor do que aquela em seu interior, a bolha passará a reagir à intrusão. Ela se modifica como reação a uma mudança no ambiente, e não a partir de um impulso próprio. Em termos do animal humano, isto significa uma interrupção no ser, e o lugar do ser é substituído pela reação à intrusão" (Winnicott 1988, p. 148).

não existe [...] a unidade não é o indivíduo, a unidade é o arranjo ambiente-indivíduo".[18]

Winnicott, criticando Freud, inverte a formulação freudiana, considerando que "Não há id antes do ego"[19] e que a suposição de haver um *ego* desde o início é uma suposição que estava sendo considerada pelos autores da psicologia do ego, mas que a existência desse *ego* inicial também deveria supor como "intimamente relacionado a um apoio do ego fornecido de modo sensível pela mãe ao bebê que tem a sorte de possuir uma mãe apoiadora do ego".[20] Se, por um lado, Winnicott afirma que é da fusão com o ambiente que surgirá o *ego* enquanto unidade individual – "O centro de gravidade do ser não surge no indivíduo. Ele se encontra no arranjo total. Por meio dos cuidados infantis, das técnicas, da sustentação e do manejo geral suficientemente bons, a casca passa a ser gradualmente conquistada, e o cerne (que sempre nos dera a impressão de ser um bebê humano) pode começar a tornar-se um indivíduo"[21] –, por outro lado, ele afirma que o *ego*, no início, corresponde a um somatório de experiências, relacionadas tanto aos estados tranquilos como os excitados, um somatório que configura um "indivíduo".[22] Para compreender a posição de Winnicott, sem julgá-lo incongruente ou mesmo contraditório, é necessário reconhecer que ele dá dois sentidos ao termo *ego*: como uma tendência e como uma unidade.

Por um lado, o *ego* é uma tendência inata para a integração, que dependerá, no entanto, do ambiente para que possa se efetuar: "Pode-se usar a palavra ego para descrever a parte da personalidade

---

18 Winnicott 1958d, pp. 215-216.

19 Winnicott 1965n, p. 70.

20 Winnicott 1964h, p. 371.

21 Winnicott 1958d, p. 216.

22 Winnicott 1958n, p. 501.

que tende, sob condições favoráveis, a se integrar em uma unidade".[23] O *ego*, nesse sentido, corresponde, numa criança com o cérebro intacto (por oposição a uma criança anencéfala), àquela parte do indivíduo que pode apreender organizadamente, dando sentido às experiências corporais:

> *No corpo de um bebê anencefálico podem ocorrer acontecimentos funcionais, inclusive localização instintiva, acontecimentos esses que seriam denominados vivências da função do Id, se houvesse um cérebro. Poderíamos dizer que, se houvesse um cérebro normal, haveria uma organização dessas funções, e a essa organização se poderia dar o nome de ego. Contudo, sem aparato eletrônico não há vivência, e consequentemente não há ego.*[24]

O *ego* corresponde, então, para Winnicott àquilo que pode organizar, dando sentido e integrando as diversas experiências corporais, muito antes que qualquer unidade pessoal possa ter sido alcançada. Cabe ao *ego*, nesse sentido de tendência, apreender e dar sentido às experiências corporais; são essas experiências corporais, assim registradas, catalogadas e interpretadas pelo funcionamento do *ego*, que Winnicott considerará como sendo o *id*. É nesse sentido que Winnicott afirmará que "Não há id antes do ego".[25]

Por outro lado, o *ego* corresponde à própria unidade integrada do sujeito psicológico, integração que se dá em diversos graus. Ao referir-se aos pacientes que tiveram os cuidados ambientais necessários para que pudessem integrar-se numa unidade psicoló-

---

23 Winnicott 1965n, p. 70.

24 Winnicott 1965n, p. 70.

25 Winnicott 1965n, p. 70.

gica, Winnicott diz, referindo-se ao *ego* como sendo esta unidade conquistada com a ajuda dos cuidados ambientais suficientemente bons:

> *Olhando para trás, podemos hoje perceber que os casos eram julgados adequados para a análise se a história primitiva do paciente mostrasse que ele havia sido* cuidado de modo suficientemente bom quando bebê. *Essa adaptação suficientemente boa à necessidade, no início da vida, teria dado ao ego individual a possibilidade de vir a ser e, como resultado, os* estágios iniciais *do estabelecimento do ego podiam ser considerados pelo analista* um fato consumado.[26]

Nesse momento, claramente, Winnicott se refere ao *ego* como sendo esta unidade e não como uma tendência para a integração, referindo-se à neurose de transferência como uma possibilidade de relação analítica que depende da conquista desta unidade:

> *na análise dessas fases [mais primitivas do desenvolvimento] não ser possível considerar o ego uma entidade estabelecida. Não pode, então, haver neurose de transferência, para a qual certamente é preciso que exista um ego, e na verdade um ego intacto, capaz de manter defesas contra a ansiedade derivada dos instintos – e de assumir a responsabilidade por eles.*[27]

Winnicott se refere ao *ego*, nesse sentido de unidade integrada do sujeito psicológico, dizendo, por exemplo, que no início de

26 Winnicott 1956a, p. 486.
27 Winnicott 1956a, p. 487.

um tratamento analítico contamos com a colaboração do *ego* do paciente, ou, ainda, referindo-se a uma fase final de uma análise, que "o ego do paciente, agora independente, começa a se revelar e afirmar suas características individuais, começando o paciente a ver como natural o sentimento de existir por si mesmo".[28]

Isso pode causar confusão, dado que Winnicott também se refere ao *self* como sinônimo do "sujeito objetivo, isto é, a ideia de um *self*, e o sentimento do real que surge do senso de ter-se uma identidade".[29]

Assim, além de considerar o *ego* no seu sentido de tendência e de sujeito (unidade integrada), será necessário diferenciar o termo *ego* do termo *self*. Winnicott reconhece esse problema semântico-conceitual.[30]

Nesse sentido, podemos afirmar que o *self* é um termo descritivo, enquanto o *ego* é um termo teórico.[31] Por termo teórico podemos entender que o ego é um conceito, um nome dado a um conjunto de experiências que o indivíduo agrupa numa unidade pessoal, enquanto ao *self* corresponde a experiência da unidade empírica do indivíduo na sua relação com o mundo: "Para mim o self que não é o ego, é a pessoa que é eu, que é apenas eu, que possui uma totalidade baseada no processo de maturação".[32] Seguindo o processo de desenvolvimento emocional,[33] temos que, no início, o bebê é não integrado e procura algo em algum lugar para atender às suas necessidades de ser.[34] Com a adaptação ambiental

---

28 Winnicott 1965d, p. 215.

29 Winnicott 1971va, p. 140.

30 Winnicott 1964h, p. 371.

31 Winnicott 1964h, p. 371.

32 Winnicott 1971d, p. 210.

33 Ver uma apresentação sistemática desse processo e de suas fases em Fulgencio 2020c.

34 Winnicott 1988, p 120.

adequada, o bebê encontra o objeto que satisfaz as suas necessidades. Vamos supor, para usar um exemplo didático, que o bebê necessite mamar. Com a miríade de adaptações ambientais que uma mãe devota faz ao atender seu bebê, este, pouco a pouco, tem a experiência de encontrar o objeto que satisfaz sua necessidade ao mesmo tempo que se integra num *self* que se relaciona com este objeto. Do ponto de vista do bebê, o objeto surgiu como que derivado de sua necessidade, poder-se-ia dizer que o bebê teria criado o objeto (seio) no qual mama; mas, do ponto de vista do observador, o objeto foi fornecido ao bebê. Nesse momento, trata-se de, num mesmo gesto (num mesmo conjunto de ações do bebê e de ações adaptativas do ambiente), gerar tanto o objeto (seio) subjetivo quanto o *self* que realiza a ação de mamar.

É na ação criativa do bebê, sustentada pelo ambiente, que surge, ao mesmo tempo, a experiência do *self* e o encontro com o objeto (subjetivo, criado pelo bebê). Para usar um esquema gráfico que expressa esse fato, é como traçar a curva que dá, ao mesmo tempo, o côncavo e o convexo, o *self* e o objeto subjetivo, ligando-os como uma criação do si mesmo em direção a esse objeto. Pergunta: quem faz o traço? Resposta: é o bebê com a ação adaptativa adequada do ambiente.

O bebê, nesse momento, tem a experiência de um *self* que, do ponto de vista do observador, só existe porque o ambiente foi suficientemente bom, adaptando-se às necessidades daquele bebê. No início, essa vivência não é exatamente contínua, mas intermitente. É a sua repetição, sustentada pelo ambiente, que tornará tal integração, ou tais integrações, para ser mais preciso, mais estáveis.

Esse *self*, assim experienciado, não pode ser dito um *eu* interno porque ainda não há dentro e fora, o bebê é uma unidade (dois-em-um) com a mãe (ambiente) e esse *self* só existe com esse ambiente, o ambiente é parte constituinte do *self*. É nesse sentido que Winnicott pôde afirmar que o bebê, enquanto entidade em si mesma, não existe, o que vemos é a "dupla dos cuidados".[35]

Não há, pois, no início, uma unidade que pudesse ser creditada somente ao indivíduo: "Nos estágios iniciais a dependência do ambiente é tão absoluta que não há utilidade alguma em pensarmos no novo indivíduo humano como sendo ele a unidade".[36] No entanto, quando ocorre a adaptação adequada, o bebê (que procura alguma coisa em algum lugar, sem saber o que exatamente procura), via adaptação do ambiente, encontra (cria) um objeto (portanto, objeto subjetivo) que atende às suas necessidades, ao mesmo tempo que tem a experiência de que é ele mesmo (seu *self*) que se relaciona com esse objeto. No entanto, atendida a necessidade, tanto o objeto quanto o *self* desaparecem.

A continuidade do processo de desenvolvimento fornecerá uma infinidade de experiências de si mesmo, experiências de ser, que pouco a pouco vão se integrar entre si. Num momento posterior do processo de desenvolvimento, o indivíduo poderá agrupar todas essas experiências do *self* num mesmo conjunto, integrando-as e podendo conquistar a possibilidade de ser diferenciado do mundo, ou seja, a criança chegou à fase do *Eu Sou*:[37] fase em que a criança diferencia o mundo externo do mundo interno, mas ainda se mantém na dinâmica de relação caracterizável como sendo de dois corpos.[38] O aspecto central, colocado como o motor e

35 Winnicott 1958d, p. 215.

36 Winnicott 1988, pp. 153-154.

37 Winnicott 1971f, p. 30.

38 Winnicott 1958d, p. 215. Essa relação a dois corpos corresponde a um tipo de amadurecimento ou integração que advém depois da relação inicial em que "a unidade não é o indivíduo, a unidade é o arranjo ambiente-indivíduo" (Winnicott 1958d, pp. 215-216). Na continuidade do processo de integração, conquistada essa possibilidade de relação a dois corpos, a criança pode, então, progredir em direção ao amadurecimento que a levará à possibilidade

a linha sobre a qual ocorre o desenvolvimento do ser humano, é a integração, ou a tendência inata à integração. Ao pensarmos nessa linha que levará o bebê, da situação de não integração que ele vive no início, às experiências de ser, experiências de ser si mesmo ou experiências de *self*, de conquistar um *self unitário* ou o *status* do *Eu Sou*, e seguir, mais ainda, até o momento em que o indivíduo é uma pessoa inteira que se relaciona com os outros e com si mesmo como sendo pessoas inteiras, podemos entender de que maneira Winnicott entende a passagem do ser ao fazer: "A integração leva o bebê a uma categoria unitária, ao pronome pessoal 'eu', ao número um; isso torna possível o EU SOU, que dá sentido ao EU FAÇO".[39] No processo de desenvolvimento afetivo, as primeiras experiências levam a um *Sou* que só mais tarde chegará a um *Eu Sou*, bases, então, para o *Eu faço*.

A essa unidade da pessoa, primeira unidade *Eu Sou*, que diferencia o indivíduo do mundo, pode-se também denominar *ego*, um nome dado a um conjunto de experiências de si mesmo[40] que o indivíduo pode agregar como conteúdos de uma unidade, um conceito que se refere ao conjunto de experiências que, juntas, dizem que o indivíduo é em sua identidade.

É interessante que Winnicott considere que a chegada nesse tipo de integração e a sua manutenção constituam o aspecto central do desenvolvimento humano, com este *Sou* significando para a pessoa: "que tenho um *sentido* de existência como pessoa, que sinto em meu juízo que minha existência foi provada".[41] A conquista desse estado, que não é um estado reflexivo, não é um tipo de

---

de relacionamentos interpessoais em termos triádicos, relação a três corpos (Winnicott 1958g, p. 35).

39 Winnicott 1971f, p. 30.

40 Winnicott 1958n, p. 501.

41 Winnicott 1984h, p. 64.

autoconsciência, mas um tipo de experiência, um modo de estar no mundo, corresponde, para ele, a algo que também produz angústia e para o qual se deve estar preparado (algo que muitos temem): "Se eu sou, então o caso é que consegui agrupar isto e aquilo e reivindiquei que isto sou eu, e que repudiei todo o resto; ao repudiar o não eu, insultei o mundo, por assim dizer, e posso aguardar um ataque".[42]

Na continuidade do processo de desenvolvimento, esse tipo de integração *Eu Sou* se torna cada vez mais complexo, com a integração do bem e do mal, dos sentimentos ambivalentes, da possibilidade de reconhecer o agressor e de realizar a reparação etc. Ao final desse novo período de integração a criança chega à integração caracterizável por Winnicott como sendo a de uma *pessoa inteira*[43] que se relaciona com os outros como pessoas inteiras (no quadro do cenário edípico e na administração da vida instintual nas suas relações interpessoais). A essa integração como pessoa inteira (cuja dinâmica está referida ao relacionamento a três corpos) também é possível, no quadro do pensamento de Winnicott, denominar como o *ego* do indivíduo. As pessoas que chegam a essa conquista "funcionam em termos de pessoa inteira, cujas dificuldades estão no âmbito dos relacionamentos interpessoais";[44] trata-se, numa outra linguagem, mas não muito distante de Winnicott, de pessoas que puderam chegar à *posição depressiva*, ou seja, para Winnicott, para que seja possível alcançar a posição depressiva "o

---

42 Winnicott 1984h, pp. 64-65. Às vezes Winnicott também se refere a esse estado de integração, acima referido ao *Eu Sou*, como o de um *self unitário* (Winnicott 1984h, p. 68), o que mostra também que nem sempre a terminologia utilizada por Winnicott é clara e distinta. O trabalho de distinção aqui desenvolvido corresponde, pois, a uma maneira de tentar estabelecer, interpretando Winnicott, que diferentes tipos de referentes estão sendo dados por ele a esses termos.

43 Cf. Winnicott 1988, Parte II.

44 Winnicott 1955d, p. 463.

bebê deve ter conseguido estabelecer-se como uma pessoa inteira, e relacionar-se com pessoas inteiras como pessoa inteira".[45]

O processo de integração é a base para o desenvolvimento saudável, levando o indivíduo a identificações cada vez mais amplas: partindo da situação inicial em que o bebê e o ambiente são um tipo de amálgama, tendo experiências de ser e de ser a partir de si mesmo (a partir do *self*),[46] passando pelo momento em que ele e o mundo se juntam e se separam ao mesmo tempo (ao viver os fenômenos transicionais), chegando à primeira distinção que separa mais claramente o *Eu* do *Não Eu* (com a conquista, na saúde, do *status* de unidade na fase do *Eu Sou*), em que o indivíduo passa, então, a ter efetivas relações. Poderíamos mais fidedignamente caracterizá-las como sendo relações a dois corpos, até que, com uma série de outras integrações (da instintualidade, dos impulsos amorosos e destrutivos, com a possibilidade de realizar o ciclo benigno etc.), o indivíduo chega ao *status* de *pessoa inteira*, vivendo os problemas da administração dos instintos nas relações interpessoais (relações a três corpos, marcadas pela sexualidade e pelo cenário edípico, que organiza e torna conflituosas as relações). Diz Winnicott, nesse sentido: "O estado de unidade é a conquista básica para a saúde no desenvolvimento emocional de todo ser humano. Ancorada nesse estado, a personalidade unitária pode se permitir a identificação com unidades mais amplas – digamos, a família, o lar ou a casa"[47] (e, pode-se dizer, outros agrupamentos sociais até a pertinência mais ampla de sentir-se um cidadão do mundo).

45 Winnicott 1955c, p. 440.

46 Deixarei de lado a discussão da diferenciação entre o falso e o verdadeiro *self*, mantendo-me aqui, para fins de análise da diferenciação entre o *self* e o *ego* em Winnicott, focado no *self* quase como sinônimo de *self verdadeiro*. No entanto, sei que esse aspecto do problema exigiria um desenvolvimento mais preciso.

47 Winnicott 1984h, p. 69.

Considerações finais

Em resumo, retomando o conjunto de diferenciações feitas: ao *self* corresponde um tipo de vivência e experiência singular; ao *ego*, um termo que é usado tanto para referir-se a uma tendência (à integração) que caracterizaria a própria estrutura ontológica do ser humano, quanto um termo que se refere à unidade individual integrada (agrupando um conjunto de experiências num nome), um conceito que se refere ao conjunto de experiências individuais integradas numa unidade;[48] e à expressão *pessoa inteira* corresponde a chegada do indivíduo a um modo de organização em que ele precisará administrar sua vida instintual (sexual) nas suas relações interpessoais, vivendo e dando soluções (mais ou menos

48 Poderia-se objetar, como fez um dos pareceristas deste texto, quando submetido a uma revista da área, que: "Esta afirmação merece ser revisada em termos do desenvolvimento das ideias de Winnicott. Se o autor se utilizar de teorizações de Winnicott da década de 1950 e também do início da década de 1960, quando o autor se deu conta da confusão terminológica que fazia, vai desconsiderar a tentativa de Winnicott de discriminação dos termos feita em sua teorização mais tardia e, portanto, mais amadurecida. É preciso ver a evolução do pensamento do autor no tempo para não incorrer nesse tipo de afirmação". Essa objeção, com a qual concordo parcialmente, nos levaria a aprofundar este tipo de estudo analisando os textos de Winnicott posteriores a 1964, para verificar se esta ambiguidade – na caracterização do referente do termo ego (enquanto tendência e enquanto unidade do sujeito psicológico) – permanece ou foi eliminada, o que poderia resultar num artigo dedicado ao sentido ou sentidos do termo *ego* no último Winnicott, de 1964 a 1971. No entanto, salvo melhor juízo, mantenho a avaliação de que Winnicott, mesmo reconhecendo que estava fazendo uma confusão no uso dos termos *ego* e *self* e que tenha considerado *ego* como um termo teórico em oposição a *self*, este um termo descritivo (Winnicott 1964h, p. 371), a referência explícita ao *ego* como uma tendência (Winnicott 1965n, p. 70) e o uso do termo *ego* como a unidade do sujeito psicológico ou como uma integração associada a esta unidade do sujeito psicológico (por exemplo, em Winnicott 1966d, p. 89; 1989s, p. 120; 1989f, p. 435; 1989xa, p. 189) permanecem, ainda que em algumas dessas passagens citadas o termo *ego* possa conjugar esses referentes.

patológicas) aos conflitos que derivam de fazer a vida com os outros. Em termos das experiências de si mesmo, pode-se afirmar que o indivíduo segue uma linha que vai do *Sou* para o *Eu Sou*, que dá base ao *eu faço*, seguindo em direção, na saúde, a um *eu sou uma pessoa* inteira que se relaciona com pessoas inteiras, caminhando para um horizonte cada vez mais amplo (sempre sujeito a instabilidades, regressões e progressões também dependentes do ambiente e da situação ambiental) do *eu sou um cidadão do mundo*.

Nenhum desses termos ou conceitos utilizados por Winnicott (*self*, *ego*, *Eu Sou*, *pessoa inteira*) corresponde a uma proposição metapsicológica, no sentido de considerar um ou outro como um sistema de um ficcional aparelho psíquico, como Freud propôs (na sua teorização metapsicológica) na sua segunda tópica. No entanto, como apontou Martine Girard, há que se considerar que, pela maneira como Winnicott descreve o funcionamento da existência psicossomática, haveria de supor que estaria considerando *outra tópica*, dado que ele estaria diferenciando integrações e modos de funcionamento dos indivíduos, com funções e posições díspares (2010). Por um lado, as diferenciações terminológicas e conceituais feitas até agora (em relação aos termos *self*, *ego*, *Eu Sou*, *pessoa inteira*) corroboram essa afirmação de que deveríamos considerar outra tópica para explicar e compreender o funcionamento do indivíduo, mas, por outro, Winnicott não toma esses termos enquanto especulações, no sentido em que Freud usa as suas construções auxiliares, que são um tipo de superestrutura especulativa teórica da psicanálise. Ele os toma efetivamente como tendo referentes empíricos na realidade factual. É nesse sentido que, talvez, possamos compreender, ao menos nesse caso, como Winnicott redescreve Freud à sua maneira, sendo freudiano, mas modificando-o.

6. A redescrição da noção de *Superego* na obra de Winnicott

O estudo da maneira como Winnicott utiliza os conceitos e termos teóricos da psicanálise pode mostrar que há uma diferença significativa entre o que ele afirma e o sentido que estes têm nas suas acepções de origem. Greenberg & Mitchell comentam esse fato afirmando: "Winnicott conserva a tradição de maneira curiosa, em grande parte distorcendo-a. A sua interpretação dos conceitos freudianos e kleinianos é tão idiossincrática e tão pouco representativa da formulação e intenção originais deles a ponto de torná-los, às vezes, irreconhecíveis".[1] Procurando mostrar as diferenças entre Freud e Winnicott quanto à compreensão do que é o *superego*, tende-se, por um lado, a focar na questão que diz respeito à sua origem e, por outro, no que diz respeito a seus conteúdos.

Winnicott, no seu comentário sobre o trabalho de Sandler dedicado ao conceito de superego,[2] faz uma série de observações que servem como guia para o entendimento da sua maneira de compreender esse conceito na psicanálise. A primeira delas,

1 Greenberg & Mitchell 1983, p. 139.

2 Winnicott 1989xi.

fundamental para o tipo de análise que estou desenvolvendo, é a observação epistemológica que diferencia um conceito de seu referente:

> *Quando falamos, sempre temos de estar lembrando a nós mesmos que um conceito não é uma coisa. Um conceito é uma maneira que utilizamos para falar a respeito de uma coisa. Podemos usar uma tal palavra como "superego" de qualquer maneira que decidirmos e podemos escolher estudar Freud e empregar essa palavra tal como acreditamos que ele veio a usá-la.*[3]

Mesmo elogiando esse livro, Winnicott considera que Sandler acabou confundindo o conceito com o fenômeno, referindo-se ao superego "como se fosse uma coisa, ao invés de um conceito sobre um fenômeno, um termo que concordamos em usar ao nos referirmos a este fenômeno".[4]

O foco e o objetivo deste capítulo é analisar como e de que maneira Winnicott não faz essa confusão entre conceito e fenômeno, bem como colocar em evidência que ele nunca usa esse conceito para referir-se a uma instância psíquica, ou mesmo a uma coisa (um substantivo), mas sim para descrever e referir-se a dados efetivos do psiquismo, como um modo de referir-se a dinâmicas psíquicas ou valores, sejam estes relacionados ao complexo de Édipo, sejam pertinentes a fases pré-edípicas do desenvolvimento emocional, não associadas, ainda, à vida instintual ou sexual. Não se trata, no entanto, de retomar a análise do conceito de superego na sua totalidade, esgotando sua história e suas nuances, mas, apoiado nas referências maiores que o caracterizam, mostrar que Winnicott

3 Winnicott 1989xi, pp. 354-355.

4 Winnicott 1989xi, p. 355.

estabeleceu algumas diferenças importantes em relação ao modo como Freud o propôs, diferenças que implicam mudanças na maneira de ver os fenômenos e agir sobre eles, sobretudo no âmbito dos tratamentos psíquicos feitos com base na teoria psicanalítica.

Os sentidos descritivos e metapsicológicos do conceito de superego em Freud

Freud formulou o conceito de superego em 1923, no seu artigo "O Ego e o Id". Ele credita a esse conceito dois tipos de referentes: um especulativo e outro factual. No primeiro sentido, ele considera que o superego é uma instância (ao lado do id e do ego) de um ficcional *aparelho psíquico*,[5] tal como ficou conhecido na sua segunda tópica; logo e necessariamente, também uma *ficção teórica*, uma especulação de valor apenas heurístico, útil para relacionar os fatos e procurar as explicações sobre suas determinações mútuas. Diz Freud:

> *Pode-se, então, admitir, como resultado mais geral da fase sexual dominada pelo complexo de Édipo, um precipitado no ego, o qual consiste na instauração destas duas identificações [com o pai e com a mãe] suscetíveis de ser acordadas uma com a outra de alguma maneira. Esta modificação do ego guarda sua posição à parte [na figuração tópica do aparelho psíquico], ela se opõe ao resto do ego como ideal do ego ou superego.*[6]

---

5 Para uma análise detalhada da metapsicologia como uma superestrutura especulativa da psicanálise, ver Fulgencio (2008c, 2021a) e também Fulgencio, Simanke, Imbasciati & Girard 2018.

6 Freud 1923b, p. 277.

No segundo sentido, o conceito de superego se refere a efetivos valores adquiridos por introjeção (relacionados ao complexo de Édipo), constituindo o sentido de moralidade, tanto pessoal como social, de cada ser humano. Diz Freud:

> *O superego conservará a característica do pai, e quanto mais forte for o complexo de Édipo, mais seu recalcamento se efetuará rapidamente (sob a influência da autoridade, da doutrina religiosa, da educação, das leituras) – mais, em seguida, o superego, como consciência moral, por vezes como sentimento de culpa inconsciente, dominará severamente o ego.*[7]

Retomarei, aqui, em grossas linhas, o estudo clássico de Joseph Sandler, de 1960, *O conceito de superego*, para aprofundar a posição de Freud e de alguns dos desenvolvimentos pós-Freud, para então comentar a posição de Winnicott.

Ao comentar sobre a origem do conceito de superego em Freud, associando-o à noção de "ideal de ego", Sandler afirma que, para Freud, no momento em que este último faz a sua apresentação da estrutura do seu segundo modelo, em "O Ego e o Id":

> *O termo "ideal do ego" é substituído por "superego", mas Freud não implicou, com esta mudança de termo, que estivesse lidando com duas organizações distintas. Ele viu o superego, como vira o ideal do ego anteriormente, como constituindo uma modificação do ego. O superego – um precipitado estrutural do ego – começa a ter existência quando da resolução do complexo de Édipo e, através de sua formação, torna-se a instância*

7 Freud 1923b, p. 35.

> *principal para o surgimento de uma solução para os conflitos edipianos que ocorrem tão intensamente durante a fase fálica do desenvolvimento instintual. Ele o viu como o veículo da moralidade, refletindo a "natureza superior" do homem, e, como tal, como sendo um representativo da relação da criança com seus pais e com a sociedade. Ele exercita a função de autojulgamento, e preserva, por toda a vida, a capacidade para se diferenciar do ego e para governá-lo. Do mesmo modo que a criança não tinha escolha que não obedecer a seus pais, também o ego, posteriormente, submete-se às demandas imperativas do superego. Ele exercita a "censura dos padrões morais" e a tensão entre o ego e o superego se manifesta como sendo de culpa e inutilidade.*[8]

Tanto o "ideal de ego" como o superego foram considerados por Freud, nesse primeiro momento de 1923, como uma instância psíquica, ao lado do id e do ego:

> *Embora possamos encontrar, olhando restrospectivamente, germes do conceito de superego no Projeto [de uma psicologia científica] de Freud e em A Interpretação dos sonhos (1900), a noção de ideal do ego foi apresentada explicitamente, pela primeira vez, por Freud, em seu escrito "Sobre o narcisismo" (1914). Ali, ele formulou a ideia de uma instância, na mente, que observa o ego e que o compara com um padrão ideal – um ideal que se deriva dos padrões de comportamento estabelecidos pelos pais.*[9]

---

8 Sandler 1960, p. 43.

9 Sandler 1960, p. 41.

No artigo de Sandler encontramos, depois de uma análise detalhada do tema na obra de Freud, a título de conclusão e síntese: "Freud sempre relacionou o desenvolvimento do superego especificamente com a resolução do conflito edipiano, e ele viu seu desenvolvimento como sendo o resultado de dois fatores: do longo período de desamparo do ser humano, e da ocorrência do complexo de Édipo".[10] Num comentário, que guarda uma formulação metafórica bem-humorada, Sandler afirma: "Na verdade, o superego tem sido definido, jocosamente, como aquela parte do aparato mental que é solúvel em álcool".[11]

Nessa mesma direção, podemos resumir a posição freudiana, retomando um comentário de Paul-Laurent Assoun: "lembremos que o superego foi constituído, em toda a sua força, no declínio do complexo de Édipo, por introjeção dos objetos parentais abandonados, como uma poderosa 'formação reativa' contra o id, com quem continua a manter, assim mesmo, como sublinha Freud, intimidades vergonhosas".[12]

Alguns aspectos do desenvolvimento do conceito de superego após Freud

Melanie Klein, apoiada na sua experiência clínica, considerou que o superego é uma construção psíquica de origem muito precoce, surgindo em fases pré-genitais do desenvolvimento, determinado na sua constituição inicial pela pulsão de morte, relacionado ao surgimento do *Édipo precoce* (que ela considera aparecer num momento em que a criança ainda não atingiu o *status* de unidade e vive

10 Sandler 1960, p. 46.

11 Sandler 1960, p. 65.

12 Assoun 2008, p. 91.

esse complexo de Édipo em termos de objetos parciais [o pênis do pai presente no seio da mãe etc.]). Ao falar sobre a origem do superego, ela diz, misturando formulações metapsicológicas (especulativas, como a pulsão de morte) com a tentativa de descrever efetivas relações com objetos nesse momento inicial do desenvolvimento:

> *Para evitar ser destruído por sua própria pulsão de morte, o organismo põe em ação sua libido narcísica, ou autorreferencial, a fim de jogá-la para fora e dirigi-la contra seus objetos [...]. Eu acrescentaria que, ao lado desse desvio da pulsão de morte para os objetos externos, uma reação de defesa intrapsíquica se levanta contra a parte da pulsão que não pôde ser assim externalizada dessa maneira. Pois o perigo de ser destruído por esta pulsão de agressão estabelece, na minha opinião, uma tensão excessiva dentro do ego, percebida como ansiedade. [...] Ocorre, então, uma divisão no id – ou seja, nos níveis pulsionais da psique – através da qual uma parte dos impulsos pulsionais é dirigida contra a outra. / Aparentemente, esta é a primeira defesa criada pelo ego. Ela constitui, creio, a pedra fundamental do desenvolvimento do superego, cuja violência excessiva neste estágio inicial seria assim explicada pelo fato de ser o resultado de pulsões destrutivas muito intensas, contendo, além de certa proporção de impulsos libidinais, grandes quantidades de impulsos agressivos.*[13]

Aqui temos dois momentos importantes para serem ressaltados: um, quando a criança chegou ao estágio do complexo de Édipo e o superego corresponde a um dos resultados do conflito edípico;

13 Klein 1933, pp. 287-288.

outro, no período pré-edípico, no qual Melanie Klein considera estar a gênese e a presença inicial do superego, antes da chegada ao cenário edípico clássico.[14] Quanto ao primeiro momento, diz Sandler:

> *Nós ligamos o desenvolvimento do superego, propriamente dito, com a resolução do complexo de Édipo. Freud considerava este desenvolvimento não apenas como o resultado do conflito edipiano, mas também como o próprio meio pelo qual a criança efetua uma resolução deste conflito. O superego é formado, de acordo com Freud, como um precipitado dentro do ego, e sua formação está correlacionada com uma redução parcial e relativa de interesse nos pais reais, bem como de dependência dos mesmos. A principal fonte de autoestima não é mais os pais reais, mas o superego. A* introjeção *dos pais ocorreu e formou-se uma estrutura que não existia desta maneira antes.*[15]

E, quanto ao segundo: "Os desenvolvimentos na psicologia do ego também têm mostrado uma ampla área de teorias, fundamentais para uma consideração sobre a gênese do superego, que ainda não está clara".[16]

Quando Winnicott comenta o artigo de Sandler, ele faz referência a dois focos para a análise do conceito de superego: um que

14 Certamente, numa análise mais pormenorizada teríamos que considerar a tese do "Édipo precoce" (cf. Klein 1928, 1930, 1945), supostamente vivido pela criança em termos de objetos parciais, mas não é este o foco de interesse de minha análise, nem isto é necessário (em termos de seus detalhes) para a compreensão geral do que estou analisando ser a posição de Winnicott em relação ao conceito de superego.

15 Sandler 1960, p. 62.

16 Sandler 1960, p. 48.

diz respeito à análise do que Freud falou sobre o superego como algo que pertence à passagem pelo complexo edípico;[17] outro, o conjunto de "elementos, mecanismos e fenômenos intrapsíquicos que datam do início da vida do indivíduo", no sentido de que estes estão na base e acabam, num desenvolvimento saudável, por "tornar-se o superego do conceito freudiano".[18] Winnicott prefere, então, reservar o termo superego apenas para o que ocorre relacionado ao momento edípico: "estes mecanismos do funcionamento mental inicial [antes da fase edípica] não devem ser chamados de superego ou sequer receberem a dignidade da expressão 'esquema pré-autônomo de superego' [como faz Sandler]".[19]

Ao comentar o que fez Melanie Klein, Winnicott afirma que ela considerou a noção de superego em função da administração da *vida instintual*, seja no seu início, seja no momento em que a criança chega propriamente ao complexo de Édipo, ou, ainda, naquilo que é vivido como experiência na transferência.[20]

Assim, tanto Freud como Klein pensam a formação do superego, seja na fase edípica, seja nas fases pré-edípicas, como um resultado da administração da vida instintual nas relações de objeto, que o bebê vive em termos de objetos parciais e que a criança integrada vive em termos de relações interpessoais (as pessoas, em especial o casal parental, como objetos de seus desejos).

Redescrição winnicottiana do conceito de superego

Winnicott retoma o que ele considera ter sido a intenção de Freud ao propor o conceito de superego, já indicando certas limitações:

---

17 Winnicott 1989xi, p. 355.
18 Winnicott 1989xi, p. 355.
19 Winnicott 1989xi, p. 355.
20 Winnicott 1989xi, pp. 355-356.

> *Freud introduziu o termo superego, para descrever inicialmente o pai internalizado pelo menino para controlar o instinto. Freud sabia que o mesmo não poderia ser dito da menina, mas deixou que essa teoria se desenvolvesse em sua mente, acreditando que com o tempo a questão acabasse se resolvendo; em minha opinião, foi o que aconteceu. Atualmente a formulação de Freud é considerada excessivamente simples [...].*[21]

Ao comentar alguns aspectos do desenvolvimento deste conceito na psicanálise, Winnicott aponta para sua maneira de compreender (redescrever) esse conceito:

> *O conceito de superego tornou-se mais amplo com o tempo, basicamente ele é utilizado para descrever o que quer que seja construído, incorporado ou organizado no interior do Ego para fins de controle, orientação, estímulo ou apoio. O controle não se refere, apenas, diretamente aos instintos, mas também aos complexos fenômenos do Ego que dependem da recordação de experiências instintivas e suas respectivas fantasias.*[22]

Para ele, a distinção entre dois momentos do processo de desenvolvimento[23] (um no qual a pessoa ainda não está integrada como uma pessoa inteira e outro no qual conquistou essa integração, debatendo-se, então, com o problema da administração dos instintos nas relações interpessoais no quadro do cenário edípico) é fundamental para a compreensão da maneira como os instintos

---

21 Winnicott 1988, p. 74.

22 Winnicott 1988, p. 75.

23 Para uma análise sistemática da teoria do desenvolvimento emocional do ponto de vista de Winnicott, ver Fulgencio 2020c.

são administrados, pois na situação anterior à integração que caracteriza a vivência edípica, na saúde, estamos no campo das *necessidades* e somente depois dessa integração é que chegaríamos, como uma conquista, ao campo mais propriamente caracterizado como o dos *desejos* e das relações de objeto. Diz Winnicott:

> *Embora eu discorde de quatro ou cinco pormenores do que entendo ser a teoria total da Sra. Klein, dou-me conta de quanto aceito a teoria dela quando leio a alternativa do Sr. Sandler. Quanto a meu trabalho, fui a figura de proa do movimento no sentido de um reconhecimento da* satisfação da necessidade *como mais inicial e fundamental que a realização de desejos, e tentei fazer com que a palavra "internalização" fosse usada para designar a elaboração imaginativa da função corporal, enquanto reservava "introjeção" para o processo mágico que pode ocorrer separadamente do comer.*[24]

Para ele, no início os instintos são vividos pelo bebê como pressões que advêm do exterior e não dele mesmo. Somente mais tarde, no estágio da consideração (ou posição depressiva) é que o indivíduo poderá integrar os instintos como algo que advém dele mesmo, mais ainda, somente quando essa vida instintual está acompanhada de um conjunto específico de fantasias e de mudanças corporais é que o indivíduo viveria sua vida instintual em termos de relações propriamente eróticas ou sexuais. Diz Winnicott:

> *Esse é essencialmente um período de desenvolvimento do ego, e a integração é o principal aspecto desse desenvolvimento. As forças do id clamam por atenção. De*

---

24 Winnicott 1989xi, p. 357.

> *início elas são externas ao lactente. Na saúde o id é reunido a serviço do ego, e o ego domina o id, de modo que as satisfações do id fortalecem o ego. Isso, contudo, é uma conquista do desenvolvimento saudável, e na infância inicial há muitas variantes dependentes da falha relativa dessa conquista. Na falta da saúde na infância inicial, conquistas desse tipo dificilmente são atingidas, ou podem ser alcançadas e perdidas. Na psicose infantil (ou esquizofrenia) o id permanece total ou parcialmente "externo" ao ego, as satisfações do id permanecem físicas e têm o efeito de ameaçar a estrutura do ego, isto é, até que se organizem defesas de qualidade psicótica [nota de Winnicott: Tentei demonstrar a aplicação desta hipótese na compreensão da psicose em meu artigo "Psychoses and Child Care", 1952].*[25]

A sexualidade pode, então, ser caracterizada como uma conquista do processo de desenvolvimento afetivo, quando o indivíduo já pode realizar uma série de integrações e diferenciações. Dizendo de outra maneira, pode-se afirmar que a sexualidade é uma determinada maneira de viver os instintos.

Além disso, quando Winnicott diferencia o termo *necessidade* do termo *desejo*, ele também está inserindo outra linha para pensar o processo de desenvolvimento, uma linha paralela ao desenvolvimento da vida instintual, a linha de desenvolvimento do ego, ou linha identitária, uma linha que tem determinantes independentes da vida instintual. Para ele, a distinção entre as necessidades do ego e as do id (necessidades instintuais), como dois aspectos díspares do desenvolvimento afetivo, implica afirmar que antes do indivíduo chegar a ter problemas em relação à administração dos

---

25 Winnicott 1960c, p. 49.

seus desejos (associados aos instintos), há outro tipo de necessidade "mais inicial e fundamental que a realização de desejos",[26] a *necessidade de ser*. A vida instintual tem a ver com o fazer, mas ela depende do fato de o indivíduo ter chegado a um tipo de integração prévia, mais fundamental: "Do ser, vem o fazer, mas não pode haver fazer antes do ser [...]".[27]

A chegada no cenário edípico, fundamental para a compreensão da origem e das características do superego, para Freud e para Klein, depende, para Winnicott, de um tipo de conquista anterior, o que implicará também a compreensão de um outro tipo de origem para o que ele denominará superego.

Ao criticar Melanie Klein, no que se refere à tese de um Édipo precoce, anterior à conquista do *status* de pessoa inteira, Winnicott diz:

> *Não posso ver nenhum valor na utilização do termo "Complexo de Édipo" quando um ou mais de um dos três que formam o triângulo é objeto parcial. No Complexo de Édipo, ao menos do meu ponto de vista, cada um dos componentes do triângulo é uma pessoa total, não apenas para o observador, mas especialmente para a própria criança.*[28]

A crítica que ele faz à tese de um Édipo precoce,[29] anterior à conquista do *status* de pessoa inteira, também recoloca a questão da origem precoce do superego, mais do que isso, apresenta a questão de uma origem não edípica, nem instintual, para o superego, ao

26 Winnicott 1989xi, p. 357.
27 Winnicott 1971f, p. 26.
28 Winnicott 1988, p. 67.
29 Winnicott 1958g, p. 35; 1988, p. 67.

menos no seu início. Diz Winnicott, sobre a origem do superego dissociada da relação edípica:

> *Há uma citação final de Freud, em que este fala sobre a saúde e presume existir no indivíduo uma capacidade de identificação com pessoas totais. Isto deixa de lado, contudo, o crescimento do superego a partir dos elementos que pertencem à vida primitiva de dependência extremada, na qual existem apenas objetos parciais.*[30]

Ainda sobre a inadequabilidade de se pensar o complexo de Édipo para momentos mais precoces do desenvolvimento, Winnicott diz:

> *Qualquer tentativa de descrever o complexo de Édipo em termos de duas pessoas fracassa. Contudo, relações diádicas existem, e pertencem a estágios relativamente mais precoces na vida do indivíduo. A relação diádica inicial se da entre o bebê e a mãe ou mãe substituta, antes que qualquer característica da mãe tenha se diferenciado e moldado na ideia de pai. O conceito kleiniano sobre a posição depressiva pode ser descrito em termos de relação diádica, e talvez a relação diádica de fato seja uma característica essencial do conceito.*[31]

Muitas pessoas jamais chegam ao complexo de Édipo[32] e nem por isso deixa de haver nelas sanções e ações morais, que poderiam

30 Winnicott 1989xi, p. 358.

31 Winnicott 1958g, p. 35.

32 Winnicott 1989xa, p. 187.

estar associadas ao que nos referimos quando usamos o termo superego. Diz Winnicott:

> *Não é que Freud esteja errado a respeito do pai e do laço libidinal que se torna reprimido, mas tem-se de notar que uma certa proporção de pessoas no mundo não chegam ao complexo edipiano. Elas nunca avançam tão longe em seu desenvolvimento emocional e, portanto, para elas, a repressão da figura paterna libidinizada tem apenas pouca relevância. Se se olhar para pessoas religiosas, certamente não é verdade dizer que os princípios monoteístas só pertencem àqueles que atingiram o complexo edipiano. Uma grande parte da religião acha-se ligada com a quase-psicose e com os problemas pessoais que se originam da grande área da vida do bebê que é importante antes que se chegue a um relacionamento a três corpos, como o que se dá entre pessoas totais.*[33]

Ao chamar a atenção para o que ocorre neste período pré--edípico e à formação dos elementos persecutórios e perturbadores da realidade psíquica, Winnicott não está apenas dizendo que há um período de gestação do superego e da lei moral em nós que antecede ao período edípico, ele também está afirmando que a gênese do superego não é redutível à questão da administração dos instintos, que *a origem do superego também deve ser creditada* à *relação de sustentação e confiabilidade que o ambiente pode fornecer*.

Assim, para Winnicott, a moralidade – "o desenvolvimento na criança da capacidade de ter senso moral, por experimentar um

33 Winnicott 1989xa, p. 187.

sentimento de culpa e por estabelecer um ideal"[34] –, e junto com ela o superego, tem suas origens em momentos anteriores ao complexo de Édipo, quando a criança, confiante no ambiente, conquistaria a capacidade de "ter fé em...":

> *A boa alternativa [para explicar como se daria a constituição da moralidade na criança] tem que ver com o propiciar ao lactente e à criança aquelas condições que possibilitem a coisas como confiança e "crença em", e ideias de certo e errado, se desenvolverem da elaboração dos processos internos da criança. Isto poderia ser chamado de evolução de um superego pessoal.*[35]

A capacidade de "acreditar em..." é formulada assim sem complemento, pois ela vem como uma aquisição que é anterior a qualquer tipo de complemento.[36] Além disso, há pessoas que não alcançam essa capacidade, nunca conquistaram um estágio de maturidade ao qual Winnicott associa sua noção de *moralidade inata* (que explicitarei em seguida): "há pessoas em todas as sociedades e idades que, em seu desenvolvimento emocional, não atingiram o estágio de crer em, nem atingiram um estágio de moralidade inata envolvendo a personalidade integral".[37]

No início do processo de desenvolvimento afetivo não existe realidade não *self*,[38] bem como não existe o certo e o errado, o bom e o mau. No entanto, será dessa situação inicial, na qual a criança, sem saber do que precisa, *procura algo em algum lugar*,[39] recebendo

34 Winnicott 1963d, p. 118.
35 Winnicott 1963d, p. 119.
36 Winnicott 1963d, p. 119.
37 Winnicott 1963d, p. 120.
38 Winnicott 1988, Cap. IV e V.
39 Winnicott 1988, p. 120.

do ambiente (que se adapta) aquilo que atende às suas necessidades, que surgirá, na criança, a confiabilidade de que há no mundo algo que possa interessar, algo que é real e é bom, pois diz respeito a ela e atende à sua continuidade de ser, às suas necessidades de ser. Nesse momento, "o meio ambiente deve ser previsível [sinônimo de confiável] e, no começo, altamente adaptado às necessidades do bebê".[40] É nessa situação de sustentação adequada do ambiente, com o surgimento da capacidade de "ter fé em...", que encontramos o início da moralidade e, portanto, do superego:

> *O bebê e a criança pequena são habitualmente cuidados de modo confiável, e da experiência de suficientemente bem cuidado se origina no bebê a crença na confiabilidade; a isso pode-se acrescentar a percepção da mãe e do pai ou avó ou babá. Numa criança que iniciou a vida desse modo, a ideia de bondade e de um pai pessoal e confiável, ou Deus, pode se seguir naturalmente.*[41]

Nesse momento inicial, amor significa cuidado,[42] que, por sua vez, significa adaptação do ambiente às necessidades da criança. Devido à sua imaturidade, nesse momento pré-verbal, a criança não sabe ainda o que é bom e o que é mau, palavras que só terão sentido mais tarde, com a aquisição de certas capacidades cognitivas. Diz Winnicott:

> *No crescente armazém das lembranças pessoais e dos fenômenos que constituem a realidade psíquica interna da criança aparecem elementos que de início são*

40 Winnicott 1993c, p. 121.

41 Winnicott 1963d, pp. 122-123.

42 Winnicott 1963d, p. 126.

> *simplesmente opostos. Podem ser chamados auxiliares ou perturbadores, amistosos ou hostis, benignos e persecutórios. Originam-se em parte das satisfações e frustrações na experiência de viver do bebê, que inclui excitações, e em parte esse acúmulo de elementos positivos e negativos depende da capacidade de o bebê evitar a dor da ambivalência, e consiste em não juntar os objetos que sente como bons ou maus.*[43]

O sentido de bom e mau, para a criança, estará relacionado com a adaptação ambiental, com o ambiente que aprova ou desaprova, cuida ou não de atender às necessidades da criança. O ambiente não é perfeito, mas atende à criança na medida e no tempo em que ela pode tolerar, com um acerto razoável (ao fornecer cuidados adequados às necessidades específicas antes que criança se desespere e perca a esperança de ser atendida, ou seja, o ambiente não decepciona a expectativa da criança). Na saúde, o ambiente atende satisfatoriamente às suas necessidades (o que não significa perfeitamente, nem significa que às vezes o ambiente não falhe, mas que o padrão de cuidado ambiental é muito mais o de atender às necessidades num tempo tolerável para aquela criança do que o contrário disso), o suficiente para que, como diz Winnicott, a linha da vida não seja quebrada. A base da moralidade, diz Winnicott, "é a experiência fundamental do bebê de ser o seu próprio e verdadeiro eu, de continuar sendo".[44] Sobre a noção de bom e mau como sinônimo de aprovação e desaprovação, ele diz: "Tudo isso está intimamente ligado à percepção de aprovação e desaprovação materna, mas tanto aqui como em outras situações o fator pessoal interno é mais importante que o externo ou ambiental [...]".[45]

---

43 Winnicott 1963d, pp. 123-124.

44 Winnicott 1993c, p. 121.

45 Winnicott 1963d, p. 92.

O ambiente precisa adaptar-se dando objetos adequados às necessidades da criança, mas não só objetos, ele também dará (nesse sentido da aprovação e desaprovação) códigos morais, de maneira tal que esses mesmos códigos começam a ser, com o desenvolvimento, também enriquecidos em seus sentidos:

> *à medida que o bebê cresce desta maneira, o terreno está pronto para que aqueles empenhados no cuidado do bebê e da criança deixem ao alcance dela não apenas objetos (como bichos de pelúcia, bonecas ou carros de brinquedo), mas também códigos morais. Estes códigos morais são dados de modo sutil por expressões de aceitação ou por ameaças de suspender o amor.*[46]

Após este início, outros processos de integração de *valores* e *sanções* também ocorrerão, contribuindo para a constituição do superego pessoal. Os acréscimos futuros – quando a criança tiver então amadurecida a ponto de ser uma unidade (*eu sou*) e, de forma mais complexa, mais à frente no processo de desenvolvimento, ser uma pessoa inteira, ou seja, podendo estabelecer relacionamentos interpessoais, agora com a administração dos instintos no cenário edípico[47] – fornecerão outros elementos, advindos dessas vivências e dos conflitos aí experimentados, enriquecendo o superego.

No cenário inicial, mesmo antes de ter chegado a algum tipo de integração mais elaborada (do tipo Eu Sou, ou ainda, do tipo pessoa inteira), com a criança tendo já atingido uma integração que lhe possibilita identificar objetos como bons (adequados às suas necessidades) e maus (não adequados), ela começa a viver uma moralidade ferrenha. É nesse momento que os pais podem

46 Winnicott 1963d, p. 125.

47 Winnicott 1989xa, p. 191.

oferecer às crianças códigos morais humanizados, constituindo, então, valores morais:

> *há uma razão especial pela qual um código moral deve estar ao alcance da criança: o fato do código moral inato ao bebê e à criança pequena ter uma característica tão ferrenha, tão crua e tão incapacitante. O código moral adulto se torna necessário porque humaniza o que na criança é sub-humano. A criança sofre com o receio da retaliação. A criança tem prazer em uma orgia excretória em que o mundo se enche de água que afoga e sujeira que soterra. Estes receios crus são humanizados principalmente pelas experiências da criança com seus pais, que desaprovam e ficam bravos mas não mordem, afogam nem queimam a criança como retaliação ligada exatamente ao impulso ou à fantasia da criança.*[48]

Sinteticamente, sobre o processo de humanização, associando-o com a formação do superego, diz Winncott: "pessoas humanizando as aterradoras formações do superego diretamente relacionadas com os impulsos e fantasias que acompanham o funcionamento do corpo e as cruas excitações envolvendo os instintos".[49]

Na continuidade do processo de estabelecimento da lei moral em cada um, constituição do superego pessoal, que está associado à lei moral, a criança também aprende pelo *exemplo*: "Na arte de viver, isso implica dar exemplo à criança, não um melhor do

48 Winnicott 1963d, pp. 127-128.

49 Winnicott 1963d, p. 128.

que você realmente é, insincero, mas um exemplo toleravelmente decente".[50]

Para Winnicott, nem a moralidade nem o superego são constituídos como um tipo de reação ao medo da sanção paterna, mas sim como um tipo de modo de estar no mundo (criado-encontrado pela criança, amado porque atende às necessidades de ser, e cuidado porque é expressão dela mesma), de forma que a criança que não encontrou o mundo como uma imposição, mas sim pôde ser no mundo a partir de si mesma, apoiada pela adaptação ambiental, tem uma ligação e relação de cuidado com esse mundo. O que é realmente imoral é a *submissão*: "Imoralidade para o bebê é *se submeter, às custas de seu modo pessoal de viver*. Por exemplo, uma criança de qualquer idade pode achar que comer é errado, até o ponto de morrer por este princípio".[51]

A moralidade constituída como uma reação ao medo de uma sanção externa (medo de castração) seria, para Winnicott, uma moralidade falsa – "a culpa implantada é falsa para o self".[52] No mesmo sentido, o superego pessoal, que é fruto dos valores que o *self* pode constituir sem se submeter, também não é fruto do medo do pai na relação edípica. O superego, na saúde, só será também um herdeiro do complexo de Édipo (enquanto expressa a aquisição de códigos morais fornecidos pelas relações com o casal parental) se esses códigos e valores morais puderem ser absorvidos pelo *self* como dizendo respeito a ele, paradoxalmente como valores também criados-encontrados (como na transicionalidade) ou introjetados, sem perda demasiada da sua espontaneidade.

Em todos esses momentos em que Winnicott usou o termo *superego*, em nenhum deles o fez referindo-se a uma parte (sistema

50 Winnicott 1963d, p. 128.

51 Winnicott 1963d, pp. 128-129.

52 Winnicott 1955c, p. 450.

ou instância) de um constructo teórico (o aparelho psíquico) ficcional, com o objetivo de figurar o psiquismo, tendo em vista explicitar suas dinâmicas de funcionamento; trata-se sempre, para ele, de um superego pessoal, construído como um conjunto de valores, códigos morais, sentimentos de culpa etc., que agem ou intermedeiam as efetivas relações interpessoais em jogo, seja no período anterior ao Édipo, seja no período edípico. Como já observou André Green,[53] Winnicott não usa a noção de aparelho psíquico, logo, também não usa a de instância psíquica, preferindo referir-se à estrutura e organização da vida emocional ela mesma, qualificando e diferenciando fenômenos e relações do indivíduo com os objetos, com o ambiente e consigo mesmo. Não se trata apenas de uma questão de nomenclatura, isto é, de dar nomes diferentes para as mesmas coisas, ao contrário, são nomes díspares para fenômenos díspares, estabelecendo distinções epistemológicas e metodológicas importantes tanto para a teoria quanto para a clínica psicanalítica, que aumentam o poder de descrever e agir sobre os processos afetivos em jogo nas relações inter-humanas e, especialmente, na prática psicanalítica.[54]

53 Green 2005b, p. 13.

54 Martine Girard, no seu artigo "Winnicott's foundation for the basics concepts of Freud's metapsychology?" (2010), procura defender que Winnicott forneceu elementos para que a metapsicologia psicanalítica pudesse ser mais bem fundada e que Winnicott estaria de acordo ou teria colaborado para a compreensão de uma topografia psíquica freudiana. No entanto, quando afirmo que, em Winnicott, o referente dos termos *Id*, *Ego* e *Superego* nunca são tomados como sistemas de um ficcional aparelho psíquico, discordo dessa posição, dado que esses termos jamais se referem a um "lugar metapsicológico". Ver discussão sobre o lugar da metapsicologia na obra de Winnicott em Fulgencio, Simanke, Imbasciati & Girard 2018.

7. A situação do narcisismo primário para Winnicott

A noção de narcisismo primário está associada à questão do surgimento do sujeito psicológico; é uma questão de compreensão e descrição da origem ou das origens.[1] Não se trata apenas de um problema teórico, mas da compreensão de uma situação que dá origem ao indivíduo, a um modo de ser e se relacionar com o

---

1 A questão das origens do sujeito psicológico corresponde a um ponto central, retomado e formulado de diversas maneiras pelos grandes pensadores da história da psicanálise. Em Lacan, esse problema está notadamente colocado na sua apresentação do estágio do espelho (1949), que talvez possa ser entendido como a sua tentativa de explicar o que é essa "ação", referida por Freud, que leva do autoerotismo ao narcisismo. Também em Klein essa questão está presente de forma central, principalmente quando ela se refere a pacientes muito graves, crianças esquizofrênicas ou autistas, como é comentado na sua análise do caso Dick (Klein 1930), na qual procura explicitar como ocorre a constituição do eu e a entrada no campo dos símbolos ou relações simbólicas, ainda que ela considere que desde o início pós-natal o bebê já tenha uma unidade a partir da qual pode realizar relações de objeto (Klein 1952). Laplanche & Pontalis (1967), por sua vez, também reconheceram a importância desse problema, escrevendo um texto importante na história da psicanálise, no qual procuram interpretar o problema da origem, diferenciando-se de Lacan.

mundo, modo que alguns pacientes precisam revisitar ou reexperimentar no curso do processo psicoterapêutico psicanalítico. Tão mais grave é a patologia, maior a necessidade, como diria Winnicott, de *corrigir* essa experiência passada.[2] No entanto, mesmo em pacientes menos graves, a situação de revivência desse modo de ser no mundo é retomada na relação transferencial, cabendo ao analista sustentar o *setting* para que essa experiência possa ser vivida.

Neste capítulo farei uma série de considerações que procuram explicitar, diferenciar e esclarecer os pontos de vista de Freud e Winnicott sobre o narcisismo primário para, no final, poder dialogar com a análise que Roussillon (2010) fez sobre esse tema. Não se trata de retomar a diversidade de proposições realizadas ao longo da história do desenvolvimento da psicanálise, mas de, explicitadas duas posições clássicas, procurar fornecer um tipo de descrição desse fenômeno que possa contribuir para um melhor entendimento e ação do analista no manejo da transferência nos casos em que o paciente precisa reviver algo da situação do narcisismo primário no processo analítico.

O ponto de vista de Freud sobre o narcisismo primário

Em Freud, a noção de narcisismo primário refere-se à questão da condição inicial do indivíduo. Freud, ao comentar a relação entre o autoerotismo e o narcisismo, afirma: "O eu (*moi*) se encontra originariamente, logo no início da vida da alma, investido pulsionalmente e, em parte, capaz de satisfazer suas pulsões sobre si mesmo. Nós chamamos este estado de narcisismo e esta possibilidade de

2 Cf. Winnicott 1945h, p. 36.

satisfação autoerótica".[3] A clássica afirmação de Freud, considerando que as pulsões eróticas estão presentes desde o início, explicita o problema: "é necessário, então, que alguma coisa, uma nova ação psíquica, seja acrescentada ao autoerotismo para que, então, o narcisismo seja formado".[4] Freud também se refere ao narcisismo primário como um estado inicial da vida em termos de uma *unidade indiferenciada do eu, suficiente a si mesmo*.[5]

A questão dos relacionamentos iniciais, para ele, está colocada em termos de dois tipos de objeto primordiais: o próprio eu e a mãe (ou pessoa que cuida inicialmente da criança). Diz Freud:

> *Nós dissemos que o ser humano tem dois objetos sexuais originários: ele mesmo e a mulher que lhe dá seus cuidados, e nisto nós supomos o narcisismo primário de todo ser humano, narcisismo que pode eventualmente vir a se exprimir de maneira dominante na escolha de objeto.*[6]

Por um lado, essa afirmação de Freud nos leva a supor que ele pensa a situação inicial do bebê em termos de relações de objeto;[7] por outro, que é a partir dessa situação inicial que ocorrerá a diferenciação identificatória em termos de gênero.[8]

---

3 Freud 1915c, p. 135.

4 Freud 1914c, p. 77.

5 Freud 1916x, p. 417.

6 Freud 1914c, p. 88.

7 Perspectiva que, reconhecível em Ferenczi, aparece como um fundamento do pensamento de Klein, como ela mesma afirma: "O uso que faço do termo 'relações de objeto' baseia-se na minha asserção de que o bebê, desde o início da vida pós-natal, tem com a mãe uma relação (se bem que centrada primariamente em seu seio) imbuída dos elementos fundamentais de uma relação objetal, isto é, amor, ódio, fantasias, ansiedades e defesas" (Klein 1952, p. 72).

8 Note-se, por exemplo, o comentário de Appignanesi & Forrester nesse sentido: "A vida do ser sexuado é uma perturbação do narcisismo primário. Os

Laplanche & Pontalis esclarecem que, após a formulação da segunda tópica, Freud teria suprimido a distinção entre o narcisismo primário e o autoerotismo, associando-os, no entanto, a "um estado rigorosamente 'anobjetal', ou pelo menos 'indiferenciado', sem clivagem entre um sujeito e um mundo exterior".[9] Na conclusão desse verbete, indicando qual é a situação a ser tomada como o referente do conceito de narcisismo primário, eles afirmam:

> *parece-nos possível conferir sentido ao que foi intenção de Freud quando, retomando a noção de narcisismo introduzida por H. Ellis, a alargou até fazer dela uma fase necessária na evolução que vai do funcionamento anárquico, autoerótico, das pulsões parciais, à escolha de objeto. Nada parece opor-se a que designemos pelos termos "narcisismo primário" uma fase precoce ou momentos básicos, que se caracterizam pelo aparecimento simultâneo de um primeiro esboço do ego e pelo seu investimento pela libido, o que não implica que este primeiro narcisismo seja o primeiro estado do ser humano, nem que, do ponto de vista econômico, essa predominância do amor de si mesmo exclua qualquer investimento objetal.*[10]

Nesse sentido, podemos afirmar que Freud designa como narcisismo primário a uma situação ou estado do indivíduo que caracteriza a sua origem e o ponto de partida sobre o qual vão se

---

meninos só se tornam homens e as meninas só se tornam mulheres sendo expelidos, pelo complexo de castração, do narcisismo primário para a masculinidade e a feminilidade" (Appignanesi & Forrester 2005, p. 610).

9 Laplanche & Pontalis 1986, p. 370.

10 Laplanche & Pontalis 1986, p. 370.

desenvolver todas as relações de objeto e todos os processos de identificação e diferenciação do indivíduo em relação ao outro.

O ponto de vista de Winnicott sobre o narcisismo primário

Tendo em mente este quadro conceitual, procurarei mostrar como Winnicott redescreve a noção de narcisismo primário, tanto em termos das críticas que faz a essa concepção quanto se referindo à unidade inicial como um *amálgama* entre o bebê e o ambiente que o sustenta.

Para Winnicott, o bebê, no seu início, é uma existência humana extremamente imatura e totalmente dependente do ambiente, de tal modo que "o bebê e o cuidado materno juntos formam uma unidade".[11] É nesse sentido que ele pôde afirmar que *o bebê não existe*: "se vocês mostrarem um bebê, mostrarão também, com certeza, alguém cuidando desse bebê, ou ao menos um carrinho ao qual estão grudados os olhos e os ouvidos de alguém. O que vemos, então, é a 'dupla dos cuidados'".[12]

Para ele, a integração do indivíduo em uma unidade pessoal, a partir da qual os relacionamentos com objetos podem ser possíveis, é uma conquista do processo de amadurecimento:

> *O centro de gravidade do ser não surge no indivíduo. Ele se encontra no arranjo total. Por meio dos cuidados infantis, das técnicas, da sustentação e do manejo geral suficientemente bons, a casca passa a ser gradualmente*

11 Winnicott 1960c, p. 48.
12 Winnicott 1958d, p. 215.

> *conquistada, e o cerne (que sempre nos dera a impressão de ser um bebê humano) pode começar a tornar-se um indivíduo.*[13]

Nesse estágio inicial, Winnicott não vê interesse algum em caracterizar ou supor a existência de algum eu (primordial ou primitivo) que poderia caracterizar uma unidade do indivíduo. Para ele, seria ilógico pensar em termos de um indivíduo simplesmente porque não há, ainda, um *self* individual capaz de distinguir entre o *eu* e o não *eu.*[14]

Assim, para Winnicott, o narcisismo primário é o nome dado à situação de fusão do indivíduo com o seu ambiente: "No narcisismo primário o ambiente sustenta o indivíduo, *ao mesmo tempo* que o indivíduo nada sabe sobre ambiente algum – e é um com ele".[15] Ao narcisismo primário corresponde, pois, o estado de amálgama entre o indivíduo e o ambiente, anterior à possibilidade efetiva do indivíduo de reconhecer a exterioridade do ambiente e de seus objetos.[16]

Descrição da situação inicial do narcisismo primário

Na tentativa de explicitar a concepção de Winnicott, procurarei fazer uma descrição da maneira como ele considera ocorrer o início do processo de desenvolvimento afetivo, com o objetivo de caracterizar qual referente empírico ele deu à situação do narcisismo primário.

---

13 Winnicott 1958d, p. 215.

14 Winnicott 1988, p. 153.

15 Winnicott 1955d, p. 470.

16 Winnicott 1988, pp. 153-156.

Com o amadurecimento no útero chegando a termo, o bebê precisa nascer para ter atendida a sua *necessidade de ser*,[17] ou seja, o ambiente vai tornando-se vagarosamente inadequado para a permanência do bebê. Com o nascimento, a mãe-ambiente que envolvia o bebê por todos os lados, amando-o por todos os lados, passa, agora, a sustentar e amar o bebê como algo que está fora dela.[18] A mãe, que é ainda mãe-ambiente, deverá saber do que seu bebê precisa para poder atender às suas necessidades específicas, o que exige dela que compreenda (descubra) do que é que o seu bebê precisa em tal e tal momento, com tal e tal incômodo ou reclamação etc. A mãe encontra-se, nesse momento do nascimento do bebê, nos casos em que ela é saudável, em um estado propício para a compreensão do seu bebê, um estado – que Winnicott caracteriza como o de *preocupação materna primária*[19] – que a torna apta a realizar uma comunicação profunda ou direta (comunicação evidentemente não verbal e não propriamente mental) com aquilo de que o bebê precisa para ser e continuar sendo, seja no que diz respeito às necessidades instintuais e corporais, seja no que diz respeito às necessidades relacionais. Em termos mais sintéticos, a mãe sustenta o ser do bebê.

Do ponto de vista do bebê, suas necessidades são atendidas como se fosse uma consequência natural do que ele está vivendo. Ele não tem, ainda, maturidade para saber do que precisa ou mesmo para alucinar objetos (o seio, por exemplo), suas necessidades o levam *a procurar algo em algum lugar*,[20] sem saber exata-

---

17 Alguns autores têm afirmado que Winnicott, ao introduzir a questão do *ser* como fundamento e motor da existência humana, fez uma mudança na ontologia psicanalítica, uma ruptura epistemológica (Green 2013b; Loparic 2001b, 2006; Phillips 1988; Roussillon 2009).

18 Winnicott 1988, p. 151.

19 Winnicott 1996f, p. 236.

20 Winnicott 1988, p. 120.

mente o que pode satisfazê-lo. Quando a mãe, que entende o que o bebê está procurando, coloca, por exemplo, o seio exatamente no lugar em que o bebê procura algo (supondo que seja isso que corresponde à necessidade do bebê), o bebê pode significar essa experiência dando a ela o seguinte sentido: "era justamente disso que eu precisava".

É por isso que Winnicott diz que o bebê vive, nesse momento, uma *ilusão de onipotência*,[21] ou seja, o que ele encontra é, na verdade, uma criação dele (advém a partir dele); em outros termos, o bebê cria o seio que encontra.[22] Esse seio que ele encontra é o seio de que ele precisa, é o seio da sua necessidade (se a mãe se adaptou de forma adequada), e não exatamente o seio objetivamente dado; é, pois, além de real, um seio subjetivo (pois é uma construção do bebê, decerto sustentada pelo ambiente, mas permanece, para o bebê, como uma construção sua).[23] Diz Winnicott:

---

21 Winnicott 1988, p. 126.

22 Winnicott 1953c [1971], p. 31.

23 A noção de objeto subjetivo corresponde a uma das grandes novidades propostas por Winnicott. Não se trata de um objeto alucinado nem imaginado, mas criado em um mundo em que não existe propriamente o bebê e os objetos que são não bebês, mas em um mundo em que os objetos são também o bebê (por tratar-se de tema ainda pouco explorado, faço uma indicação mais extensa de algumas referências importantes de Winnicott a este tema: Winnicott 1965j, pp. 235-243; 1965n, p. 56; 1971b, p. 12; 1971l, p. 207; 1971va, p. 140; 1988, pp. 121-135, p. 123 e pp. 147-151). Poder-se-ia fazer uma crítica aos que consideram Winnicott um teórico das relações de objeto – especialmente em Greenberg & Mitchell 1983 –, dado que o objeto subjetivo não seria *mais um objeto* (não há, no caso de objetos subjetivos, um sujeito que se relaciona com um objeto, como dois aspectos ou elementos distintos da realidade: A se relacionando com B). Nesse sentido, Winnicott não seria propriamente um teórico das relações com os objetos, no sentido que foi dado a essa expressão na história clássica da psicanálise, mas, mais propriamente, um teórico das relações com o ambiente.

> *O bebê é o seio (ou objeto, ou mãe etc.); o seio é o bebê. Isto está na ponta extrema da falta inicial de estabelecimento que o bebê tem de um objeto como não eu, no lugar onde o objeto é 100% subjetivo, onde (se a mãe se adapta suficientemente bem e não de outra maneira) o bebê* experiencia *onipotência.*[24]

É da ação criativa do bebê, sustentada pelo ambiente, que surge, ao mesmo tempo, a experiência do si mesmo e o encontro com o objeto (subjetivo, criado pelo bebê). Para usar um esquema gráfico que expressa esse fato, é como traçar a curva que dá, ao mesmo tempo, o côncavo e o convexo, o si mesmo e o objeto subjetivo, ligando-os como uma criação do si mesmo em direção a este objeto. Pergunta: quem faz o traço? Resposta: é o bebê com a ação adaptativa adequada do ambiente.

O bebê passa a ter a experiência de um si mesmo que, do ponto de vista do observador, só existe porque o ambiente foi suficientemente bom, adaptando-se às necessidades daquele bebê. No início, essa vivência não é exatamente contínua, mas intermitente. É a sua repetição, sustentada pelo ambiente, que tornará tal integração, ou tais integrações, para ser mais preciso, mais estáveis.

Este si mesmo, assim experienciado, não pode ser dito um eu interno porque ainda não há dentro e fora, o bebê é uma unidade com a mãe, e esse si mesmo só existe com esse ambiente, o ambiente é parte constituinte do si mesmo.

Ainda que do ponto de vista do observador sejam vistos dois corpos,[25] do ponto de vista do bebê só existe aquilo que diz respeito a ele, sem nenhuma caracterização de exterioridade, ou seja, a

---

24 Winnicott 1972c, p. 150.

25 Winnicott 1958d, p. 215.

realidade do si mesmo, dos objetos, do tempo e do espaço é, para o bebê, uma realidade subjetiva. Diz Winnicott: "Para o bebê, o mundo externo não está diferenciado, assim como não existe mundo interno ou pessoal, e uma realidade interna".[26]

A maneira como Winnicott esclarece a situação inicial do bebê, em sua dependência e amálgama com o ambiente, é importante não só porque mostra uma descrição empírica dos fatos que caracterizam essa fase mais primitiva do desenvolvimento, mas também porque indica qual é a situação para a qual alguns pacientes precisam regredir – regressão à dependência, à "situação bem-sucedida original do narcisismo primário"[27] – para retomarem um lugar (um modo de ser e estar) no mundo que os possibilita agir a partir de si mesmos, refazendo e corrigindo uma situação traumática do passado.

Por outro lado, Winnicott refere-se à constituição do ego como um fenômeno que precisa ser compreendido como fruto da relação de dependência que constitui a unidade bebê-ambiente: "Parece que o estudo das defesas do ego leva o investigador de volta às manifestações pré-genitais do id, enquanto o estudo da psicologia do ego o conduz de volta à dependência, à unidade bebê-cuidado materno".[28] A situação inicial que caracteriza o narcisismo primário corresponderia ao momento da gênese das integrações que levarão ao *self* e, posteriormente, à distinção *eu*-não eu[29] e à conquista da unidade que caracteriza a pessoa inteira.[30]

26 Winnicott 1965s, pp. 216-217.

27 Winnicott 1955d, p. 474.

28 Winnicott 1960c, p. 52.

29 Winnicott 1958g, p. 40.

30 Winnicott 1955c, p. 440.

O lugar da vida instintual e da sexualidade na situação do narcisismo primário para Winnicott

Ao diferenciar as necessidades do ego das necessidades do id (necessidades instintuais), Winnicott explicita o fato de que, no início, o lactente vive as pressões instintuais como externas a ele:

> *Deve-se ressaltar que ao falar em atender as necessidades do bebê não estou me referindo a satisfação de instintos. Na área que estou examinando os instintos não estão ainda claramente definidos como internos ao bebê. Os instintos podem ser tão externos como o troar de um trovão ou uma pancada. O ego do bebê esta ganhando força e, como consequência, está a caminho de um estado em que as exigências do id serão sentidas como parte do self, não como ambientais.*[31]

Nessa situação, vivendo em uma dependência absoluta do ambiente (em um ambiente que se adapta suficientemente), a criança vive a ilusão de que ela *cria os objetos dos quais necessita.* Nesse momento, os instintos não podem ser uma criação do bebê, mas algo que pressiona e perturba seu ser, daí serem externos ao *self*. Só o conjunto de integrações no processo de desenvolvimento afetivo é que tornará possível ao indivíduo considerar as pressões instintuais como algo que advém dele mesmo. Além disso, será somente com a conquista dessa integração dos instintos como algo que pertence ao eu que a vida instintiva poderá ser considerada como sinônimo de vida sexual; daí a possibilidade de afirmar que, para

31 Winnicott 1965m, p. 179.

Winnicott, a sexualidade é uma determinada maneira, elaborada, de viver a vida instintual.[32]

Se as pressões instintuais são consideradas, por Winnicott, como vividas, pelo bebê, sendo externas a ele, isso configura uma situação diferente da que Freud tinha em mente quando propôs a noção de narcisismo primário (para ele, sempre pensada em termos das pressões pulsionais, presentes desde o início, como algo que é vivido pelo indivíduo como uma pressão que advém dele mesmo). Para Winnicott, o desenvolvimento do ego deve ser pensado, inicialmente, como algo que se dá pela sustentação ambiental da própria possibilidade e necessidade de ser do indivíduo, que só mais tarde, garantido o ser, poderá fazer uso da vida instintual: "Do ser, vem o fazer, mas não pode haver fazer antes do ser [...]".[33]

A substituição da noção de narcisismo primário pela da situação que vai do ser ao fazer

Ao narcisismo primário deve-se referir, nesta perspectiva, a situação que pode dar as condições para a experiência de ser, e só posteriormente (ontologicamente falando) é que o indivíduo estaria às voltas com a questão dos instintos; descrição e formulação teóricas que divergem de modo significativo do que Freud havia proposto. Tal contexto torna, então, mais clara a afirmação de Winnicott de que ele, insatisfeito com a expressão "narcisismo primário", procurou outro caminho, no qual pudesse explicitar a importância do ambiente, como também não reduzir a situação inicial à questão da administração da vida instintual:

32 Cf. Abram 2008; Green 2005b, 2013b; Loparic 2007; Phillips 1988; Winnicott 1965m, p. 179; Winnicott 1988.

33 Winnicott 1971f, p. 26.

> *Nunca fiquei satisfeito com o emprego da palavra "narcisismo" em conexão com isto, porque todo o conceito do narcisismo deixa de fora as tremendas diferenças que resultam da atitude e do comportamento geral da mãe. Sobrou-me, desta maneira, uma tentativa de enunciar de forma extrema o contraste entre o ser e o fazer.*[34]

Em Winnicott, ainda que o corpo esteja sempre presente, a constituição dessa unidade psicológica não advém de uma diferenciação do id no contato com o mundo, mas surge inicialmente como um amálgama com o ambiente que vai se diferenciando progressivamente, inclusive com a integração da vida instintual (como algo que passará a ser sentido como advindo de dentro do indivíduo). Talvez seja possível afirmar, ao menos no início, que o ego surge como uma diferenciação do ambiente, reformulando a posição de Freud, para quem o ego advém do id.

Na situação do narcisismo primário, o que está em jogo é justamente a sustentação para que o indivíduo possa ser a partir de si mesmo, e não como uma reação ao ambiente: "A alternativa a ser é reagir, e reagir interrompe o ser e o aniquila".[35] O fundamental desse período inicial, que servirá como base para todas as efetivas relações de objeto que o indivíduo estabelecerá, é essa integração inicial que fornece a experiência de ser, de ser a partir de si mesmo. Diz Winnicott, nesse sentido:

> *Gostaria de examinar o que ocorre nos primeiros estágios do desenvolvimento da personalidade. A palavra-chave aqui é a* integração, *que abrange quase todas as áreas do desenvolvimento. A integração leva o bebê*

34 Winnicott 1972c, p. 149.

35 Winnicott 1960c, p. 58.

> *a uma categoria unitária, ao pronome pessoal 'eu', ao número um; isso torna possível o EU SOU, que dá sentido ao EU FAÇO.*[36]

Mas o que isso significa não tanto na situação inicial, na qual a mãe sustenta o bebê, mas na situação analítica, em que o analista se vê com pacientes que têm problemas justamente em ser? Os pacientes não são bebês, e não se trata, então, do mesmo tipo de adaptação ambiental que uma mãe realiza no cuidado do seu filho recém-nascido. A meu ver, a experiência de ser, sustentável pelo *setting* analítico, ocorre em função da possibilidade de o analista dar as condições para que o paciente possa ser entendido, ter seu gesto acolhido, estar no lugar onde o paciente coloca o analista, funcionando como um ambiente que reconhece as necessidades do paciente (mesmo que não esteja a seu alcance poder atender a essas necessidades). Trata-se de um ambiente que pode, pois, sustentar as necessidades de ser do paciente sem ser invasivo, como Winnicott explicita ser o caso na introdução do seu *Consultas terapêuticas em psiquiatria infantil* (1971b/1984), quando diz que nas primeiras entrevistas o analista deve ter a capacidade de estar no lugar do *objeto subjetivo* do paciente.

Nesse ponto, é necessário lembrar que não se trata de abolir as regras de neutralidade e de abstinência, necessárias ao trabalho do psicanalista, mas de garantir uma sustentação ambiental (relacional) que não quebre a continuidade de ser do paciente, dando as condições de *setting* para que, na repetição que caracteriza a neurose (ou psicose) de transferência, o paciente possa agir a partir de si mesmo (tal como Freud comenta, no jogo do *Fort-Da*, a passagem da passividade à atividade, no retorno encenado da situação traumática da partida da mãe). Nessa perspectiva, seria um erro

---

36 Winnicott 1971f, p. 30.

grosseiro colocar-se no lugar dos objetos que podem satisfazer os desejos do paciente, colocar-se na posição de uma mãe substituta, suficientemente boa, que viria substituir a mãe insuficiente ou invasiva da infância do paciente. Esse tipo de sustentação ambiental é necessária em casos mais graves (psicóticos, *borderlines* e algumas depressões), casos que, para Winnicott, exigem um analista já bem treinado no trato de pacientes neuróticos, dado que esse tipo de especialização dos cuidados clínicos psicanalíticos requer um bom treinamento na realização do que ele chama de "análise padrão". Pode ser que tais casos mais graves demandem que o analista saia do quadro clássico, mas isso exigiria um domínio prévio do que se faz quando isso não é necessário. Diz Winnicott, nesse sentido: "Acredito que este trabalhão não analítico pode ser mais bem feito por um analista versado na técnica psicanalítica clássica".[37]

Considerações sobre o ponto de vista de René Roussillon sobre o narcisismo primário

Roussillon[38] procurou mostrar como Winnicott ofereceu esclarecimentos para o que Freud denominou narcisismo primário, considerando, então, na afirmação de sua própria concepção e interpretação de Freud e de Winnicott, que há, no início, uma mistura entre o *self* e o objeto primário em função dos cuidados do ambiente e do rosto da mãe como espelho que reflete o *self* da criança. É dessa situação que surge o indivíduo, ou seja, como uma decorrência da relação com esse objeto primário; mas com o decorrer do processo de desenvolvimento, o indivíduo acabaria por se esquecer de que seu *self* adveio de um "outro *self*". Roussillon

37 Winnicott 1965d, p. 216.

38 Roussillon 2010.

considera que a formulação dada por Freud – em "Luto e melancolia",[39] na qual "a sombra do objeto recai sobre o ego" – corresponde ao protótipo do narcisismo primário. Para ele, as contribuições de Winnicott tornam esse conceito de Freud mais utilizável clinicamente, uma vez que, além de descrever que tipo de relação ocorre entre a mãe e o bebê, esse tipo de entendimento também coloca em evidência que caberá ao analista (nos casos em que o indivíduo encontrou dificuldades em diferenciar-se e individuar-se como pessoa inteira distinta do outro, ou seja nos casos em que o indivíduo manteve-se mais ou menos misturado entre esse "outro objeto" [objeto primário]) fazer tal distinção entre o *seu self* e o *outro self* de onde ele adveio, ou, ainda, dizendo de outra maneira, buscar o *self* atrás da sombra do objeto primário, diferindo-o dessa sombra.

Aqui desenvolvido, também procurei mostrar como as concepções de Winnicott podem esclarecer as de Freud, seguindo, no entanto, um caminho diferente do feito por Roussillon. A meu ver, ele procura pensar o contato inicial do bebê com a mãe (ou o seio, enquanto objeto primário) como um tipo de *relação de objeto específico* (usando o protótipo da sombra do objeto que recai sobre o *self*), enquanto procuro compreender o narcisismo primário em termos das *relações do indivíduo com o ambiente*, de modo que no início não haveria, propriamente falando, relações de objeto, dado que não haveria ainda maturidade para a existência, para o bebê, de uma realidade não *self*.

Em termos sintéticos, talvez possamos dizer que Roussillon procura pensar o narcisismo primário como uma mistura entre o objeto e a sombra do objeto primário, enquanto eu, olhando para essa fase de outra perspectiva, a meu ver complementar à de Roussillon, procuro descrever o narcisismo primário como uma *situação* em que não há nem *self* nem objeto, mas um amálgama

39 Freud 1917e.

indiferenciado. Trata-se, a meu ver, de procurar apreender o mesmo tipo de fenômeno de duas perspectivas díspares e complementares, uma que privilegia as relações de objeto e outra que distingue as relações com o ambiente.

Se em Freud encontramos a afirmação de que o ego aparece como uma diferenciação do id, em Winnicott, com sua noção de narcisismo primário, podemos compreender por que ele diz que não há id antes do ego e por que, talvez possamos afirmar, o Ego (aqui sinônimo de *self*)[40] aparece como uma diferenciação do ambiente, do amálgama inicial bebê-ambiente, que nada mais é do que a situação que Winnicott nomeia como o narcisismo primário. O *self* nasce e se apaga de maneira intermitente, em função das suas necessidades atendidas pela adaptação ambiental, até que ele se estabeleça como uma unidade do sujeito psicológico.

A experiência de ser, a mais fundamental e primeira das experiências,[41] não se dá porque a sombra do objeto recai sobre o *self*, misturando-se com ele, mas porque a sustentação ambiental – a devolução (pelo olhar e ação adaptativa da mãe) do próprio *self* da criança, *self* do qual a criança não tem nem percepção nem experiência – dá as condições para que esse *self* possa ser, para que, paradoxalmente, *ele nada sendo seja*, com a adaptação do ambiente fornecendo um objeto adequado às necessidades do bebê.

Caberia ao analista, considerando então que o ego (o *self*) advém da situação do narcisismo primário, não tanto diferenciar o *self* do objeto primário, mas, fazendo novamente funcionar a

40 Cabe notar que Winnicott usa o termo ego em dois sentidos diferentes: 1) como uma tendência do processo de desenvolvimento, tendência inata à integração (ver, por exemplo, Winnicott 1965n, p. 70); e 2) como a própria unidade do sujeito psicológico então integrado em seus diferentes níveis (ver, por exemplo, Winnicott 1958n, p. 501).

41 Winnicott 1989vp, p. 177.

situação do narcisismo primário, retomando o amálgama inicial em que não há diferenciação entre *self* e não *self* (para o paciente), dar a sustentação (adaptação) necessária para que o *self* possa afirmar-se, primeiro como um *sou* (expressão do gesto espontâneo, expressão da vivência da ilusão de onipotência), e depois, vagarosamente, com a emergência dos fenômenos transicionais e a fase do uso do objeto, chegar a um *eu sou*. Nessa perspectiva, eu diria, não há sombra alguma do objeto recaindo sobre o *self*, mas a sustentação ambiental que fornece as condições para que o *self* surja a partir de si mesmo (ainda que para isso o ambiente, a mãe, tenham feito infindas adaptações para atender às necessidades da criança). Só mais tarde, depois da conquista da unidade *eu sou*, é que a apreensão dos objetos e os processos propriamente projetivos e identificatórios poderão ter um lugar no quadro das relações de objeto *stricto sensu*. Antes disso não há, para o indivíduo, um objeto que possa fazer alguma sombra sobre ele mesmo: nessa fase, diz Winnicott, não há realidade não *self*.[42]

Tal tipo de compreensão aumenta nosso poder de ação clínica, justamente na possibilidade de reviver (quando necessário) e interpretar (quando possível) o modo de ser narcísico de certos pacientes, não só em função da tarefa de separar o ego da sombra do objeto, mas de retomar a situação do narcisismo primário para dar as condições experienciais para que o *self* se constitua, pela sustentação ambiental, separado do objeto, separado do ambiente que o sustenta.[43]

---

42 Winnicott 1988, Parte IV, Cap IV e V.

43 Há um ponto de análise, complementar a estas feitas até aqui, no qual procuraríamos compreender qual a relação (a dinâmica relacional) existente entre a experiência dos fenômenos transicionais e a constituição do narcisismo do indivíduo, mas isso me relançaria em uma análise extensa que deixarei para outro momento, ainda que reconheça sua importância e complexidade.

8. Críticas e alternativas de Winnicott ao conceito de pulsão de morte

Winnicott adota posição explicitamente contrária ao uso do conceito de pulsão de morte, considerando-o um *erro* de Freud,[1] uma solução fictícia para uma série de problemas reais.

É essa posição que pretendo abordar aqui. Para isso, procuro comentar os motivos que fizeram Freud propor esse conceito e indicar as alternativas que Winnicott apresentou para pensar e solucionar os problemas para os quais Freud propôs considerar a pulsão de morte como conceito-auxiliar na tentativa de explicá-los, dentre eles a compulsão à repetição e a agressividade. Delimitarei minha análise ao problema da compulsão à repetição, deixando a questão da agressividade para outro momento.

1 Winnicott 1987b, p. 42.

A pulsão de morte para Freud como fundamento metapsicológico para a compreensão da compulsão à repetição

No tratamento de neuróticos, Freud notou que os pacientes repetiam, em análise, os modos de relacionamentos afetivos que lhes causavam sofrimento. Nesse quadro de tratamento das neuroses de transferência (histeria, fobia, neurose obsessiva), ele considerou que o aparelho psíquico seria regido pelo princípio do prazer, ou seja, pela busca de obter prazer ou afastar-se da dor. No entanto, sua prática clínica colocou-o ante a uma série de problemas (sadismo, masoquismo, hipocondria, neuroses traumáticas, neuroses de guerra, suicídio do melancólico etc.) que contrariavam a tese de que o psiquismo tem como objetivo básico a busca do prazer. Referindo-se a outro conjunto de fatos clínicos, Freud observou que alguns indivíduos pareciam estar marcados por um "destino demoníaco",[2] que os levava a repetir, inúmeras vezes, as mesmas situações traumáticas. Outros, ainda, pareciam reagir de forma contrária à sua cura, piorando ao invés de melhorar, sem nenhum motivo que justificasse esse fato, o que Freud caracterizou como uma "reação terapêutica negativa".[3]

Esse conjunto de fatos clínicos levou-o a reformular sua teoria das pulsões, postulando a existência de outros impulsos básicos para o funcionamento do psiquismo, para além do princípio do prazer.[4] A sua analogia entre os processos termodinâmicos e o funcionamento do aparelho psíquico, associada à sua consideração de

2 Freud 1920g, p. 21.

3 Freud 1920g, p. 21.

4 Cf. em Fulgencio (2008c, Parte III), um estudo sobre o conceito de pulsão de morte em Freud, bem como uma análise mais detalhada das razões clínicas que levaram Freud a propor esse conceito (Fulgencio 2008c, p. 319- 322).

que a vida advém do não vivo, levou-o à suposição de que haveria, no psiquismo, uma tendência básica a encontrar o nível mais baixo de excitação. Assim, Freud supôs uma pulsão cuja "missão" seria conduzir a vida orgânica de volta ao nível zero de excitação, ou seja, ao estado inanimado: uma pulsão de morte.[5] Esse impulso seria, na verdade, a própria essência daquilo que é pulsional.[6]

Ao considerar esse tipo de tendência fundamental, seria possível compreender por que existiriam tantos fenômenos na vida psíquica que ocorreriam à revelia do princípio do prazer; mais ainda, seria possível também reconhecer a presença desses fenômenos na vida cotidiana e no próprio tratamento psicanalítico:

> *No inconsciente anímico, de fato, pode-se reconhecer o domínio de uma "compulsão à repetição" emanando das moções pulsionais, que dependem provavelmente da natureza mais íntima das pulsões elas mesmas, e*

---

5 Para um estudo sobre a natureza e função do conceito de pulsão de morte em Freud, ver, por exemplo, Caropreso & Simanke (2008) e Olsen & Koppe (1986).

6 Freud aplicou o segundo princípio da termodinâmica (no interior de um sistema fechado os diferentes níveis energéticos tendem para a igualdade), por analogia, ao que considerou ser o objetivo último do funcionamento do aparelho psíquico. Esse princípio, também formulável como princípio da constância, aliado às propostas de Gustav Theodor Fechner (que analisam o funcionamento psíquico dentro dessa mesma lógica da física termodinâmica) e às concepções de Kant sobre a necessidade de se convencionarem *forças* como causas incondicionadas dos movimentos na natureza, são as referências básicas de Freud a partir das quais propôs o conceito de pulsão de morte, ante os fatos clínicos citados – cf. em Fulgencio (2001a, 2003a, 2003b, 2005b, 2006g, 2007e, 2008g, 2021a) uma análise mais detalhada do kantismo de Freud e da origem do conceito de pulsão de morte em Freud. A pulsão de morte, para Freud, é uma especulação sobre um impulso fundamental (de natureza psíquica) que poderia ser suposto como motor causal do princípio da constância e que, em última instância, estaria na base da compulsão à repetição.

> *que é suficientemente poderosa para se colocar acima do princípio do prazer, conferindo a certos aspectos da vida da alma um caráter demoníaco, que se manifesta muito claramente nas tendências da criança pequena e que domina uma parte do rumo da psicanálise de pacientes neuróticos.*[7]

Freud reconheceu explicitamente que sua proposição é uma especulação,[8] mas uma especulação útil e adequada para organizar e sistematizar os fatos de forma simplificada.[9] No entanto, duvida da sua própria proposição,[10] chegando mesmo a comentar que ela se impôs a ele: "com o passar do tempo elas adquiriram tal poder sobre mim que eu não posso mais pensar de outra maneira".[11]

Freud toma a situação na qual uma criança repete uma brincadeira com um carretel (denominada por ele brincadeira do *Fort-Da*), fazendo-o desaparecer e reaparecer, a seu comando, no seu campo de visão, como um modelo para explicar a repetição de uma situação traumática (a mãe desaparece) vivida passivamente. A criança, na brincadeira, revive a cena na qual a mãe desaparece e reaparece (o carretel representando a mãe), só que, agora, sob o seu controle, de forma ativa.[12]

Para além da descrição empírica dessa situação (tanto o sumiço da mãe como a brincadeira do *Fort-Da*), Freud introduz certas metáforas e analogias, buscando uma descrição metapsicológica desses fatos: a situação traumática corresponde a uma excitação

7 Freud 1919h, p. 239.
8 Freud 1920g, p. 21.
9 Freud 1930a, p. 119.
10 Freud 1920g, p. 58; 1923b, p. 42.
11 Freud 1930a, p. 119.
12 Cf. Freud 1920g, p. 15.

(um *quantum* de energia) que não pôde ser descarregada, permanecendo reprimida (tornada inconsciente), mas que retorna como algo que exige ser descarregado. A brincadeira, que encena o desaparecer e o aparecer da mãe, visa repetir uma situação traumática com vistas à descarga de excitação que não pôde ocorrer na vivência que lhe deu origem. A repetição tem como objetivo, em última instância, realizar uma descarga de excitação, diminuindo o nível de tensão no interior do aparelho psíquico. Freud aplica a mesma dinâmica metapsicológica a outros fenômenos, como alguns sintomas característicos dos neuróticos de guerra e o denominado "destino demoníaco",[13] que leva alguns indivíduos a repetir inúmeras vezes o mesmo tipo de sofrimento.[14]

Reiterações e críticas pós-freudianas à importância do conceito de pulsão de morte para a psicanálise

A pulsão de morte pós-Freud foi tanto aceita e reiterada quanto profundamente criticada. Dentre as grandes transformações propostas para o desenvolvimento da psicanálise, representadas aqui por Melanie Klein, Wilfred Bion, Jacques Lacan e Donald Winnicott, há três tipos de atitude quanto a esse conceito: 1) a adesão e aprofundamento dessa perspectiva, como fez Klein; 2) a tentativa

---

13 Freud 1920g, p. 21.

14 Outra maneira de considerar a compulsão à repetição no quadro do pensamento de Freud, complementar à acima comentada (também formulada em termos metapsicológicos), é a suposição de que ela é uma maneira de o ego conseguir "ligar" uma energia que está "desligada", tendo como objetivo fornecer maior estabilidade ao aparelho psíquico, também de acordo com o princípio de constância. O sentido da repetição é mais uma vez explicado em termos físico-energéticos, por analogia aos sistemas físicos fechados.

de substituir esse conceito por outros tipos de metapsicologia, como em Bion e Lacan; e 3) a rejeição completa desse conceito, com Winnicott.

Laplanche & Pontalis comentam que muitos psicanalistas consideraram a noção de pulsão de morte como algo inaceitável, e que os fatos clínicos a ela relacionados deveriam ser interpretados sem essa especulação. Para eles, agrupando as perspectivas críticas dos psicanalistas em oposição ao conceito de Freud, há três tipos de objeções: 1) não seria aceitável propor que tudo, no psiquismo, possa ser reduzido às forças pulsionais; 2) não é adequado explicar a gênese da agressividade como sendo, desde sempre, algo que o sujeito imporia aos objetos com os quais se relaciona; 3) seria um erro falar no amor e no ódio (impulsionados pelas pulsões) desde o início das relações objetais; estes sentimentos deveriam ser levados em conta apenas quando houvesse já a possibilidade de reconhecimento de objetos como pertencentes ao mundo exterior.[15]

Uma análise detalhada dessas perspectivas críticas certamente também nos levaria a analisar como Bion e Lacan – autores que propuseram novas formulações teóricas para a psicanálise – se afastaram do conceito de pulsão de morte, substituindo-o por outros conceitos, numa nova versão da metapsicologia. Esses dois autores, com diferenças profundas em relação a Freud e também entre si, podem ser reunidos no grupo daqueles que defendem a necessidade da teorização metapsicológica na psicanálise.[16] Paul-Laurent Assoun (2000), ao analisar os destinos da metapsicologia pós-Freud, classificará Bion e Lacan como autores que

---

15 Laplanche & Pontalis 1967, verbete "Pulsão de Morte".

16 Sobre a natureza e a função da metapsicologia na psicanálise, ver Fulgencio, Simanke, Imbasciati & Girard 2018.

reescreveram a metapsicologia freudiana e Winnicott como um autor que não tem uma metapsicologia.

Poderíamos, para mostrar a atualidade desse debate, citar autores da literatura atual que se posicionaram, e ainda se posicionam, na defesa e elogio da pulsão de morte,[17] bem como outros tantos que rejeitam a proficuidade de tal conceito especulativo de Freud.[18] No entanto, há um duplo objetivo aqui: por um lado, aprofundar a perspectiva de análise que mostra Winnicott como um autor que rejeitou a teorização de tipo metapsicológico na psicanálise; por outro, a consequência dessa atitude, mostrando a alternativa de Winnicott para pensar a questão da compulsão à repetição sem apelar para o conceito especulativo de pulsão de morte. Produz-se, dessa forma, uma redescrição dos fatos e das teorias pertinentes ao campo da psicanálise. Assim, Lacan e Bion não precisam participar dessa argumentação sobre o destino da pulsão de morte na psicanálise, ainda que, num trabalho mais amplo, devessem ser necessariamente analisados.

No que se refere a Winnicott, sua posição não apresenta ambiguidade alguma. Ele diz: "simplesmente não acho válida sua ideia [de Freud] de instinto de morte".[19] Trata-se, agora, de retomar as críticas gerais que este autor faz ao conceito de pulsão de morte para mostrar qual alternativa propõe para explicar as origens da agressividade e os fenômenos que Freud caracterizou como impulsionados por uma compulsão à repetição.

---

17 Blanco 2005; Gordon 1961; Green 1995, 2007; Lucas 2002; Reeves 2007.

18 Armengou 2009; Black 2001; Geyskens 2003.

19 Winnicott 1965va, p. 226.

Críticas de Winnicott ao conceito de pulsão de morte

Para Winnicott, a pulsão de morte é um erro de Freud, uma solução equivocada que foi aprofundada por Melanie Klein. Numa carta a Money-Kyrle, ele afirma:

> *É uma pena que Melanie tenha feito um esforço tão grande para conciliar sua opinião com a pulsão de vida e de morte, que são talvez o único erro de Freud. Não preciso lembrá-lo que ele tinha dúvidas a esse respeito quando introduziu o conceito pela primeira vez; e também de que o termo pulsão de morte é mal usado na Sociedade mais do que qualquer outro, sendo empregado no lugar das palavras agressividade ou impulso destrutivo ou ódio, de uma maneira que, tenho certeza, teria horrorizado Freud.*[20]

Winnicott, reconhecendo o peso que isso significa para Freud, e considerando este conceito de pulsão de morte como inútil e nocivo para a compreensão dos fenômenos de que trata a psicanálise, afirma:

> *Para advertir o leitor, devo dizer que nunca fui apaixonado pelo instinto de morte e ficaria feliz em poder aliviar Freud do ônus de carregá-lo para sempre em suas costas de Atlas. Para começar, o desenvolvimento da teoria a partir de um enunciado do fato de que a matéria orgânica tende a retornar ao inorgânico possui*

20 Winnicott 1987b, p. 37, carta de 27 de novembro de 1952 para Money-Kyrle.

> *peso muito pequeno em termos de lógica. Não há um relacionamento claro entre os dois conjuntos de ideias. Além disso, a biologia nunca ficou feliz com esta parte da metapsicologia, embora, de modo geral, haja lugar para a mutualidade entre ela e a psicanálise ao longo de toda a linha, até chegar ao ponto do instinto de morte.*[21]

Ao referir-se à hipótese freudiana de que a vida busca um retorno ao estado de não vida, Winnicott dirá: "no que diz respeito à psicologia, não significa absolutamente nada, exceto uma afirmação do óbvio. Provavelmente não é verdade nem mesmo na sua forma mais crua e simples".[22]

Winnicott não considera que a vida advenha da não vida, mas que o estado de ser advém de um estado anterior de não ser, que ele também caracteriza como uma *solidão essencial*.[23] Recusando a hipótese freudiana, adverte:

> *(Mesmo isto [que a matéria orgânica emerge da matéria inorgânica] não é de todo correto, já que o indivíduo desenvolve-se a partir de um ovo que tem sua pré-história em todos os ovos ancestrais, fertilizados desde que a matéria orgânica emergiu do inorgânico, há muitos milhões de anos atrás); ao mesmo tempo, do ponto de vista do indivíduo e da experiência individual (que constitui a Psicologia), o indivíduo emerge não do inorgânico, mas da solidão. Este estado surge antes do reconhecimento da dependência, estendendo-se à dependência como ocorrendo em relação a uma confiabilidade*

21 Winnicott 1989xa, p. 187.

22 Winnicott 1987b, p. 40, carta de 27 de novembro de 1952 para Money-Kyrle.

23 Winnicott 1988, p. 153.

> *absoluta. Este estado é muito anterior ao instinto, e mais longínquo ainda da capacidade de sentir culpa.*[24]

Winnicott lamenta que Klein tenha se apoiado nessa noção, "porque ela confunde tudo";[25] é uma proposição metapsicológica que cria, segundo ele, uma "aparência de compreensão onde tal compreensão não existe".[26]

Avaliando o conceito de pulsão de morte como um *erro* de Freud e, portanto, um engano reiterado por Melanie Klein, Winnicott proporá alternativas para pensar tanto os fenômenos agrupados por Freud como movidos por uma compulsão à repetição quanto o problema de saber qual é a origem da agressividade e da destrutividade no ser humano. Essas alternativas dependerão da compreensão da imaturidade do bebê e de sua relação de dependência ao ambiente no início do processo de amadurecimento.

Alternativa winnicottiana para a compreensão da compulsão à repetição sem o conceito de pulsão de morte

Winnicott usa a expressão "compulsão à repetição" no seu diálogo com outros psicanalistas, e não propriamente quando está desenvolvendo suas próprias concepções. Num comentário ao livro de Fairbairn, ele se refere à compulsão à repetição como uma necessidade do paciente de retomar a situação penosa em condições de poder integrá-la na sua área de controle:

24 Winnicott 1988, p. 155.

25 Winnicott 1987b, pp. 35-36.

26 Winnicott 1987b, p. 51, carta de 18 de março de 1954 para Anna Freud.

> *É possível obter algo do trabalho de Fairbairn sobre os sonhos, considerando o relacionamento de seu conceito de introjeção do objeto mau ao trabalho de Freud sobre a compulsão à repetição. Se o objeto mau introjetado (a fim de ser coagido ou controlado) constitui uma experiência penosa, isto é, algo percebido, mas não tolerado, então a experiência introjetada repetidamente clama por atenção e dá origem a um tipo específico de sonho. O conceito de compulsão à repetição nos faz atravessar o período que precisamos para a compreensão de que, para chegar atrás da compulsão à repetição, o paciente tem de redescobrir a situação penosa externa tal como foi originalmente percebida, embora na ocasião não pudesse ser tolerada como um fenômeno situado fora do controle onipotente.*[27]

É fundamental salientar que, nessa resenha sobre o livro *Psychoanalytic studies of the psychoanalysis*, de Fairbairn, escrita em parceria com Masud Khan, Winnicott critica Fairbairn por não considerar adequadamente a imaturidade do bebê, o qual não teria a possibilidade de relacionar-se com objetos bons ou maus. Para Winnicott, isso só seria possível se cuidados suficientemente bons tivessem sido dados na primeira infância, levando a criança à maturidade, que caracteriza a integração da pessoa como uma unidade e a possibilidade de estabelecer relacionamentos também com pessoas inteiras.

Diz Winnicott, enfatizando sua crítica: "Fairbairn começa por um bebê que é um ser humano total, um ser que experiencia a relação com o seio como um objeto separado, um objeto que

---

27 Winnicott 1953i, pp. 317-318.

experienciou e a respeito do qual tem ideias complicadas".[28] O autor avalia que Fairbairn se refere à situação inicial, na qual há um bebê que não pode, ainda, diferenciar entre si mesmo e os objetos.[29] É por isso que ele diz ser necessário compreender o que ocorre antes do período em que o bebê alcançou a possibilidade de estabelecer relações com objetos (quando será possível diferenciar entre um dentro e um fora, entre Eu e não Eu), bem antes de a criança alcançar o estágio em que se sente como uma pessoa inteira que se relaciona com os outros como pessoas inteiras. É a compreensão desse período que nos possibilitará entender o que Winnicott quer dizer com colocar a situação penosa dentro do controle onipotente.

O período do controle onipotente diz respeito às fases iniciais, quando, como não existe, do ponto de vista do bebê, uma realidade não *self*,[30] este vive a experiência (quando o ambiente se adapta adequadamente) de que, das suas necessidades, advém aquilo que as satisfaz, como um derivado natural destas. Decerto, do ponto de vista do observador, vemos o ambiente levando objetos e cuidados até o bebê; sabemos também que, considerando a sua extrema imaturidade, o bebê não sabe o que pode derivar de suas necessidades, nem quais são elas.

Do ponto de vista do observador, o mundo é oferecido ao bebê; do ponto de vista do bebê, ele é criado. A esse respeito, afirma Winnicott: "A adaptação da mãe às necessidades do bebê, quando é suficientemente boa, dá a ele a ilusão de que existe uma realidade externa que coincide com sua própria capacidade criativa. Em outras palavras, existe uma sobreposição entre o que a mãe fornece e o que o bebê consegue conceber".[31] Essa é a área do controle onipotente

28 Winnicott 1953i, p. 318.
29 Winnicott 1953i, p. 320.
30 Winnicott 1988, Cap. IV e V.
31 Winnicott 1953c, p. 31.

para a qual é necessário voltar, porque é preciso retornar a um modo de relação com o mundo no qual é o *self* que se afirma enquanto tal, como uma ação que advém dele, e não como uma reação. É esse ponto de partida básico, que reitera o ser e dá continuidade a ele, que alguns pacientes procuram. Mas esse ponto corresponde também a um modo de relação de dependência do ambiente.

Trata-se, pois, não tanto de procurar uma descarga, mas um ponto com base no qual o *self* se afirma, não sendo aniquilado ou se protegendo de uma aniquilação. Isso se dá de três modos: 1) sustentado pelo ambiente (quando o ambiente fornece ao *self* a adaptação de que necessita), estabelecendo um modo de relação com a realidade caracterizada pelo relacionamento com objetos subjetivos; 2) no modo de relacionamento marcado pelo brincar e pela transicionalidade, que mantém esse fundo subjetivo (no qual o si mesmo cria o mundo) e, ao mesmo tempo, fornece uma exterioridade, constituindo o paradoxo que caracteriza os objetos transicionais (o objeto é criado e encontrado ao mesmo tempo); e 3) no modo de relação com a realidade percebida objetivamente, no qual, para que essa realidade não seja vivida como uma pressão para a reação e adaptabilidade do si mesmo, este último a sente como algo com o qual pode contribuir e partilhar.

Winnicott considera que é na ação de brincar (como atividade que reuniria estes três modos de relação com a realidade: subjetivo, transicional, externo) que o indivíduo descobre a si mesmo: "É no brincar, e apenas no brincar, que a criança ou adulto conseguem ser criativos e utilizar toda a sua personalidade, e somente sendo criativo o indivíduo pode descobrir o self".[32]

A compreensão da postura de Winnicott, no que se refere à necessidade de retomar (corrigir) as experiências passadas, pode

32 Winnicott 1971r, pp. 92-93.

mostrar como ele concebe essa necessidade de uma maneira que difere da suposição metapsicológica de uma compulsão à repetição. Ao falar sobre alguns pacientes que tiveram falhas ambientais em momentos em que não tinham condições (de amadurecimento) para abarcar todos os acontecimentos dentro da sua área de domínio, Winnicott comenta:

> *Segundo minha experiência, existem momentos em que se precisa dizer a um paciente que o colapso, do qual o medo destrói-lhe a vida,* já aconteceu. *Trata-se de um fato que se carrega consigo, escondido no inconsciente. [...] Neste contexto especial, o inconsciente quer dizer que a integração do ego não é capaz de abranger algo. O ego é imaturo demais para reunir todos os fenômenos dentro da área da onipotência pessoal.*[33]

Nessas condições, o que foi vivido não foi experienciado, ficando, por assim dizer, "guardado" ou "congelado", à espera de melhores condições ambientais e pessoais para ser, então, de fato experienciado e integrado à personalidade. Para fornecer um conteúdo mais intuitivo a tal fato, Winnicott faz uma analogia com o que ocorre entre o bulbo e a flor que dele se origina:

> *Tentando encontrar uma analogia, vi um bulbo de jacinto a ser plantado em uma tigela. Pensei: há um odor maravilhoso trancado naquele bulbo, embora soubesse, naturalmente, não existir um lugar no bulbo em que o odor se ache trancado. A dissecação do bulbo não proporcionaria, a quem a fizesse, a experiência de uma fragrância de jacinto, se o lugar apropriado estivesse*

33 Winnicott 1974, p. 73.

> *por ser alcançado. Apesar disso, existe no bulbo um potencial que acabará se tornando um perfume característico, quando a flor se abrir. Isto não passa de uma analogia, mas poderia transmitir um retrato do que estou tentando enunciar.*[34]

O descongelamento da situação da falha ambiental corresponde ao descongelamento das defesas e ao retorno a uma fase anterior à da falha, para que o amadurecimento possa ser retomado.

A necessidade de integração (de colocar a experiência na área de controle do *self*) pode, então, levar esse indivíduo a procurar justamente aquelas situações que retomam as mesmas condições traumáticas vividas no passado, produzindo uma repetição cujo sentido diz respeito à tentativa de colocar o que foi vivido dentro da sua área de controle onipotente, ou seja, de poder experienciar aquilo que está cindido nele, integrando esse não vivido. Assim, tornar-se-ia possível a continuidade do amadurecimento, a sua continuidade de ser. Mesmo que seja doloroso, o que foi vivido não pode aniquilar o indivíduo, ou a área de ilusão necessária ao indivíduo.

Não se trata propriamente de voltar à situação traumática, mas justamente ao momento anterior ao trauma, quando as defesas em relação a essa situação de aniquilação ainda não tinham sido erguidas (ou seja, voltar a um momento em que se desfazem as defesas), momento logo anterior ao trauma de aniquilação, para, então, evitando a aniquilação, poder, por um lado, incluir o "trauma vivido" no campo de onipotência do *self* (ou seja, campo em que o *self*, não sendo aniquilado, estando íntegro, é o autor ou coordenador da existência), integrando acontecimentos que ficaram cindidos e,

34 Winnicott 1989vl, pp. 99-100.

nesse sentido, retomando o curso do processo de desenvolvimento emocional.

Mas, para que isso ocorra, o paciente precisará regredir ao momento anterior ao colapso provocado pela situação traumática, quando ele ainda não havia sido aniquilado, quando o *self* (em função de sua própria integração ou sustentado pelo ambiente) estava, por assim dizer, na "direção" autônoma (sem ser submetido, subjugado ou aniquilado) da sua existência. Esse momento é atualizado nas suas relações (eventualmente na sua análise) e, com base nelas, a repetição (procurada) da mesma situação em que o colapso ocorreu pode, então, ser vivida noutras condições, ou seja, pode ser experienciada sem que a pessoa seja aniquilada, tornando possível a integração do trauma vivido no campo do *self*. Dizendo de outra maneira, o *self* pode, assim, ultrapassar a situação traumática, não só sobrevivendo, mas colocando o trauma vivido como parte de seu passado, não mais temido, não mais paralisando-o, mas como uma marca de seu passado, que também o constitui e o deixa mais forte para conduzir a própria vida. Também é possível dizer que, dessa maneira, uma cisão e um obstáculo para o desenvolvimento são ultrapassados, e o *self* sente-se como cuidando da própria vida, com mais ou menos sofrimento, com mais ou menos constrições e/ou frustrações, mas sentindo que a sua vida é real e própria.

Por um lado, essa regressão à situação traumática também pode estar se referindo, ou necessitando, de uma dependência do ambiente, dependência do outro (podendo este outro ser o analisa e o *setting* analítico); por outro, à necessidade de retomar o momento anterior ao que as defesas foram erguidas, contando com esse tipo de suporte. Sobre isso, explicita Winnicott:

> *Tudo isso pode ser muito claramente demonstrado no tratamento analítico, desde que sejamos capazes de*

> *seguir o paciente para trás no desenvolvimento emocional tanto quanto ele precisa ir, pela regressão à dependência, a fim de alcançar o momento anterior àquele em que as intrusões tornaram-se múltiplas e impossíveis de controlar.*[35]

A compulsão à repetição está, pois, colocada em função da reparação das aniquilações sofridas pelo *self*; a busca pelas situações análogas às que produziram um colapso, no passado, tem como objetivo evitar o colapso, fazer com que o *self*, dessa vez, ultrapasse aquilo que o aniquilou. O "destino demoníaco" corresponde, quando se realiza, a um fracasso na tentativa de autocura, e um caminho para a libertação e a integração do *self*, quando a aniquilação consegue ser evitada ou modificada.

Abandonada a pulsão de morte, recusando todo tipo de especulação metapsicológica, Winnicott ofereceu uma alternativa para pensar a compulsão à repetição como uma busca de si mesmo que não é propriamente procurada num interior, mas num ambiente e na relação inter-humana. Nesse sentido, é interessante retomar um comentário de Phillips: "Em Winnicott, o homem só pode encontrar a si mesmo em sua relação com os outros, e na independência conseguida através do reconhecimento da dependência".[36]

Quando há partes cindidas na personalidade, quando há situações que foram vividas e não experienciadas, a necessidade de ser leva o homem a procurar retomar seu processo de desenvolvimento no ponto em que ele foi interrompido, nas condições em que foi interrompido, para, então, dar-lhe continuidade, integrando-se e colocando-se para cuidar da própria vida (mesmo que a realidade possa feri-lo, o que é diferente de aniquilá-lo).

Parte II
Visão de conjunto

9. Winnicott e Freud: continuidades, desenvolvimentos e rupturas

"Somos todos freudianos... mais ou menos".[1] Esta afirmação é meu ponto de partida, o contexto de minha análise e minha posição teórica e clínica.

Para mim, Winnicott não está fora do quadro da psicanálise como ciência, ainda que ele a tenha retirado do quadro epistemológico de uma ciência natural para o de uma ciência hermenêutica (uma ciência muito mais próxima ao que preconizaram a fenomenologia e o existencialismo moderno para a constituição de uma psicologia científica mais de acordo com seus pressupostos).

Isso corresponde a uma mudança no modelo ontológico (e no *telos* para o tratamento psicanalítico) proposto por Freud, e a uma modificação na compreensão das diversas dinâmicas relacionais (retomadas no processo analítico), tornando possível caracterizar a psicanálise como uma *cura pela experiência de ser* associada a uma *cura pela palavra*, sendo que ambas podem ocorrer conjugadas e/ou separadas uma da outra.[2]

---

1 Winnicott apud Limentani 1989, p. 6.

2 Esse é o quadro e o objetivo deste capítulo, que desenvolverei articulando

Freud e a psicanálise

Em primeiro lugar, quero reapresentar o quadro epistemológico teórico do pensamento de Freud, explicitando:

- sua defesa da psicanálise como uma ciência natural;
- a caracterização do seu método de pesquisa e tratamento como fundamento científico de seu modo de procurar explicar os fenômenos;
- e os conceitos que são os pilares empíricos da psicanálise, como também, o *common ground* conceitual de todos os psicanalistas.

A psicanálise como uma ciência natural (para Freud)

Para Freud, a grande contribuição da psicanálise para a ciência foi ter tomado a vida psíquica como qualquer outro objeto estrangeiro ao homem, ou seja, como um objeto natural. Mais ainda, a vida psíquica é pensada em termos da sua constituição e desenvolvimento, na consideração *dos fenômenos e processos dinâmicos inconscientes* que organizam a vida psicoemocional e seus modos de ser no mundo.

---

minha argumentação, principalmente num diálogo com Martine Girard tal como o desenvolvemos no *International Journal of Psychoanalysis*, publicações essas republicadas, em português, no livro *A bruxa metapsicologia e seus destinos* (Fulgencio, Simanke, Imbasciati & Girard 2018d). Este capítulo foi construído a partir de conferência dada na Sociedade de Psicanálise da Polônia, em 2021, num evento dedicado a discutir as relação entre Winnicott e Freud, tendo a mim e a Martine Girard como convidados. Para uma leitura mais produtiva deste capítulo, sugiro que o leitor tenha em mente os artigos acima referidos (Fulgencio 2005b, 2007h, 2015b; Girard 2010, 2017).

A psicanálise nasce com o objetivo de resolver problemas clínicos, no tratamento de distúrbios psicogenéticos que acometem os neuróticos. Com o seu desenvolvimento, ampliaram-se seu *campo clínico* (crianças, adolescentes, psicóticos, *borderlines*) e seu *campo de aplicabilidade* (na sociologia, na filosofia, na linguística, na antropologia, na política etc.), fornecendo um conhecimento sobre como o homem funciona em termos emocionais.

Seu *objeto*: a vida psíquica nas suas organizações e modos de ser determinados pelos processos psíquicos inconscientes.

Seu *objetivo*: servir como base teórica para a intervenção psicoterápica, no fortalecimento do indivíduo, para que este possa amar e aproveitar da existência.

Seu *método*: analisar os sentidos dos sentimentos, pensamentos e comportamentos do ser humano, retomando sua história e seu presente, colocando o paciente para falar livremente (sem crítica) e encontrar o sentido dos acontecimentos da sua vida, reformulando a solução de seus conflitos, contando necessariamente com a relação afetiva com o analista (que não age em termos sugestivos, tal como na hipnose ou práticas similares).

A psicanálise como um método de pesquisa e de tratamento

Ao definir o que é a psicanálise, Freud diz que ela é:

- um método de pesquisa dos processos psíquicos inconscientes;
- um método de tratamento;
- e uma ciência edificada com os resultados dessas pesquisas.

Retomando, mais detalhadamente, cada uma dessas características, a psicanálise é, então:

- *"Um procedimento para a investigação de processos anímicos, que são pouco acessíveis de outra maneira."*[3] Ou seja, um método para ter acesso aos conteúdos inconscientes da vida psíquica a fim de explicar suas relações de determinação recíproca, considerando tanto o passado como o presente, bem como as dinâmicas do *après-coup* que ressignificam os acontecimentos passados em função dos encontros e acontecimentos presentes.
- *"Um método de tratamento das perturbações neuróticas, que se fundam sobre essa investigação."*[4] Ou seja, a psicanálise nasce com objetivos e responsabilidades "médicas", ela visa tanto à compreensão como à modificação dos indivíduos. Ela não procura oferecer quais são os padrões ou modos de ser de um determinado grupo ou sociedade, mas pode (na sua compreensão universal sobre os processos psicoafetivos do ser humano) compreender as singularidades existenciais individuais (saudáveis ou patológicas) a partir dessas compreensões mais gerais ou universais. O método de tratamento tem como objetivo libertar o indivíduo de constrições que o impedem de poder amar e aproveitar a existência (constrições que são conflitos inconscientes, conflitos entre desejos, conflitos entre o Eu e ideias incompatíveis com este Eu). Esse método (de pesquisa e tratamento) está construído de forma a colocar o paciente para falar sobre sua vida, seus pensamentos, seus afetos, na relação com o analista, que, por sua vez, está a serviço do paciente para a compreensão dos sentidos dos seus comportamentos, sentimentos, sonhos, desejos etc. O processo tem como objetivo reorganizar os sentidos e

3 Freud 1923a.

4 Freud 1923a.

dinâmicas dos conflitos inconscientes, dando a eles uma outra solução para o conflito inconsciente, diferente da que gerou os sintomas do paciente. O analista não sugere ao paciente o que deve ser, o que deve fazer, mas *analisa* (ou seja, desmembra como são compostos, quais são os sentidos, que compõem seus atos comportamentais e psíquicos): o analista faz *psico-análise*, não faz *psico-síntese*.

- *"Uma série de pontos de vista psicológicos, adquiridos por esta via, que crescem progressivamente para se juntarem numa disciplina científica nova."*[5] Para Freud, uma ciência natural que toma a vida psíquica com qualquer outro objeto da natureza, procurando explicar a vida psicoafetiva do ser humano (ou seja, completar a série, sem lacunas, das determinações que geram os sentimentos, pensamentos, sentimentos etc.). Essa ciência agrupa aquilo que parece se repetir em inúmeras curas psicanalíticas, constituindo um saber que tende a ser universal sobre o ser humano. A construção dessa ciência (no que se refere ao conhecimento dos fenômenos dos quais se ocupa) é feita pela aplicação do método de pesquisa e tratamento psicanalítico, e não pela observação objetiva e busca de padrões médios ou estatísticos dos fenômenos observados; trata-se, pois, de uma construção subjetiva derivada do encontro singular entre analista e paciente.

Pilares da psicanálise, o *common ground* dos psicanalistas

Dado esse contexto caracterizando o que é a psicanálise, podemos, ainda, especificar mais objetivamente quais são os elementos

---

5 Freud 1923a.

conceituais e empíricos a partir dos quais a vida psíquica, individual e social é apreendida e explicada.

Para isso, colocarei em destaque o que Freud avalia como os *pilares empíricos da psicanálise*, ou seja:

- a hipótese de que há processos anímicos inconscientes determinando a vida psíquica e os comportamentos;
- o reconhecimento do processo de repressão e da resistência [ao se tentar acessar os conteúdos inconscientes];
- o valor dado à sexualidade infantil e ao complexo de Édipo;
- os *xiboletes* da psicanálise, ou seja: o inconsciente, a teoria dos sonhos, o complexo de Édipo, a transferência e a resistência.

Já analisei[6] esses princípios fundadores e definidores da psicanálise, considerando-os o *common ground* dos psicanalistas, ainda que estes possam ser descritos com certas variações pelos grandes autores que representam sistemas teóricos da psicanálise.

Em resumo, a psicanálise, para Freud, é:

- uma ciência da natureza, cuja teoria (sobre a organização da vida psíquica) é construída pelo método de pesquisa sobre as determinações inconscientes;
- um método de tratamento psicoterápico, cujos fundamentos estão na própria noção de que há processos psíquicos inconscientes que determinam os modos de ser (saudáveis e/ou patológicos) do ser humano;
- [um método de tratamento psicoterápico] cuja compreensão é feita considerando-se a importância da sexualidade infantil e do complexo de Édipo;

6 Fulgencio 2020b.

- uma prática, um tratamento psicoterápico fundado e conduzido pela relação afetiva com o analista (transferência) e pelo processo de ressignificação das organizações psicoafetivas do ser humano.

Winnicott e a psicanálise

Trata-se, agora, de comentar como Winnicott se coloca em relação a esses mesmos itens anteriores, usados para caracterizar o que é a psicanálise e seus fundamentos, ou seja:

- que tipo de ciência Winnicott considera que a psicanálise é;
- qual método é usado e reiterado para o desenvolvimento dessa ciência;
- e, por fim, qual a sua compreensão dos conceitos e fundamentos da psicanálise.

A psicanálise como uma ciência objetiva da natureza humana

Winnicott se vê como um freudiano que usa o método (de pesquisa e de tratamento) fornecido por Freud, a partir do qual descreve, teoriza e trata psicoterapeuticamente de adultos, crianças, adolescentes e bebês (nos seus diversos modos de ser, saudáveis e patológicos). Ele nunca se coloca fora da psicanálise, ainda que reconheça que certos cuidados ou tratamentos (por exemplo, da atitude antissocial e dos psicóticos) devam ser feitos a partir da teoria psicanalítica, mas com modificações no modo específico como o tratamento é realizado.

Em 1965, Winnicott comentou o fato fundador e fundamental de Freud, que constituiu a base da psicanálise como uma ciência, afirmando que ele nos deu um método: "O fato é que Freud começou uma abordagem científica do problema do desenvolvimento humano [...] ele nos deu um método a ser usado e desenvolvido, através do qual poderemos checar as observações dos outros e contribuir com as nossas próprias observações".[7]

A psicanálise é, também para Winnicott, uma psicologia científica: "[a psicanálise é] uma ciência aplicada que baseia em uma ciência".[8] Mas, diferentemente de Freud, Winnicott não insiste no fato de que a psicanálise toma a vida psíquica "tal como qualquer outro objeto [da natureza]", reenunciando-a para ser compreendida como uma ciência objetiva da natureza humana: "a psicologia não é outra coisa que o estudo da natureza humana; é uma ciência, exatamente como a física, a fisiologia e a biologia. Esta é a minha opinião, e o trabalho de toda minha vida está fundado nesta convicção".[9]

Ocupando-se de explicitar mais claramente seu objeto – para além de uma formulação vaga de tomar o "homem", "a vida psíquica" e até mesmo a "natureza humana" como seu objeto, o que poderia ser também considerado objeto de toda ciência humana ou social –, Winnicott aponta de forma mais precisa qual é o campo de fenômenos dos quais se ocuparia a psicanálise: "Veja que usei a palavra 'ciência', o que mostra que, do meu ponto de vista, Freud de fato iniciou uma nova ciência, uma extensão da fisiologia, uma ciência que se preocupa com a personalidade humana, com o caráter, a emoção e o esforço. Essa é minha tese".[10]

---

7 Winnicott 1965t, p. 29.

8 Winnicott 1986k, p. 12.

9 Winnicott 1945h, p. 31.

10 Winnicott 1986k, p. 12.

Winnicott como um discípulo de Freud, no uso do método psicanalítico

Winnicott não sucumbe ao perigo (já apontado por Freud) de tomar a psicanálise como uma religião, submetendo-se e obedecendo a um texto sagrado. Ele mesmo diz, referindo-se à sua personalidade: "nunca fui capaz de seguir quem quer que fosse, nem mesmo Freud".[11] Isso não enfatiza apenas a personalidade de Winnicott, mas o proceder do cientista, que não toma o conhecimento como uma entidade ou ente sagrado.

Winnicott, reconhecendo a Freud e a si mesmo como cientistas, faz questão de apontar para o fato de que não toma Freud e sua obra como algo a ser reverenciado, como se reverencia e idealiza um texto sagrado:

> *O leitor deve saber que sou um fruto da escola psicanalítica, ou freudiana. Isso não significa que eu tome como correto tudo o que Freud disse ou escreveu; isso seria em todo caso absurdo, visto que Freud continuou desenvolvendo suas teorias – isto é, modificando-as (de modo ordenado, como qualquer cientista) – até o momento de sua morte, em 1939.*[12]

Winnicott se vê como um freudiano – "se houver algo que eu faça que *não seja* freudiano, gostaria de sabê-lo"[13] –, mas não totalmente. Parece haver uma certa ambiguidade, dado que reconhece que sua maneira de teorizar e descrever o desenvolvimento não

11 Winnicott 1965va, p. 225.
12 Winnicott 1965t, p. 29.
13 Winnicott 1989f, p. 437.

estaria totalmente de acordo com Freud ao afirmar logo depois da frase acima citada: "Não me importo que não seja".[14]

Winnicott e a redescrição do *common ground* da psicanálise

A maneira como Winnicott usa a história da psicanálise é marcada por uma grande liberdade e criatividade. Phillips chega a afirmar que essa criatividade o faz dizer as coisas ora de uma maneira, ora de outra, mudando a semântica e a linguagem, o que, muitas vezes, parece gerar uma certa confusão ou inconsistência. Estou de acordo com a primeira parte da afirmação de Phillips, mas não com a segunda: sim, Winnicott tem uma liberdade e uma criatividade notáveis, no entanto, isso não gera inconsistência ou confusão, dado que sua mudança de linguagem visa, na verdade, estar de acordo com os fenômenos que analisa ou descreve.[15]

Greenberg e Mitchell, por sua vez, reconhecem que Winnicott modifica a história das ideias na psicanálise, afirmando que ele redescreveu a história da psicanálise, distorcendo-a:

> *Winnicott conserva a tradição de maneira curiosa, em grande parte distorcendo-a. A sua interpretação dos conceitos freudianos e kleinianos é tão idiossincrática e tão pouco representativa da formulação e intenção originais deles a ponto de torná-las, às vezes, irreconhecíveis. Ele [Winnicott] reconta a história das ideias psicanalíticas não tanto como se desenvolveu, mas como ele gostaria que tivesse sido, reescrevendo Freud*

---

14 Winnicott 1989f, p. 437.

15 Winnicott 1988, p. 52; 1957o, p. 121.

> *para torná-lo um predecessor mais claro e mais fácil da própria visão de Winnicott.*[16]

Ao retomar a tradição redescrevendo a psicanálise, Winnicott também reitera o quadro inicial estabelecido por Freud, reafirmando, como verdadeiras, as principais descobertas de Freud na construção de uma psicologia científica, como (cito Winnicott): "o Inconsciente dinâmico, a Sexualidade Infantil, o complexo de Édipo, a Realidade Psíquica, e muitas outras que provaram ser não vapores de turismo, mas encouraçados na guerra pela Verdade".[17]

Winnicott não repete exatamente o que Freud propusera, mas redescreve-o, revalorizando e reposicionando (Greenberg & Mitchell dizem "distorcendo") o sentido e o referente de muitos desses pilares da teoria psicanalítica sem, no entanto, refutá-los ou rejeitá-los.

Retomando os conceitos e fundamentos que citei como constituintes do *common ground* dos psicanalistas, pode-se afirmar que, para Winnicott:

- o *inconsciente* reprimido, descoberto por Freud, não corresponde à totalidade do inconsciente, há uma diversidade ampla de acontecimentos e elementos da vida psicoemocional que, sendo inconscientes, têm sua origem antes da conquista maturacional de uma integração que possibilite o mecanismo da repressão;
- os problemas existenciais não são todos referidos à *sexualidade*, há uma série de fenômenos e problemas que dizem respeito a outros modos de ser-estar-relacionar-se com o mundo e com o outro, não redutíveis à sexualidade, sendo

16 Greenberg & Mitchell 1983, p. 139.

17 Winnicott 1962e, p. 360.

esta última (a sexualidade) um dos modos de realizar a vida instintual que exige um determinado amadurecimento ou integração;

- muitos homens jamais chegam ao complexo de Édipo e o bebê, certamente, não tem problemas edípicos, dado que não tem maturidade para ter relações a três corpos.

Esses desenvolvimentos das propostas de Freud, feitos por Winnicott, apontam para o fato de que ele teorizou e descreveu fases e acontecimentos do processo de desenvolvimento anteriores aos que Freud havia apreendido *como dado*, reiterando, já aqui, um dos aspectos das análises de Martine Girard: "Winnicott procurou teorizar aquilo que Freud dava como adquirido, a saber: a função da sustentação ambiental como estrutura para as experiências do id [experiências pulsionais] e a função da apresentação do objeto como condição fundamental para a prova da realidade".[18]

O diálogo Fulgencio e Girard, avaliando as contribuições de Winnicott para a psicanálise

Há uma diversidade de interpretações sobre o lugar de Winnicott na história das ideias na psicanálise: alguns o dizem ferencziano, outros o dizem kleiniano; há quem o defenda como tendo feito uma revolução khuniana na psicanálise (como Loparic); outros até mesmo o consideram não propriamente um psicanalista, mas um antropólogo (como Paul-Laurent Assoun).

Eu considero que Winnicott:

---

18 Girard 2010, p. 306.

- manteve-se como um psicanalista, reiterando as principais descobertas feitas por Freud e Klein sobre o funcionamento afetivo do ser humano;
- é tão revolucionário quanto foram Klein, Lacan e Bion, mas não se propôs a ultrapassar todos eles na constituição de um novo paradigma;
- fez ampliações significativas na descrição e teorização do desenvolvimento emocional do ser humano, especialmente no que se refere às fases mais primitivas do desenvolvimento;
- ampliou o campo de dinâmicas e fenômenos existenciais para além do campo da vida instintual ou pulsional;
- modificou a ontologia psicanalítica, com a inserção da noção de ser na psicanálise;
- e, com isso, mudou tanto a compreensão das necessidades que impulsionam a vida psicoafetiva do ser humano quanto o *telos* do seu desenvolvimento;
- visava, com tais mudanças, ao desenvolvimento dos tratamentos psicoterápicos psicanalíticos (logo, dos seus modos de funcionamento e manejo da transferência);
- com seu conjunto de propostas, levou a psicanálise do campo das ciências naturais para o campo das ciências hermenêuticas, fazendo dela a realização, no campo da ciência, do projeto dos fenomenólogos e existencialistas para a construção de uma psicologia científica.[19]

Para aprofundar a análise das relações de continuidades e rupturas entre Winnicott e Freud, bem como as decorrências

19 Cf. Fulgencio 2020c.

teórico-clínicas dessa direção de desenvolvimento da psicanálise, proponho, apoiando-me no diálogo com Girard, retomar alguns temas aí discutidos por nós, comentando-os criticamente, a saber:

- a metapsicologia;
- a ampliação teórica e descritiva do desenvolvimento emocional;
- a ontologia;
- alguns desacordos com Girard (a antropologia psicanalítica);
- a teoria do desenvolvimento das experiências de *ser*;
- a psicanálise como uma cura pela experiência.

A metapsicologia: rejeição ou fundamentação?

A questão (rejeição ou refundação da metapsicologia?) depende, evidentemente, do sentido e referente que dermos ao termo metapsicologia. Nesse sentido, eu tanto concordo quanto discordo de Girard.

Estou de acordo com ela, caso o termo metapsicologia esteja se referindo a uma teoria geral sobre a vida psíquica que se ocupa da compreensão dos processos psíquicos inconscientes, constituindo os modos de ser, pensar, sentir e comportar-se do ser humano.

Nessa direção, creio que Winnicott, reiterando e redescrevendo o *common ground* da psicanálise, ampliou a compreensão teórica e descritiva do desenvolvimento emocional do ser humano, do ponto de vista da psicanálise.

Ou seja, estou de acordo em considerar que Winnicott fundamentou e ampliou a metapsicologia de Freud, como também a de

Klein, ou seja, Martine Girard tem razão ao afirmar que *Winnicott fundamentou a metapsicologia psicanalítica.*

Discordo, no entanto, caso o termo metapsicologia se refira ao conjunto de conceitos que são construções auxiliares de valor apenas heurístico (como os de aparelho psíquico, pulsão e libido).

Esses conceitos são, para Freud, *instrumentos* para procurar ou descobrir as relações de determinação entre os fenômenos, e, nesse sentido, têm apenas um valor heurístico, são úteis para procurar ou descobrir a relação de determinação recíproca entre os fenômenos. A obra de Winnicott não pode fundamentar um instrumento, aliás, a meu ver, um instrumento não pode ser ou não fundamentado, mas tão somente aprimorado ou modificado para ser mais eficiente nos seus objetivos. Winnicott, nesse sentido, poderia ter aprimorado os conceitos auxiliares teórico-especulativos que serviriam para descobrir a relação entre os fenômenos que constituem a vida psíquica e a vida emocional do ser humano.

Não estou certo de que conceitos como *ser*, *impulso amoroso primitivo*, *elaboração imaginativa*, *criatividade*, dentre outros – mesmo sendo altamente abstratos –, sejam da mesma natureza que as construções teóricas freudianas, como as pulsões, a libido e o aparelho psíquico.

Nessa direção, poderíamos fazer uma discussão epistemológica, nos perguntando sobre a validade heurística dos conceitos de aparelho psíquico e suas tópicas e/ou instâncias, de força psíquica ou das pulsões, das noções de energia psíquica, ou, ainda, de libido ou *quantum* de afeto.

Do mesmo modo, poderíamos colocar em destaque a maneira como Winnicott avaliou a noção freudiana de uma pulsão de morte: rejeitando-a de forma contundente, avaliando-a como o único erro de Freud. Ou seja, para Winnicott, a pulsão de morte é um conceito inadequado para solucionar problemas com os quais Freud se deparara, como a compulsão à repetição e a agressividade do ser humano.

Esse tipo discussão nos levaria a perguntar:

- se a teoria das pulsões é suficiente e totalmente adequada para descrever a totalidade dos fenômenos que determinam a vida psicoafetiva do ser humano;
- se as pulsões podem manter-se como o conceito fundamental, a causa incondicionada anterior à qual nenhuma outra deveria ser considerada, enquanto impulso determinante da vida psíquica, ou se seria necessário incluir impulsos e determinantes de outro tipo (não pulsionais, não associados à sexualidade);
- que alternativas teríamos para pensar a origem da agressividade e da compulsão à repetição sem a pulsão de morte;
- que vantagens para a compreensão das psicopatologias e do manejo do tratamento psicanalítico teríamos com o uso das tópicas propostas por Freud e desenvolvidas por outros analistas;
- mas também se haveria uma compreensão estrutural tópica da natureza humana (em termos da vida psicoemocional) em Winnicott e quais as vantagens desta em relação às outras.
- etc.

No entanto, aqui me afastarei desse tipo de discussão epistemológica para ater-me ao campo que mais me interessa agora, avaliando-o como mais frutífero para o desenvolvimento da teoria e da prática psicanalítica: o campo da compreensão do desenvolvimento emocional e do que isso resulta para a modificação do método de tratamento psicanalítico.

Winnicott e a teoria do desenvolvimento emocional do ponto de vista da psicanálise

Girard ressalta que Winnicott deu fundamentos para a compreensão *do que Freud considerava como dado*, dando à luz as complexas e múltiplas *implicações dos cuidados maternos iniciais.*

A análise de Girard mostra que Winnicott forneceu uma compreensão mais apurada, teórica e descritiva de fenômenos como:

- a distinção entre as necessidades do id e as do ego;
- a consideração do ambiente real e da tese de dupla dependência;
- a imaturidade do bebê e a distinção entre a mãe-objeto e a mãe-real.

Retomarei alguns comentários críticos, concordando com o que Girard desenvolveu sobre estes tópicos e reapresentando-os à minha maneira.

As necessidades do id e as necessidades do ego

Para compreender a distinção entre esses dois tipos de necessidades (do id e do ego), podemos começar pela compreensão mais direta e imediata, seguindo o texto de Winnicott, para identificar as necessidades do id com as necessidades instintuais (nos seus mais diversos modos de apreensão e expressão), ou seja, as necessidades e pressões instintuais corresponderiam a pressões que exigem (ou clamam) por satisfação (no dizer de Freud, diríamos descarga).

Por outro lado, as necessidades do ego, sendo diferentes das do id, deveriam, pois, atender a outro tipo de necessidade, a outro tipo de pressão, que não são as do corpo, que não são as das excitações e pressões instintuais. Elas dizem respeito ao que é o ego e do que o ego precisa. Logo, temos de entender o que Winnicott entende pelo termo ego.

Winnicott usa o termo em dois sentidos:[20]

- como uma tendência, "sob condições favoráveis, a se integrar numa unidade". O ego teria a função, pois, de integrar e dar sentido a fenômenos que seriam "registrados, catalogados vivenciados e finalmente interpretados", com a função de elaborar imaginativamente (dar sentido a) os acontecimentos existenciais;
- e, segundo sentido, como o próprio resultado do processo de integração daquilo que ocorre com o *self*, gerando a unidade do sujeito psicológico.

Podemos, pois, considerar que o ego (nesses dois sentidos) diz respeito àquilo que faz com que o *self* (integrado ou não num Eu) tenha a experiência de ser e de continuar a ser, tendo ou não suas pressões instintuais atendidas ou frustradas.

Logo, poderíamos distinguir as necessidades do id das necessidades do ego, fenomenologicamente falando, considerando que as necessidades do id dizem respeito a todas as atividades-necessidades relacionadas com a administração-resolução das pressões advindas da vida instintual, da vida corporal, das excitações corporais; e, por outro lado, considerando as necessidades do ego a todas as atividades-necessidades relacionadas com a experiência de ser e continuar a ser, ser real, sentir que se tem uma vida própria, real, enfim, tudo aquilo que poderíamos, talvez, associar a uma linha identitária do desenvolvimento.

De uma maneira que diferencia linhas de desenvolvimento (a linha do desenvolvimento instintual e a linha do desenvolvimento

---

20 Winnicott 1965n, p. 70.

do ego) podemos afirmar que a linha do desenvolvimento do ser (ou do ego, linha identitária) não é redutível à linha instintual, à linha da administração da vida instintual.

As necessidades do id são, pois, necessidades instintuais (nos mais diversos modos de serem experienciadas e atendidas ou frustradas), enquanto as necessidades do ego são, por sua vez, necessidades relacionadas a ser e continuar a ser.

Essas necessidades (do id e do ego) apontam para diferenciar fenômenos e dinâmicas que visam atender às pressões instintuais ou pulsionais dos fenômenos que buscam responder a outros tipos de necessidades.

Girard, nessa direção, referiu-se a isso diferenciando o campo pulsional do não pulsional:

> *O ser (*Being*) seria o campo do não pulsional, o* hic et nunc *da experiência, da evidência de ser real e de não ser fútil, que acompanha a troca pulsional, assim como constitui o seu terreno e condiciona o seu sentido. Independentemente dos possíveis desvios dessa construção teórica, particularmente audaciosa, ela [a noção de ser] está inserida na continuidade do processo de teorização da função materna [teorização] que Winnicott nos propõe em torno da dupla dependência, da distinção entre função ambiental/função objetal, da diferenciação entre as necessidades do id e as necessidades do ego. É essa continuidade que ele indica, claramente e de forma sucinta, em seu resumo: "Entretanto, acredito que é na absoluta dependência da capacidade materna de prover a qualidade especial que permite que à mãe satisfaça ou não o funcionamento inicial do elemento feminino que podemos buscar as*

> *bases da experiencia de ser. Antes escrevi: "Portanto, não faz sentido usar o termo 'id' para fenômenos que não foram cobertos, catalogados, vivenciados e, por fim, interpretados pelo funcionamento do ego" (Winnicott, 1965n). Agora, desejo dizer: "Depois de ser, fazer e ser feito. Mas, antes, ser".*[21, 22]

O ambiente real, a imaturidade do bebê e a tese de dupla dependência

Em primeiro lugar, cabe apontar para o fato de que a tese da dupla dependência, da consideração de que o bebê é imaturo para a apreensão de uma realidade não *self*, de que para o bebê há uma mãe-ambiente e uma mãe-objeto, ou, ainda, noutros termos, de que o bebê depende de um ambiente real (para existir e atender às suas necessidades) sem ter a percepção de que há um ambiente externo ao *self*, aponta para a compreensão e descrição do que ocorre inicialmente, quando o bebê depende do ambiente sem ter noção de que existe o ambiente externo.

O primeiro comentário que gostaria de fazer é o fato de que é fundamental sempre ter em mente se um fenômeno está sendo descrito do ponto de vista do bebê ou do ponto de vista do observador.

Nesse sentido, nesse momento do desenvolvimento, do ponto de vista do observador, vemos um bebê e uma mãe, ou seja, dois; mas, do ponto de vista do bebê, não há dois, na sua imaturidade só há o bebê. A imaturidade cognitiva e afetiva do bebê, bem como seu estado ainda não integrado numa unidade (unidade do sujeito psicológico), faz com que ele não tenha a capacidade de apreender alguma realidade não *self* (ainda que, paradoxalmente, possa se sentir invadido).

---

21 Winnicott 1971g, p. 139.

22 Girard 2010, 319.

O segundo comentário refere-se ao fato de que as necessidades do bebê não seriam redutíveis às suas necessidades instintuais.

O terceiro comentário refere-se ao reconhecimento de que a descrição que Winnicott faz dessas fases iniciais é feita em função dos modos de relação de dependência que o bebê tem do mundo, pensando, então, o próprio desenvolvimento emocional em termos dos modos de viver as relações de dependência. Daí Winnicott referir-se às fases da dependência absoluta, da dependência relativa e a fase rumo à independência, como modos de descrever o desenvolvimento; fases, por sua vez, que são mais amplas do que as fases do desenvolvimento da libido em termos de relações de objeto impulsionadas pelas pulsões (com seus modos de funcionamento, dinâmicas: oral, anal, fálica, genital adulta).

A teorização e descrição dessas dinâmicas relacionais, da compreensão das fases do desenvolvimento emocional focada nas relações de dependência, apresentam uma ampliação significativa dos modos como são vividas e manejadas as relações transferenciais no processo analítico.

* * *

É nesse quadro que me proponho, agora, desenvolvendo minha perspectiva de análise, a explicitar as descrições teóricas e fenomenológicas que Winnicott fez das relações de objeto na psicanálise, colocando em destaque a relação com os objetos subjetivos, a relação com os objetos e fenômenos transicionais e a relação com objetos apreendidos como externos ao indivíduo.

Redescrição das relações de objeto na psicanálise

Freud apresentou o quadro geral de uma teoria do desenvolvimento emocional, pensada em termos dos modos de relação de objeto impulsionadas pelas pulsões. A sua maneira de compreender as fases mais primitivas do desenvolvimento (aproximadamente, da origem até os dois primeiros anos de vida) foram descritas [por Freud] a partir do material clínico obtido no tratamento de neuróticos adultos. Melanie Klein, por sua vez, ampliou essa compreensão e descrição, a partir da sua clínica com crianças de 4 anos ou mais, reiterando o uso da noção de relação de objeto impulsionadas pelas pulsões (caracterizando as dinâmicas relacionais esquizo-paranoide e depressiva).

Winnicott, formado e assentado no que Freud e Klein descobriram – tendo sua clínica com psicóticos, *borderlines*, crianças, bebês e suas mães como referência –, aprofundou e ampliou a compreensão das fases iniciais (de 0 a 2 anos) fornecendo, teórica e descritivamente, entendimentos que ainda não tinham sido feitos, abordando as *implicações dos cuidados maternos iniciais* (aquilo que Freud considerava como dado), descrevendo, teórica e fenomenologicamente, o período da origem até aproximadamente 1,5 anos, mais especificamente:

- a fase da dependência absoluta (da origem até aproximadamente o quarto mês) quando o bebê depende do ambiente sem saber que depende;
- e a fase da dependência relativa (do quarto mês até aproximadamente 1,5 ano) que finda com a chegada ou conquista da unidade do sujeito psicológico num *eu sou*.

Nessas fases, ainda que ocorra uma diversidade de processos e conquistas, há dois modos de relação que podem dar a tonalidade dinâmica do que está sendo apresentado como novo nesse período: a relação com os objetos subjetivos e com os objetos transicionais.

Nesses dois modos de ser-estar-relacionar-se consigo e com o mundo, sujeito e objeto se confundem ou se amalgamam, mais ainda, a relação com os objetos subjetivos e a relação com os objetos transicionais não estão em função da satisfação das necessidades instintuais(necessidades do id) mas em função da sustentação e da realização das necessidades de ser (necessidades do ego), mesmo que isso não signifique que o corpo (e suas pressões) esteja ausente ou desconsiderado.

Na relação com o objeto subjetivo, o bebê, imaturo para a apreensão de qualquer realidade não *self*, tem suas necessidades atendidas pela sustentação ambiental (que se adapta fornecendo ao bebê os objetos de suas necessidades), de modo que, do ponto de vista do bebê "o objeto surge da sua necessidade" (diríamos que é criado pelo bebê, o bebê, por exemplo, mamando num seio que é ele mesmo), ainda que do ponto de vista do observador o objeto seja fornecido pelo ambiente. O objeto é, pois, criado e encontrado pelo bebê, do seu ponto de vista, e dura tanto tempo quanto dura a necessidade. Finda esta, o objeto também se desvanece.

Nesse momento, a vida instintual não é sentida como o fundamento e objetivo desse tipo de relação que, por sua vez, visa à sustentação da necessidade de ser e continuar a ser.

Winnicott figura essa relação e descreve-a:

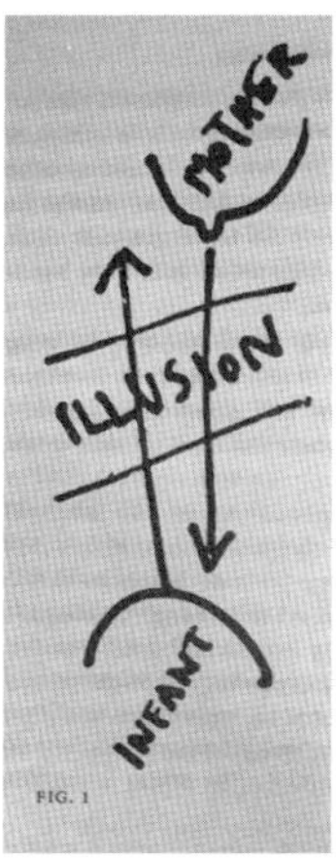

FIG. 1

> *A ideia ilustrada na Figura l é a seguinte: em determinado ponto teórico, no início do desenvolvimento de cada indivíduo humano, um bebê em certo ambiente fornecido pela mãe concebe a ideia de algo capaz de saciar a crescente necessidade surgida de uma tensão instintiva. Não é possível dizer que, a princípio, o bebê sabe o que deve ser criado. Nesse momento a mãe se apresenta. Normalmente, ela oferece o seio e sua ânsia potencial de alimentar. A adaptação da mãe às necessidades do bebê, quando é suficientemente boa, dá a ele a* ilusão *de que existe uma realidade externa que coincide com sua própria capacidade criativa. Em outras palavras, existe uma sobreposição entre o que a mãe fornece e o que o bebê consegue conceber. Para o observador, o bebê percebe aquilo que a mãe apresenta, mas essa não é toda a verdade. Ele reconhece o seio apenas como algo que pode ser criado naquele exato momento e local. Não há intercâmbio entre a mãe e o bebê. Psicologicamente, ele mama de um peito que é parte dele, enquanto a mãe amamenta um bebê que é parte dela. Em psicologia, a ideia de intercâmbio se baseia em uma* ilusão *por parte do psicólogo.*[23]

Na relação com o objeto transicional, ocorreria a mesma dinâmica anterior, com o objeto sendo criado-encontrado, mas quando finda a necessidade o objeto mantém, ainda, sua existência, constituindo a primeira posse do indivíduo.

Aqui também as pressões instintuais não são o fundamento e objetivo desse tipo de relação (inclusive, se as pressões instintuais

23 Winnicott 1953c [1971], p. 31.

e a excitação instintual tornam-se muito presentes, essa pressão destrói esse tipo de relação).

Winnicot figura essa relação e descreve-a:

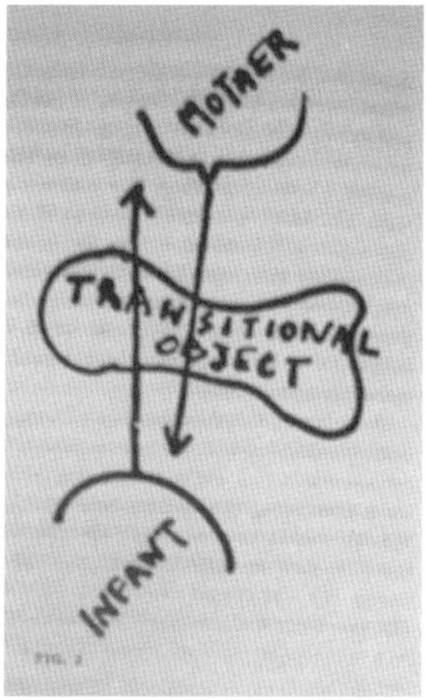

> Na Figura 2, é dada uma forma para a área da ilusão, de modo a ilustrar o que considero uma das principais funções do objeto transicional e dos fenômenos transicionais. Os objetos transicionais e os fenômenos transicionais iniciam os seres humanos naquilo que eles sempre considerarão importante, ou seja, uma área neutra de experiência que não será posta à prova. *Pode-se dizer do objeto transicional que existe um acordo entre nós e o bebê de que nunca faremos a pergunta: "Você criou isso ou apresentaram isso para você a partir do exterior?". O ponto mais importante é que não há expectativa de uma resposta. A pergunta não deve ser formulada.*[24]

Esses dois tipos de relação (com o objeto subjetivo e com os objetos transicionais) não são impulsionados e atendidos tendo as

24 Winnicott 1953c [1951], p. 31.

pressões instintuais como seu fundamento e objetivo. É na compreensão destas que a distinção entre as necessidades do id e as necessidades do ego apresentarão novos fenômenos para a compreensão dos modos de ser e do desenvolvimento psicoemocional do ser humano, ampliando o entendimento do lugar da vida instintual, das pulsões e da sexualidade, como também inserindo modificações no modelo ontológico de homem considerado por Winnicott (com a inserção da noção de ser e continuar a ser na psicanálise).

Em resumo: nessas duas relações (com os objetos subjetivos e com os objetos e fenômenos transicionais), o sujeito (o *self*) não é apreendido como distinto do objeto. No máximo, paradoxalmente, é ele mesmo também o objeto. Logo, não seria, de fato, apropriado considerá-las relações de objeto, guardando a noção apenas para quando sujeito e objeto são distintos um do outro; como também não são relações impulsionadas, na sua fonte e na sua meta, pelas pressões instintuais.

Poderíamos dizer que essas contribuições de Winnicott modificam profundamente o que a psicanálise de Freud e Klein consideravam como as relações de objeto, seus fundamentos e seus objetivos, modificando não só a compreensão do processo de desenvolvimento, mas também as relações transferenciais no processo analítico.

Modificação no modelo ontológico da psicanálise

A discussão sobre qual é o modelo ontológico da psicanálise é um tema que pode causar muita controvérsia e também muita confusão.

Perguntar sobre os fundamentos ontológicos do homem, seja referindo-se à vida psíquica (como faz Freud, vida psíquica), seja referindo-se à natureza humana (como fez Winnicott), pode nos levar tanto a uma discussão lógico-filosófica quanto a uma discussão lógico-clínica.

Deixando a discussão filosófica para os filósofos, que têm maior competência e instrumentos para essa discussão no campo do pensamento, com uma história e instrumentos próprios aos problemas filosóficos, me coloco, delimitando minha análise, no campo da ciência, da psicologia como ciência, da psicanálise como uma psicologia científica.

Nesse sentido, o modelo ontológico nos remete à compreensão dos impulsos fundamentais da natureza humana, bem como dos objetivos da existência psicoemocional e, por sua vez, do manejo existencial desses impulsos em função das metas existenciais que um ou outro modelo ontológico apresenta.

Nesse sentido e contexto, considerar que o impulso fundamental do ser humano são as pulsões nos levaria a pensar que a meta existencial, dinâmica e sempre presente da existência é a administração da vida instintual (*drive* [pulsional]) nas relações consigo mesmo e com o outro.

A metapsicologia de Freud foi elaborada nesse quadro ontológico que pensa a vida psíquica como se fosse um aparelho movido por forças e energias, cujo impulso fundamental são as pulsões (ou a vida instintual).

Georges Amado já teria considerado que a psicanálise seria uma *psicanálise do ser*, e que Freud apenas teria teorizado e descrito a vida psíquica numa linguagem das pulsões e suas vicissitudes. Para ele essa ontologia do ser não mudaria em nada a psicanálise: "nada da psicanálise é abolido pela atitude ontológica. Nada é mudado na sua teoria e na sua prática. [...] Winnicott foi o primeiro a ter realizado o salto ontológico".[25]

René Roussillon avaliou que a inserção da noção de ser na psicanálise, por Winnicott, tem dimensões mais contundentes, afirmando que essa inserção corresponde a uma *ruptura epistemológica* que abre um imenso canteiro de obras para as construções e desenvolvimentos da teoria e da prática psicanalítica.

A mudança no modelo ontológico, com a inserção da noção de ser e da necessidade de continuar a ser, implica uma compreensão ampliada dos impulsos e metas determinantes da natureza humana que ultrapassam e não se reduzem ao campo das pressões instintuais ou pulsionais.

Mais ainda, o próprio desenvolvimento ou meta existencial da vida socioafetiva do ser humano não se reduz à tarefa de administrar a vida instintual, mas a realizar a necessidade de ser e continuar sendo. Winnicott diz:

> *Gostaria de postular um estado de ser que é um fato no bebê normal, antes do nascimento e logo depois. Esse estado de ser pertence ao bebê, e não ao observador. A continuidade do ser significa saúde. Se tomarmos como analogia uma bolha, podemos dizer que quando a pressão externa está adaptada à pressão interna, a bolha pode seguir existindo. Se estivéssemos falando de um bebê humano, diríamos "sendo". Se por outro lado, a pressão no exterior da bolha for maior ou menor do que aquela em seu interior, a bolha passará a reagir à intrusão. Ela se modifica como reação a uma mudança no ambiente, e não a partir de um impulso*

25 Amado 1979, p. 8.

> *próprio. Em termos do animal humano, isto significa uma interrupção no ser, e o lugar do ser é substituído pela reação à intrusão. Cessada a intrusão, a reação também desaparece e pode haver, então, um retorno ao ser. Parece-me que é uma descrição capaz de nos levar até a vida intrauterina sem um grande esforço de imaginação, mas também de ser levada para frente, podendo ser aplicada de modo útil como simplificação extrema dos processos muitíssimo mais complexos da vida posterior, em qualquer idade.*[26]

Nesse sentido, se o impulso primitivo da existência psicoemocional do ser humano é a sua necessidade de ser e continuar sendo, dando sentido às suas experiências existenciais (por meio da elaboração imaginativa destas), então, a meta existencial, dinâmica e sempre presente da existência é a administração dos modos de ser no mundo a partir de si mesmo sem perda em demasia da espontaneidade, bem como a administração das aniquilações do ser. É importante ressaltar que a necessidade de ser e continuar a ser não se reduz nem é um epifenômeno das pressões instintuais.

A discussão ontológica implica uma discussão sobre a origem e a meta da existência e, nesse sentido, recoloca o problema clínico dos objetivos do tratamento psicanalítico:

- Em Freud, esse objetivo é enunciável em termos de "*Lá onde id está, ego deve advir*", referido à sua ontologia e tendo como objetivo, para o qual trabalha o psicanalista, a administração do id (das pressões pulsionais ou instintuais) para que o paciente possa ter mais autonomia, possa aproveitar da existência e amar.

26 Winnicott 1988, p. 148.

- Em Winnicott, esse objetivo é enunciável em termos das possibilidades de "ser-no-mundo-com-o-outro-a-partir--de-si-mesmo", referido à sua ontologia e tendo como objetivo, para o qual trabalha o psicanalista, criar as condições para que o paciente possa ser, continuar a ser (inclusive administrando a vida instintual, como um tipo de fazer), encontrando um lugar para viver, tendo uma vida própria, real e que, por isso mesmo, valha a pena ser vivida.

A ontologia caracteriza tanto os impulsos fundamentais da natureza humana quanto o *telos* do seu desenvolvimento emocional.

Ao caracterizar, então, o que é a saúde, Winnicott diz:

> *A vida de um indivíduo saudável e caracterizada tanto por medos, sentimentos conflituosos, dúvidas e frustrações como por características positivas. O principal e que o homem ou a mulher sintam que estão vivendo a própria vida, assumindo responsabilidade pela ação ou pela inatividade, e sejam capazes de assumir o crédito pelo sucesso e a culpa pelas falhas. Em outras palavras, pode-se dizer que o individuo passou da dependência para a independência, ou para a autonomia.*[27]

Também faz parte da saúde, complementando a maneira como Winnicott se refere a ela, as seguintes características: adaptar-se ao mundo, sem perda demasiada do senso de si mesmo e da espontaneidade;[28] viver criativamente, de uma maneira não submissa, dado que "viver criativamente constitui um estado saudável e a submissão é uma base doentia para a vida (é a apreciação criativa que faz o indivíduo sentir que vida vale a pena viver [...] A submissão traz

27 Winnicott 1971f, p. 29.

28 Winnicott 1965r, p. 105.

ao indivíduo um sentimento de futilidade associado à ideia de que nada importa e de que a vida não é digna de ser vivida)";[29] ter a capacidade de sentir-se deprimido;[30] poder cuidar de si e do outro;[31] ter a capacidade de reparar danos;[32] poder colocar-se no lugar dos outros;[33] ter a possibilidade de identificação com o bem cultural;[34] ser rico em termos de sua personalidade.[35]

A caracterização do que é a saúde, em Winnicott, reitera uma perspectiva psicanalítica não moralista e não normatizante, apontando muito mais para a questão de ser no mundo, de ter um lugar para viver, de sentir a vida como própria, real, pessoal e, por isso mesmo, valendo a pena ser vivida.

Essa noção de saúde, a meu ver, ultrapassa e amplia a noção de saúde apresentada por Freud, no quadro da sua ontologia focada na administração da vida pulsional.

A noção de saúde corresponde, também, ao próprio *telos* do tratamento psicoterápico psicanalítico, reenviando ou redescrevendo o processo psicanalítico, em Winnicott, como uma cura que visa reparar ou tornar possíveis determinados modos de ser no mundo.

Desacordos com Girard (a antropologia psicanalítica)

Há, certamente, muitas diferenças nos modos como eu e Girard interpretamos Winnicott, algumas de estilo, outras apontando para

29 Winnicott 1971g, p. 108.
30 Winnicott 1971f, p. 17.
31 Winnicott 1988, p. 146.
32 Winnicott 1996f, p. 237.
33 Winnicott 1986f, p. 111.
34 Winnicott 1965q, p. 53; 1965r, p. 105.
35 Winnicott 1971f, p. 28.

dissonâncias sobre os mesmos temas. A diferença, enunciada no primeiro plano (rejeição ou fundação da metapsicologia), não é propriamente uma discordância, e toda a compreensão das fases iniciais (dupla dependência, ambiente, imaturidade do bebê, necessidades do id e do ego) não me parece também nos colocar em oposição.

Nesse quadro há, no entanto, duas de suas afirmações com que não estou propriamente de acordo: a consideração de que *Winnicott seria mais um antropólogo do que um psicanalista*, e a de que o ser humano *chega e apreende* o mundo a partir de uma *situação antropológica fundamental,* uma dissonância entre ele e o adulto sexuado.

Gostaria de trazer algumas reflexões críticas sobre essas duas afirmações.

Winnicott: psicanalista ou antropólogo?

Paul-Laurent Assoun[36] afirma que Winnicott deveria ser considerado muito mais um antropólogo do que um psicanalista. Martine Girard retoma a posição de Assoun, mas não estou bem certo se ela está de acordo ou não com ele.

Não creio que Winnicott possa ser considerado um antropólogo no sentido pleno do termo, não mais antropólogo do que todo aquele que se ocupa do conhecimento do homem tomando-o como objeto de estudo: todo filósofo, todo sociólogo, teólogo, artista etc. seria antropólogo.

Mas, no sentido estrito, de pertencer mais ao campo científico da antropologia do que ao da psicanálise, não vejo como isso poderia ser defendido conceitualmente, porque Winnicott, a meu ver:

---

36 Assoun 2006, p. 67.

- não tem o mesmo *objeto* que os antropólogos;
- não tem o mesmo *método* (para observação, apreensão, sistematização e interpretação dos dados observados, considerando que toma a vida emocional nas suas determinações psicoafetivas inconscientes);
- não tem os mesmos *problemas* e não trabalha visando ao mesmo tipo de *solução* (prática, psicoterápica);
- tampouco tem os mesmos *objetivos* teóricos e práticos.

No que se refere ao *objeto* da psicanálise como ciência (para Freud, a vida psíquica; para Winnicott, a natureza humana), certamente, temos o homem e seus comportamentos, mas ele também seria o objeto da sociologia, da política, da economia e até mesmo da medicina. O objeto-homem da antropologia diz respeito, no entanto, à procura de padrões de comportamento que possam caracterizar grupos e sociedades, localizados historicamente; mas o objeto-homem da psicanálise visa à compreensão dos indivíduos em suas singularidades (inclusive patológicas), considerando o conjunto de determinações inconscientes que caracterizam seus modos de ser no mundo. Não me parece que a antropologia se ocupe do homem nas suas determinações inconscientes, como também não me parece que Winnicott tenha proposto suas compreensões dinâmicas sobre os modos de ser psicoafetivos do homem, buscando padrões gerais (comportamentos médios de uma sociedade), mas sim focado nas individualidades e singularidades, saudáveis e/ou patológicas, dos modos de ser da natureza humana.

No que se refere ao *método*, já comentei anteriormente o fato de que Winnicott reitera o método psicanalítico de pesquisa e tratamento, baseado no *setting* e no encontro psicoterápico (caracterizado pela transferência, não sugestão, não julgamento, não direcionamento etc., tudo aquilo que marca a psico-análise, longe, portanto, da psico-síntese). A observação, via método psicanalítico, é subjetiva, refere-se ao que deriva do encontro paciente-analista na busca dos sentidos dos acontecimentos existenciais do paciente (no passado e no presente do paciente), não visa jamais à observação objetiva dos comportamentos, nem está em busca dos padrões médios dos modos de ser de uma sociedade, de um indivíduo numa sociedade. A antropologia não tem como foco os indivíduos desviantes da média, não tem como foco as patologias e, no caso de Winnicott, ele também constrói seu entendimento a partir de casos em que a patologia e os sintomas estão presentes, mesmo que chegue a ter uma concepção de saúde.

No que se refere aos *objetivos* da psicanálise (em Freud, levar o indivíduo a ter uma maior liberdade e possibilidade de amar e aproveitar a existência; em Winnicott, levar o indivíduo a encontrar uma possibilidade de ser no mundo com uma vida própria, real, com uma certa autonomia que não recusa a dependência e, por isso mesmo, uma vida que valha a pena ser vivida), também não me parecem ser os objetivos da antropologia, na sua tarefa de fornecer a compreensão sobre o modo de ser do ser humano nas sociedades ao longo do tempo, considerando as suas histórias. Se a teoria e a prática psicanalítica, em Winnicott, visam à prática psicoterápica (individual ou social), ele se diferencia da antropologia, pois esta não busca a intervenção individual, não visa à psicoterapia.

Em resumo: Winnicott não tem nem o mesmo objeto, nem o mesmo método, nem os mesmos objetivos que o antropólogo.

Assoun afirma que Winnicott é mais um antropólogo do que um psicanalista, porque ele partiria de uma noção de saúde, enquanto a psicanálise partiria da psicopatologia: "Um psicanalista parte do sintoma; nosso 'antropólogo' [Winnicott], assumindo o sentido deste termo, parte de alguma outra coisa, a 'saúde'".[37]

Ele se apoia no fato de que Freud construiu sua teoria sobre o desenvolvimento e a organização da vida psicoafetiva tendo como referência o que acontecia com seus pacientes (logo, a partir da psicopatologia), produzindo (Freud) uma noção de saúde que só seria enunciável em termos metapsicológicos: "A saúde, justamente, não se deixa descrever de outra maneira senão metapsicologicamente, em referência às relações de força entre as instâncias do aparelho psíquico que nós reconhecemos ou, se vocês quiserem, supomos, deduzimos".[38]

Nessa direção, como Winnicott tem uma noção de saúde enunciada em termos não metapsicológicos, mas descritivos, Assoun supõe, então, que Winnicott está fora do campo psicanalítico.

No entanto, a noção de saúde, elaborada por Winnicott, também foi construída com base na sua clínica, no atendimento de seus pacientes, do cuidado psicoterápico (de base psicanalítica) com os bebês e suas mães, por meio da observação que ocorre nos tratamentos psicoterápicos pelo método psicanalítico ou com base na teoria psicanalítica.

Winnicott não toma a psicopatologia como referência, mas se coloca a pergunta sobre como seria um desenvolvimento saudável. Sua noção de saúde não foi, pois, construída a partir da apreensão e observação do comportamento normal ou médio do ser humano nos seus grupos sociais, como ocorreria com um antropólogo. A noção de saúde em Winnicott, ainda que descritiva, não é normativa nem moralizante, e considera todos os tipos de determinação inconsciente presentes nesse processo.

---

37 Assoun 2006, p. 67.

38 Freud 1937c, p. 226, nota 2.

Citei-as acima, mas retomo as passagens em que Winnicott caracteriza o que é a saúde:

> *A vida de um indivíduo saudável e caracterizada tanto por medos, sentimentos conflituosos, dúvidas e frustrações como por características positivas. O principal e que o homem ou a mulher sintam que estão vivendo a própria vida, assumindo responsabilidade pela ação ou pela inatividade, e sejam capazes de assumir o crédito pelo sucesso e a culpa pelas falhas. Em outras palavras, pode-se dizer que o individuo passou da dependência para a independência, ou para a autonomia.*[39]

Também faz parte da saúde, complementando a maneira como Winnicott se refere a ela, as seguintes características: adaptar-se ao mundo, sem perda demasiada do senso de si mesmo e da espontaneidade;[40] viver criativamente, de uma maneira não submissa, dado que "viver criativamente constitui um estado saudável e a submissão é uma base doentia para a vida";[41] ter a capacidade de sentir-se deprimido;[42] poder cuidar de si e do outro;[43] ter a capacidade de reparar danos;[44] poder colocar-se no lugar dos outros;[45] ter a possibilidade de identificação com o bem cultural;[46] ser rico em termos de sua personalidade.[47]

---

39 Winnicott 1971f, p. 29.
40 Winnicott 1965r, p. 105.
41 Winnicott 1971g, p. 108.
42 Winnicott 1971f, p. 37.
43 Winnicott 1988, p. 146.
44 Winnicott 1996f, p. 237.
45 Winnicott 1986f, p. 111.
46 Winnicott 1965q, p. 53; 1965r, p. 105.
47 Winnicott 1971f, p. 28.

Ou seja, Winnicott faz uma descrição da saúde que leva em conta todo o processo dinâmico da sua construção (ressaltando a importância das determinações inconscientes, da administração da vida instintual e dos modos de ser-estar consigo mesmo e com o outro), sem usar ou necessitar das construções auxiliares especulativas que Freud usa para apreender o funcionamento da vida psíquica (um aparelho psíquico com suas instâncias). No entanto, o que define a psicanálise não são essas construções auxiliares especulativas de valor apenas heurístico, [construções auxiliares] que constituem a metapsicologia (no seu sentido mais estrito). Estes são apenas instrumentos (andaimes) para a construção do edifício teórico da psicanálise.

Não vejo em que sentido Winnicott poderia ser considerado, propriamente, um *antropólogo*, a não ser num contexto muito amplo, no qual toma o homem como objeto, mas, desse modo, todos os que se ocupam do homem seriam antropólogos.

Winnicott não tem o mesmo objeto, o mesmo método, os mesmos objetivos que os antropólogos e, numa única e fundamental característica, ele se põe no quadro epistemológico da psicanálise na procura das determinações inconscientes da vida emocional, estabelecendo aí seu *telos* para o entendimento, o que não me parece ser o caso dos antropólogos e da antropologia.

A situação antropológica fundamental é uma compreensão do ponto de vista do observador

Laplanche, no quadro da sua teoria da sedução generalizada, considera que o ser humano chega ao mundo numa situação antropológica fundamental: o bebê é, necessariamente, confrontado com um adulto que funciona emocionalmente impulsionado pelos processos psíquicos inconscientes e pela sexualidade.

Girard retoma esse fato, colocando em destaque a dissimetria entre o bebê e a mãe, cujos cuidados são feitos a partir de um ser que é constituído pela sexualidade (citando Mérot): "É nesse *tempo compartilhado*, em nome justamente da *resposta* que a mãe deve dar às necessidades do bebê que ela aparece como a grande sedutora, a dos cuidados maternos, evocada por Freud".[48]

Do ponto de vista do observador, é indiscutível o reconhecimento do fato de que os pais e, especialmente, a mãe (ou cuidadora principal), é um ser sexuado e que seus cuidados têm essa marca ou consigna (que faz parte do que ela é, indissociável do que ela é). Golse, adotando e reiterando a posição de Laplanche, afirma:

> *A situação edipiana – compreendida, por J. Laplanche, dentro do quadro da estrutura da sua "teoria da sedução generalizada" – apresenta uma dissimetria, coloca o bebê em uma situação de impotência para traduzir [o que lhe chega advindo dos adultos], por causa de sua imaturidade psíquica, [o bebê] se depara com "mensagens enigmáticas" emitidas por sua mãe, no momento do cuidado com seu filho.*[49]

Para Golse, essa perspectiva permitiria ultrapassar o dilema (insolúvel) da pergunta sobre a natureza endógena ou exógena da sexualidade.

No entanto, cabe perguntar: o bebê teria a capacidade de apreender esta realidade da mãe? Para Laplanche e os que reiteram sua posição, creio que a resposta seria não: o bebê vive esta "realidade sexuada da mãe" como um enigma que ele não entende.

---

48 Mérot 2011, p. 1365; grifos de Girard.

49 Golse 2019, p. 28.

Mas eu ainda aprofundaria minha pergunta:

Será que o bebê tem a capacidade de apreender a realidade sexuada da mãe como um enigma?

O bebê seria de tal forma imaturo para apreender qualquer coisa que seja não eu... o enigma nem sequer se apresentaria na sua percepção?

Além disso, Winnicott também defenderá que, para o bebê recém-nascido e nos seus primeiros tempos, a vida instintual é apreendida como algo externo ao *self*, como advindo de fora (ainda que, do ponto de vista do observador, saibamos que ela advém de dentro, por assim dizer). Diz Winnicott, nesse sentido:

> *Deve-se ressaltar que ao falar em atender as necessidades do bebê não estou me referindo a satisfação de instintos. Na área que estou examinando os instintos não estão ainda claramente definidos como internos ao bebê. Os instintos podem ser tão externos como o troar de um trovão ou uma pancada. 0 ego do bebê esta ganhando força e, como consequência, está a caminho de um estado em que as exigências do id serão sentidas como parte do self, não como ambientais.*[50]

A meu ver, a situação antropológica fundamental é uma descrição da realidade fenomênica do ser humano, feita do ponto de vista do observador e não do ponto de vista do bebê. Este [o bebê] não é confrontando nem com a sexualidade nem com um enigma, ele é ou não sustentado pelo ambiente que atende ou não às suas necessidades de ser e continuar a ser, é invadido ou sustentado, é atendido ou não, mas não tem maturidade para apreender a

50 Winnicott 1965m, p. 179.

sexualidade (nem na mãe nem em si mesmo). Isso não significa, no entanto, que ele não seja tocado pela realidade das pressões instintuais, pelos gestos sexualizados do outro que cuida dele, que o tocam (ainda que não tenha maturidade para poder dar este sentido a tais gestos, nem mesmo como enigma).

Esse tipo de compreensão da situação inicial do bebê não exclui as pressões instintuais, não exclui o corpo, não supõe nenhuma situação idílica na relação mãe-bebê, nem tampouco insere a sexualidade como um fato (ou mesmo como um enigma) na vida emocional do bebê (apreendido por ele como tal, ainda que ele seja tocado, como algo que lhe advém de fora).

A sexualidade, apreendida como algo próprio, ou ainda, apreendida como uma mensagem advinda do outro, será uma conquista do processo de desenvolvimento emocional, poder-se-ia dizer que a sexualidade é um modo elaborado de viver a vida instintual.

Para que as pressões instintuais sejam apreendidas como de natureza assexual, é necessário que essas provoquem certas transformações corporais e que, ainda, estejam também associadas a fantasias e objetos específicos (aptos a atender a essas pressões).

Ou seja, para que as pressões instintuais sejam vividas como sexuais (ou pulsionais) é necessário que tenham ocorrido integrações ou conquistas maturacionais que não estariam presentes desde o nascimento.

* * *

Como elemento complementar à minha argumentação, a apreensão e descrição da *situação antropológica fundamental* é feita do ponto de vista da psicanálise, seja em termos de método, seja em termos de perspectiva teórica, não sendo, pois, uma proposta da antropologia ou de antropólogos.

A experiência de ser na teoria do desenvolvimento emocional

A compreensão do desenvolvimento emocional do ser humano, em Freud, é pensada e descrita em termos das relações de objetos impulsionadas pela vida pulsional, identificando tipos de objeto (autoerótico, narcísico, homossexual e heterossexual) e modos de relação com esses objetos (oral, anal, fálico e genital adulto).

Em Winnicott, todo o desenvolvimento é pensado noutra perspectiva: a da dependência.

É nessa outra chave de pensamento que ele descreve o desenvolvimento em termos das relações de dependência, distinguindo três grandes fases (redescrevendo o que Freud e Klein propuseram): a da dependência absoluta, da dependência relativa e rumo à independência.

Essas fases, por sua vez, também estão referidas à ontologia focada na necessidade de ser e continuar a ser, apontando para as diversas experiências de ser (tanto saudáveis como patológicas) no processo de desenvolvimento, o que me levou a nomear a teoria do desenvolvimento de Winnicott como uma teoria do desenvolvimento do ser e, de forma mais sintética e radical, indo na raiz de suas propostas, considerar que Winnicott transformou a psicanálise numa *psicanálise do ser*.[51]

É esse tipo de compreensão que nos leva a compreender a importância da noção de experiência de ser como um fenômeno fundamental, seja no processo de desenvolvimento, seja no processo analítico.

51 Fulgencio 2020.

Girard reconheceu esse aspecto das contribuições de Winnicott quando escreveu:

> *No ponto em que estamos, devemos nos deter na noção de experiência como uma via por excelência que leva a abordar o ser. De fato, como também enfatiza Fulgencio (2007, p. 458), mesmo que ele tenha uma interpretação diferente da minha, essa noção percorre com insistência a obra de Winnicott: desde a breve experiência de onipotência do encontrar-criar até a experiência da cultura; desde a área transicional como "uma área neutra da de experiência que não será posta à prova [não se coloca a questão de saber se ela pertence à realidade interna ou a realidade externa (compartilhada)"*[52] *até o medo do colapso* (fear of breakdown)*, como em "o medo do colapso pode ser um medo de um acontecimento passado que ainda não foi experienciado [*experienced*]";*[53] *passando pela "experiência de estar sozinho quando mais alguém está presente [*the experience of being alone while someone else is present*]".*[54] *Para Winnicott, junto com a capacidade de estabelecer relações interpessoais e de elaborá-las fantasmaticamente com o mundo pessoal (interior) da realidade psíquica, há uma terceira coisa de igual importância: a experiência e a capacidade de sentir a experiência como real.*[55]

52 Winnicott 1953c [1958], p. 31. O que está entre colchetes é um comentário de Girard.

53 Winnicott 1974, p. 76.

54 Winnicott 1958g, p. 36, grifo de Girard.

55 Girard 2010, pp. 228-229.

Creio que os comentários de Girard, em conjunto com minha experiência clínica e pensamento, me levaram não só a reconhecer, mas também a ampliar a compreensão dos modos de ser como um fundamento do desenvolvimento e do processo analítico, fazendo da psicanálise uma *cura pela experiência de ser-no-mundo--com-o-outro* articulada, necessariamente com os *sentidos dados a essa experiência*, ocorrendo no encontro inter-humano da relação analítica; relação permeada pela fala e pela conversação – mas com acontecimentos que são além da fala e da conversação.

Para dar uma maior objetividade e clareza, descritiva e teórica, sobre quais são essas experiências de ser, é necessário fazer algumas distinções, dado que uma série de acontecimentos e vivências traumáticas, aniquiladoras, invasivas, agressivas e destruidoras também poderiam ser consideradas experiência que acontecem ou acometem o ser.

As experiências de ser às quais vou me referir dizem respeito àquelas em que a continuidade de ser a partir de si mesmo é sustentada; seriam as experiências de ser que Winnicott consideraria como "as que deveriam ocorrer" num processo de desenvolvimento saudável.

Essas experiências de ser, por sua vez, também podem ser associadas aos tipos de relação de objeto descritos por Winnicott.

Esse tipo de associação tornará possível uma espécie de integração, ou ponte, entre a noção inicialmente proposta por Freud para compreender as relações do homem no mundo (descrita em termos de relações de objeto, impulsionadas pela vida pulsional) e as propostas de Winnicott, ampliando e modificando os modos de compreender as relações inter-humanas, para além da vida instintual, mas sem deixar de considerá-las.

É nesse sentido, pois, que me ocuparei, agora, de apresentar sucintamente as seguintes associações:

- a relação com objetos subjetivos fornecendo a experiência *sou*;
- com os objetos e fenômenos transicionais, ou experiência *sou-com*;
- com objetos apreendidos como externos, ou experiência *sou diferente de* (quando a distinção *eu-não eu* domina o cenário, estabelecendo relações de objeto do tipo a dois corpos: *eu* e todo o resto como *não eu*);
- como também (associada às relações com objeto apreendido como externo) a experiência *eu sou predicável* ou *eu sou x*, com x sendo um predicado do eu (quando o conjunto de integrações levou o indivíduo a apreender-se a si mesmo e ao outro como pessoas inteiras domina o cenário, estabelecendo relações de objeto do tipo a três corpos, momento em que a tarefa de administrar a vida instintual nas relações interpessoais no quadro do cenário edípico se impõe como necessária). Quando o analista ocupa o lugar dos objetos subjetivos, da sustentação ambiental, o paciente pode ter a experiência de ser sustentado, de *ser* sem ter que se ocupar (ou mesmo perceber) o ambiente. Tal tipo de encontro relacional fornece a experiência *sou*, realizando a possibilidade de ser a partir de si mesmo, de que os gestos espontâneos podem ser vividos, de que há uma temporalidade e uma espacialidade que são adequadas ao *self*... enfim, estas servem de base para a conquista do sentimento de ter "fé em...", sendo a base do sentimento de "esperança" de que vale a pena viver.

Quando o analista compartilha fenômenos transicionais, o paciente pode realizar o *self*, realizar a si mesmo de forma espontânea, ao que poderíamos caracterizar como a experiência de *ser com*... levando à integração do *self*, à relação com o outro. Na realização e vivência dos fenômenos transicionais, ocorre o criar-encontrar a si mesmo, ao outro e ao mundo, levando, pois, a si mesmo, ao outro e ao mundo social da cultura.

Quando o analista ocupa o lugar de um objeto externo, o paciente, por sua vez, ocupa o outro polo da relação, ele chegou à integração de ser uma unidade separada do mundo. O primeiro momento dessa integração constitui aquele em que o paciente chega à distinção *eu-não eu*, ao que Winnicott denominou fase do *eu sou*, estabelecendo com o mundo relação a dois corpos, *eu* de um lado e tudo que é *não eu* do outro. Nesse momento pode-se ter a experiência *eu sou diferente de*.

Com a continuidade do processo de desenvolvimento e de integração, desta unidade inicial segue-se, na saúde, uma série de outras integrações (da vida instintual no interior do *self*, dos impulsos destrutivos e amorosos, do amor e do ódio, do que resulta da experiência com o ciclo benigno etc.), com a chegada (conquista), ao final, da integração de ser e apreender-se como uma pessoa inteira (*Whole Person*), uma pessoa inteira que se relaciona com os outros também apreendidos enquanto pessoas inteiras, relação caracterizada por Winnicott como do tipo a três corpos (nas quais estão presentes os processos projetivos, introjetivos e identificatórios), com a pessoa tendo a tarefa de administrar a vida instintual nas relações interpessoais dentro do cenário edípico. Tendo alcançado esse patamar relacional, chega-se à experiência *eu sou x* (sendo x um predicado do *eu*).

A psicanálise como uma cura pela experiência de ser

Esse conjunto de experiências de ser ocorrem, por sua vez, tanto no processo de desenvolvimento quanto no processo analítico, sendo que no processo analítico elas são vividas visando reparar ou tornar possível ser-no-mundo-a-partir-de-si-mesmo, encontrando um lugar para viver, tendo uma vida própria, pessoal, real, rica em termos das suas possibilidades de ser-com-o-outro, ou seja, em direção às características do que Winnicott descreveu como a saúde.

Esse tipo de entendimento, ainda que sintético e sumário, nos leva a perguntar sobre as modificações práticas no método de tratamento psicanalítico e, nesse sentido, considerar que a psicanálise é um método para que a possibilidade de ser no mundo possa ser reparada ou fundada, o que ocorre pelo encontro analítico, pela realização e manejo da transferência, certamente acompanhada pela conversação e significação da história e as experiências do paciente, no passado e no presente.

Assim, para finalizar, creio que podemos afirmar que *Winnicott é um freudiano para além de Freud*, expandindo a compreensão da psicanálise como uma *cura pela palavra* para compreendê-la e praticá-la como uma *cura pela experiência de ser*.

Publicações de Leopoldo Fulgencio

Reúno, aqui, o conjunto de minhas publicações (como artigos, livros, capítulos de livros etc.) e também o conjunto de vídeos disponibilizados no YouTube (como parte de meu projeto de divulgação do conhecimento). Todos os textos publicados estão sequenciados e classificados em função do ano de publicação (em ordem cronológica) e da ordem de publicação num mesmo ano (aqui em ordem alfabética). Com essa relação o leitor poderá, ao longo do livro, identificar meus textos sempre de uma mesma maneira.

Lista completa por ordem cronológica

Fulgencio, L. (1991a). Interpretando a história. Acompanhamento terapêutico de pacientes psicóticos no Hospital-dia A Casa. In *A rua como espaço clínico. Acompanhamento Terapêutico*. Escuta.

Fulgencio, L. (1991b). Resenha de *Da clausura do fora ao fora da clausura* (Peter Paul Pélbart). *Jornal de Psicologia do CRP de São Paulo*.

Fulgencio, L. (1993). Resenha de *A invenção do psicológico* (Luis Claudio Figueiredo). *IDE, 23*(23), 147-148.

Fulgencio, L. (1998). O abandono da hipnose e a leitura metapsicológica dos sintomas. *Percurso, 11*(21), 59-66.

Fulgencio, L. (2000a). Apresentação e comentários do documento: Convocação para a fundação de uma "Sociedade para a Filosofia Positivista". *Revista de Filosofia e Psicanálise Natureza Humana, 2*(2), 429-438.

Fulgencio, L. (2000b). Freud-Naturforcher e a apresentação do poema *Die natur*. *Percurso, 13*(24), 69-75.

Fulgencio, L. (2001). Comentários críticos das referências textuais de Freud a Kant. *Psicologia USP, 12*(1), 49-88.

Fulgencio, L. (2002a). A compreensão freudiana da histeria como uma reformulação especulativa das psicopatologias. *Revista Latinoamerica de Psicopatologia Fundamental, 6*(4).

Fulgencio, L. (2002b). In memoriam. Pierre Fédida (1934-2002). *Revista de Filosofia e Psicanálise Natureza Humana, 4*(2), 465-485.

Fulgencio, L. (2002c). A teoria da libido em Freud como uma hipótese especulativa. *Agora, Estudos em Teoria Psicanalítica, 5*(1).

Fulgencio, L. (2003a). As especulações metapsicológicas de Freud. *Revista de Filosofia e Psicanálise Natureza Humana, 5*(1), 127-164.

Fulgencio, L. (2003b). Kant e as especulações metapsicológicas de Freud. *Kant e-Prints, 2*(9).

Fulgencio, L. (2003c). Resenha de *Freud precursor de Freud: Estudos sobre a pré-história da psicanálise* (Ola Andersson). *Revista de Filosofia e Psicanálise Natureza Humana, 5*(2), 529-535.

Fulgencio, L. (2004a). A noção de trauma em Freud e Winnicott. *Revista de Filosofia e Psicanálise Natureza Humana, 6*(2), 255-270.

Fulgencio, L. (2004b). O Projeto como uma metáfora biológica dos processos psíquicos. *Revista Psicologia USP, 15*(3), 117-136.

Fulgencio, L. (2005a). Aspectos metafísicos da teoria psicanalítica de Freud. In F. V. Bocca (Ed.), *Anais do Congresso Sul-americano de Filosofia: Natureza e Liberdade da PUCPR*. Editora da PUCPR.

Fulgencio, L. (2005b). Freud's metapsychological speculations. *International Journal of Psychoanalysis, 86*(1), 99-123.

Fulgencio, L. (2006a). Apresentação *Livro Comunicações ICIFP*. In *Livro de Comunicações do I Congresso Internacional de Filosofia da Psicanálise*. EDUC.

Fulgencio, L. (2006b). Apresentação *Livro Conferências ICIFP*. In *Livro de Conferências do I Congresso Internacional de Filosofia da Psicanálise*. EDUC.

Fulgencio, L. (Ed.). (2006c). *Livro de Comunicações do I Congresso Internacional de Filosofia da Psicanálise*. EDUC (Número Especial n. 2, vol. 8, da Revista de Filosofia e Psicanálise *Natureza Humana*).

Fulgencio, L. (Ed.). (2006d). *Livro de Conferências do I Congresso Internacional de Filosofia da Psicanálise*. EDUC (Número Especial n. 1, vol. 8, da Revista de Filosofia e Psicanálise *Natureza Humana*).

Fulgencio, L. (2006e). Notas sobre o abandono do conceito de pulsão na obra de Winnicott. *Winnicott e-Prints, 5*, 85-95.

Fulgencio, L. (2006f). O lugar da psicologia empírica no sistema de Kant. *Kant E-prints, 4*(n. 1), 89-119. https://doi.org/http://www.cle.unicamp.br/kant-e-prints/kant- 06/

Fulgencio, L. (2006g). O método analógico em Freud. *Estilos da Clínica*, *XI*(21), 204-223.

Fulgencio, L. (2006h). Resenha do livro de *La mirada psicoanalítica. Un análisis kuhniano de psicoanálisis de Freud* (Letícia Minhot). *Revista de Filosofia e Psicanálise Natureza Humana*, *8*(2), 415-419.

Fulgencio, L. (2006i). Winnicott e uma psicanálise sem metapsicologia. *Revista de Filosofia e Psicanálise Natureza Humana*, *8*(Especial 1), 401-420.

Fulgencio, L. (2007a). Apresentação. In *Bibliografia winnicottiana*. EDUC.

Fulgencio, L. (Ed.) (2007b). *Bibliografia winnicottiana*. EDUC (número especial 1, vol. 9, 2007, da *Revista de Filosofia e Psicanálise Natureza Humana*).

Fulgencio, L. (2007c). Freud e Winnicott: notas sobre o interesse atual na psicanálise. In B. T. Weber & D. A. Konrad. (Eds.), *Visões do mundo contemporâneo. Caminhos, mitos e muros.* (pp. 47-56). FACOS-UFSM.

Fulgencio, L. (2007d). Fundamentos kantianos da psicanálise freudiana e o lugar da metapsicologia no desenvolvimento da psicanálise. *Psicologia USP*, *18*(37-56).

Fulgencio, L. (2007e). O kantismo de Freud. *Mente, Cérebro & Filosofia. Fundamentos para a compreensão contemporânea da psique, (3)*, 64-73 *(A construção da noção de sujeito no iluminismo)*.

Fulgencio, L. (2007f). Paradigmas na história da psicanálise. *Revista de Filosofia e Psicanálise Natureza Humana*, *9*(1), 97-128.

Fulgencio, L. (2007g). *Winnicott e Freud: Diferenças na concepção de cultura do ponto de vista da psicanálise.* Anais do VIIII

Simpósio CEFAS (Centro de Formação e Assistência à Saúde) e Jornada FLAPAG (Federação Latina de Associações de Psicanálise de Grupo). O trabalho com grupos no cotidiano das práticas institucionais, Campinas. www.cefas.com.br

Fulgencio, L. (2007h). Winnicott's rejection of the basic concepts of Freud's metapsychology. *International Journal of Psychoanalysis, 88*(2), 443-461. http://www.blackwell-synergy.com/doi/abs/10.1516/W543-2117-1031-716J

Fulgencio, L. (2008a). El rechazo de Winnicott de los conceptos básicos de la metapsicologia de Freud. *Livro Anual de Psicoanálisis, XXIII*, 81-90.

Fulgencio, L. (2008b). Freud e a ficção do aparelho psíquico. In S. Aires & C. Ribeiro (Eds.), *Ensaios de Filosofia e Psicanálise. Ensaios de Filosofia e Psicanálise* (pp. 23- 39). Mercado das Letras.

Fulgencio, L. (2008c). Fundamentos kantianos da psicanálise freudiana e o lugar da metapsicologia no desenvolvimento da psicanálise. In V. Safatle & R. Manz (Eds.), *A filosofia após Freud* (Vol. 1, pp. 261-277). Humanitas.

Fulgencio, L. (2008d). Le rejet par Winnicott des concepts fondamentaux de la métapsychologie freudienne. In *L'Année Psychanalytique Internationale*. Editions In Press.

Fulgencio, L. (2008e). Notas sobre o interesse da psicologia dinâmica de Winnicott para a educação. *Caderno de Filosofia e Psicologia da Educação, VI*(11, Número Especial: Winnicott e a Educação), 75-108.

Fulgencio, L. (2008f). O brincar como modelo do método de tratamento psicanalítico. *Revista Brasileira de Psicanálise, 42*(1), 124-136.

Fulgencio, L. (2008g). *O método especulativo em Freud*. EDUC.

Fulgencio, L. (2008h). Resenha de *Winnicott* (Adam Phillips). *Revista de Filosofia e Psicanálise Natureza Humana, 10*, 247-256.

Fulgencio, L. (2009). Winnicott e o abandono dos conceitos fundamentais da metapsicologia freudiana. *International Journal of Psychoanalysis, Livro Anual de Psicanálise*(XXIII), 77-94.

Fulgencio, L. (2010a). Aspectos gerais da redescrição winnicottiana dos conceitos fundamentais da psicanálise freudiana. *Psicologia USP*, *21*(1), 99-125.

Fulgencio, L. (2010b). Um mal-estar na cultura para Freud e para Winnicott. In C. Oliveira (Ed.), *Filosofia, psicanálise e sociedade* (pp. 173-187). Azougue Editorial.

Fulgencio, L. (2011a). Compulsão à repetição e regressão à dependência em Winnicott. *Revista Latinoamericana de Psicopatologia Fundamental*, *14*(1), 96-109.

Fulgencio, L. (2011b). Compulsão à repetição no contexto analítico para Winnicott. *Revista de Filosofia: Aurora (PUCPR), 23.*

Fulgencio, L. (2011c). A constituição do símbolo e o processo analítico para Winnicott. *Paidéia (USP. Ribeirão Preto. Impresso), 21*(50), 393-401.

Fulgencio, L. (2011d). A ética do cuidado psicanalítico para D. W. Winnicott. *A PESTE: Revista de Psicanálise e Sociedade e Filosofia*, *3*(1 & 2), 91-111.

Fulgencio, L. (2011e). A importância da noção de experiência no pensamento de D. W. Winnicott. *Estudos de Psicologia - Campinas*, *28*, 57-64.

Fulgencio, L. (2011f). A necessidade de ser como fundamento da teoria psicanalítica do desenvolvimento de D. W. Winnicott. In F. K. Neto (Ed.), *Saúde mental e psicanálise: Lógica diagnóstica e novos sintomas.* (Vol. 1, pp. 17-50). EdUEMG.

Fulgencio, L. (2012a). Apresentação. In C. M. L. Braga (Ed.), *A adolescência*. Editora UEL.

Fulgencio, L. (2012b). Críticas e alternativas de Winnicott ao conceito de pulsão de morte. Ágora, *XV*(Especial), 469-480.

Fulgencio, L. (2012c, 5 de junho de 2012). A mãe possível (entrevista). *Folha de São Paulo - Caderno Equilíbrio.*

Fulgencio, L. (2012d). Prefácio. In C. M. L. Braga (2012). *Comunicação e isolamento na adolescência*. Zagodoni Editora.

Fulgencio, L. (2013a). Ampliação winnicottiana da noção freudiana de inconsciente. *Psicologia USP*, *24*(1), 143-164.

Fulgencio, L. (2013b). Metodologia de pesquisa em psicanálise na universidade. In F. Scorsolini-Comin & C. A. Serralha (Eds.), *Psicanálise e Universidade: Um encontro na pesquisa*. CRV.

Fulgencio, L. (2013c). Pode haver uma ciência psicanalítica sem uma metapsicologia especulativa? *Scientiae Studia*, *11*(3), 491-510.

Fulgencio, L. (2013d). A redescrição da noção de Superego na obra de Winnicott. *Rabisco. Revista de Psicanálise*, *3*, 153-168.

Fulgencio, L. (2013e). A situação do narcisismo primário. *Revista Brasileira de Psicanálise*, *47*(3), 131-142.

Fulgencio, L. (2014a). Aspectos diferenciais da noção de ego e de self na obra de Winnicott. *Estilos da Clínica*, *19*(1), 183-198.

Fulgencio, L. (2014b). Ernst Mach & Sigmund Freud. *Clínica & Cultura*, *3*(2), 58-89.

Fulgencio, L. (2014c). A necessidade de ser como fundamento do modelo ontológico do homem para Winnicott. In *A fabricação do humano* (pp. 145-159). Zagodoni.

Fulgencio, L. (2014d). A noção de Id para Winnicott. *Percurso. Revista de Psicanálise, XXVI*(51), 95-104.

Fulgencio, L. (2015a). Apontamentos para uma análise da influência do existencialismo moderno na obra de Winnicott. *Ciência e Cultura, 67*(1), 36-39.

Fulgencio, L. (2015b). Discussion of the place of metapsychology in Winnicott's work. *The International Journal of Psychoanalysis, 96*(5), 1235-1259. https://doi.org/10.1111/1745-8315.12313

Fulgencio, L. (2015c). O futuro da psicanálise na universidade. *Sig. Revista de Psicanálise, 7*(2), 65-102.

Fulgencio, L. (2016a). *Mach & Freud: Influências e paráfrase*. Edições Concern-Fapesp.

Fulgencio, L. (2016b). Os narcisismos e a sexualidade: Da experiência narcísica de ser à experiência de investir libidinalmente o eu e os objetos. In J. Birman, L. Fulgencio, D. Kupermann, & E. L. Cunha (Eds.), *Amar a si mesmo e amar o outro. Narcisismo e sexualidade na psicanálise contemporânea* (pp. 215-224). Zagodoni.

Fulgencio, L. (2016c). *Por que Winnicott?* Zagodoni.

Fulgencio, L. (2017a). Discussão do lugar da metapsicologia na obra de Winnicott. *Livro Anual de Psicanálise. International Journal of Psychoanalysis, XXXI.*(2).

Fulgencio, L. (2017b). *A psicanálise de Winnicott como uma teoria do desenvolvimento socioemocional do ser* [Livre-docência, Universidade de São Paulo]. São Paulo.

Fulgencio, L. (2018a). As especulações metapsicológicas de Freud. In L. Fulgencio (Ed.), *A bruxa metapsicologia e seus destinos* (pp. 33-74). Blucher.

Fulgencio, L. (2018b). Can Winnicott's psychoanalysis be the accomplishment of a phenomenologically oriented scientific psychology project? *Psicologia USP*, *29*(2), 303-313. https://doi.org/10.1590/0103-656420170048

Fulgencio, L. (2018c). Discussão do lugar da metapsicologia na obra de Winnicott. In L. Fulgencio (Ed.), *A bruxa metapsicologia e seus destinos* (pp. 237-276). Blucher.

Fulgencio, L. (2018d). Introdução. In L. Fulgencio, R. Simanke, A. Imbasciati, & M. Girard (Eds.), *A bruxa metapsicologia e seus destinos* (pp. 23-32). Blucher.

Fulgencio, L. (2018e). Os objetivos do tratamento psicanalítico para Freud e para Winnicott. *Estilos da Clínica*, *23*(2), 344-261.

Fulgencio, L. (2018f). A pesquisa clínica e teórica em psicanálise do ponto de vista de Winnicott. In A. E. A. Antunes & G. S. Safra (Eds.), *Psicologia Clínica: Da graduação à pós-graduação*. Atheneu.

Fulgencio, L. (2018g). Pode a psicanálise de Winnicott ser a realização de um projeto de psicologia científica de orientação fenomenológica? *Psicologia USP*, *29*(2), 303- 313. https://doi.org/10.1590/0103-656420170048

Fulgencio, L. (2018h). Winnicott e a rejeição dos conceitos básicos da metapsicologia freudiana. In L. Fulgencio (Ed.), *A bruxa metapsicologia e seus destinos* (pp. 181-200). Blucher.

Fulgencio, L. (2019). Klein, Ferenczi e Winnicott: Criadores além de suas tradições. In E. M. d. U. Cintra & M. F. R. Ribeiro (Eds.), *Melanie Klein na psicanálise contemporânea. Teoria, clínica e cultura* (pp. 131-145). Zagodoni.

Fulgencio, L. (2020a). A importância do ambiente emocional, como subsídio para o trabalho de tomada de decisões no

Judiciário. *Cadernos Jurídicos (Winnicott: Aportes da Psicanálise para apoio das decisões do Judiciário)*, *21*(56), 29-40.

Fulgencio, L. (2020b). Incommensurability between paradigms, revolutions and common ground in the development of psychoanalysis. *The International Journal of Psychoanalysis*, *101*(01), 13-41. https://doi.org/10.1080/00207578.2019.1686389

Fulgencio, L. (2020c). *Psicanálise do Ser. A teoria winnicottiana do desenvolvimento emocional como uma psicologia de base fenomenológica*. Edusp-Fapesp.

Fulgencio, L. (2020d). Winnicott & Klein: Influências, continuidades e rupturas. *Revista de psicanálise da Sociedade Psicanalítica de Porto Alegre*, *27*(2), 427-452.

Fulgencio, L. (2021a). *Ensaios sobre a constituição epistemológica do pensamento de Freud*. Concern.

Fulgencio, L. (2021b). Freud e os objetivos do tratamento psicanalítico. In L. Fulgencio (Ed.), *Objetivos do tratamento psicanalítico* (pp. 55-62). Concern.

Fulgencio, L. (2021c). Incomensurabilidade entre paradigmas, revoluções e *common ground* no desenvolvimento da psicanálise In *Ensaios sobre a constituição epistemológica do pensamento de Freud* (pp. 213-258). Concern.

Fulgencio, L. (2021d). Introdução. In L. Fulgencio (Ed.), *Objetivos do tratamento psicanalítico* (pp. 29-38). Concern.

Fulgencio, L. (Ed.). (2021e). *Objetivos do tratamento psicanalítico*. Concern.

Fulgencio, L. (2021f). Winnicott e os objetivos do tratamento psicanalítico. In Fulgencio, L. (Ed.), *Objetivos do tratamento psicanalítico* (pp. 227-250). Concern.

Fulgencio, L. (2022). É adequado referir-se aos relacionamentos humanos como sendo relações de objeto? In L. Fulgencio & D. Gurfinkel (Eds.), *Relações e objetos na psicanálise*. Blucher.

Lista completa de publicações com outros autores

Braga, C. M. L., & Fulgencio, L. (2008). Resenha de *Consultas terapêuticas: Uma prática clínica de D. W. Winnicott* (Maria Ivone Accioly Lins). *Aprender (Vitoria da Conquista), 11*, 263-271.

Campos, M. R. B. d., & Fulgencio, L. (2020). A elaboração imaginativa na origem da vida psíquica e suas implicações clínicas. *Revista de Psicanálise da Sociedade Psicanalítica de Porto Alegre, 27*(2), 313-331.

Dias, F. O., & Fulgencio, L. (2020). Mulher, o mal necessário da psicanálise. *Percurso, XXXII*(64), 125-130.

Fontoni, M. R., & Fulgencio, L. (2020). Anna Freud: uma desenvolvimentista quase esquecida. *Estudos de Psicanálise, 53*, 129-142.

Labrunetti, S., & Fulgencio, L. (2013). Folheto: A Atitude Antissocial na Escola. In F. ACM/IMCA (Ed.). Sorocaba: ACM/IMCA, FEFISO.

Marchiolli, P. T. d. O., & Fulgencio, L. (2012). O complexo de Édipo nas obras de Klein e Winnicott: comparações. *Ágora, XVI*(1), 105-118.

Sandler, P. C. (2020a). Objetivos do tratamento psicanalítico, acrescidos de contribuições de Wilfred Bion. In L. Fulgencio (Ed.), *Os objetivos do tratamento psicanalítico*. Concern.

Silva, F. F. d., & Fulgencio, L. (2019). O fenômeno social no entorno da epidemia de zika como potencial complicador à constituição psíquica do bebê. *Estilos da Clínica*, *24*(2), 276-290. https://doi.org/https://doi.org/10.11606/issn.1981-1624.v24i2p276-290

Velano, M. F. e. S., & Fulgencio, L. (2020). O fort-da como limite da representatividade e da temporalização da experiência. *Revista Brasileira de Psicanálise*, *54*(1), 99-114.

Yamamoto, B. P., & Fulgencio, L. (2017). Aspectos gerais da inibição na obra de D. W. Winnicott. *Psicologia em Revista (Online)*, *23*, 182-200.

Fulgencio, L., & Barretta, J. P. (2018). O problema da comunicação entre sistemas teóricos díspares na psicanálise: propostas metodológicas para sua realização. In J. Birman, L. Fulgencio, D. Kupermann, & E. L. Cunha (Eds.), *Modalidades de pesquisa em psicanálise: métodos* e *objetivos*. Zagodoni.

Fulgencio, L., Birman, J., Kupermann, D., & Cunha, E. L. (2018a). Apresentação. In L. Fulgencio, J. Birman, D. Kupermann, & E. L. Cunha (Eds.), *Modalidades de pesquisa em psicanálise: métodos* e *objetivos* (pp. 13-19). Zagodoni.

Fulgencio, L., Birman, J., Kupermann, D., & Cunha, E. L. (Eds.). (2018b). *Modalidades de pesquisa em psicanálise: métodos* e *objetivos*. Zagodoni.

Fulgencio, L., & Coelho, D. (2018). As relações entre a empiria e a teoria na psicanálise – uma discussão de dois psicanalistas pesquisadores. In J. Birman, L. Fulgencio, D. Kupermann, & E. L. Cunha (Eds.), *Modalidades de pesquisa em psicanálise: métodos e objetivos*. Zagodoni.

Fulgencio, L., & Gurfinkel, D. (2022a). Apresentação. In L. Fulgencio & D. Gurfinkel (Eds.), *Relações e objetos na psicanálise*. Blucher.

Fulgencio, L., & Gurfinkel, D. (Eds.). (2022b). *Relações e objetos na psicanálise*. Blucher.

Fulgencio, L., & Humberg, L. V. (2014). Ética do cuidado. *Folha de São Paulo,* Tendências e Debates, 2 fev., p. 3.

Fulgencio, L., Simanke, R., Imbasciati, A., & Girard, M. (Eds.). (2018). *A bruxa metapsicologia e seus destinos*. Blucher.

Fulgencio, L., & Simanke, R. T. (2005a). Apresentação. In *Freud na filosofia brasileira*. Escuta.

Fulgencio, L., & Simanke, R. T. (2005b). *Freud na filosofia brasileira*. Escuta.

Livros

Fulgencio, L. (2008g). *O método especulativo em Freud*. EDUC.

Fulgencio, L. (2016a). *Mach & Freud: Influências e paráfrase*. Edições Concern-Fapesp.

Fulgencio, L. (2016c). *Por que Winnicott?* Zagodoni.

Fulgencio, L. (2020c). *Psicanálise do ser. A teoria winnicottiana do desenvolvimento emocional como uma psicologia de base fenomenológica*. Edusp-Fapesp.

Fulgencio, L. (2021a). *Ensaios sobre a constituição epistemológica do pensamento de Freud*. Edições Concern.

Livros (Org.)

Fulgencio, L. (Ed.). (2006c). *Livro de Comunicações do I Congresso Internacional de Filosofia da Psicanálise*. EDUC (Número especial n. 2, v. 8, da revista de filosofia e psicanálise *Natureza Humana*).

Fulgencio, L. (Ed.). (2006d). *Livro de Conferências do I Congresso Internacional de Filosofia da Psicanálise*. EDUC (Número especial n. 1, v. 8, da revista de filosofia e psicanálise *Natureza Humana*).

Fulgencio, L. (Ed.). (2007b). *Bibliografia winnicottiana*. EDUC (Número especial n. 1, v. 9, da revista de filosofia e psicanálise *Natureza Humana*).

Fulgencio, L. (Ed.). (2021e). *Objetivos do tratamento psicanalítico*. Concern.

Livros (org. com outros autores)

Birman, J., Cunha, E. L., Kupermann, D., & Fulgencio, L. (Eds.). (2014). *A fabricação do humano. Psicanálise, subjetividade e cultura*. Zagodoni.

Birman, J., Fulgencio, L., Kupermann, D., & Cunha, E. L. (Eds.). (2016). *Amar a si mesmo e amar ao outro. Narcisismo e sexualidade na psicanálise contemporânea*. Zagodoni.

Fulgencio, L., & Gurfinkel, D. (Eds.). (2022b). *Relações e objetos na psicanálise*. Blucher.

Fulgencio, L., Simanke, R., Imbasciati, A., & Girard, M. (Eds.). (2018). *A bruxa metapsicologia e seus destinos*. Blucher.

Fulgencio, L., & Simanke, R. T. (2005b). *Freud na filosofia brasileira*. Escuta.

Referências bibliográficas do Volume 1

Abram, J. (1979). *De l'enfant à l'adulte. La psychanalyse au regard de l'être*. Paris: PUF.

Abram, J. (2008). Donald Woods Winnicott (1896-1971): A brief introduction. *The International Journal of Psychoanalysis, 89*(6), 1189-1217.

Abram, J. (2009). L'objet qui survit et l'objet qui ne survit pas: Quelques réflexions sur les racines de la terre. *Les Lettres de la Société de Psychanalyse Freudienne, Winnicott, un psychanalyste dans notre temps*(21), 93-112.

Abram, J. (2012a). *Donald Winnicott Today*. London and New York: Routledge.

Abram, J. (2012b). Introduction. In J. Abram (Ed.), *Donald Winnicott Today* (pp. 1-10). Routledge.

Abram, J. (2012c). On Winnicott's clinical innovations in the analysis of adults. *International Journal of Psychoanalysis, 93*(6), 1461-1473.

Amado, G. (1978). *L'être et la psychanalyse*. Paris: PUF.

Appignanesi, L. & Forrester, J. (2005). *As mulheres de Freud*. Rio de Janeiro: Record, 2010.

Armengou, F. G.-C. (2009). The Death Drive: Conceptual Analysis and Relevance in the Spanish Psychoanalytic Community. *The International Journal of Psychoanalysis, 90*(2), 263-289. doi:10.1111/j.1745-8315.2008.00121.x

Assoun, P.-L. (2000). *La métapsychologie*. Paris: PUF.

Assoun, P.-L. (2006). Le symptôme humain: Winnicott a-métapsychologue. In *La nature humaine à l'épreuve de Winnicott*. Paris: PUF.

Assoun, P.-L. (2008). *Le démon de midi*. Le Mesmil-sur-l'Estrée: Éditions de l'Olivier.

Barnett, B. (2009). La "capacité de se soucier", Catch 22 et la Guerre du Golfe: Une perspective winnicottienne. *Les Lettres de La Société de Psychanalyse Freudienne, Winnicott, un psychanalyste dans notre temps*(21), 47-66.

Black, D. M. (2001). Mapping a Detour: Why did Freud Speak of a Death Drive? *British Journal of Psychotherapy, 18*(2), 185-198.

Blanco, I. M. (2005). The four antinomies of the death instinct. *The International Journal of Psychoanalysis, 86*(5), 1463-1476.

Blass, R. B. (2012). "On Winnicott's clinical innovations in the analysis of adults": Introduction to a controversy. *The International Journal of Psychoanalysis, 93*, 1439-1448.

Bonaminio, V. (2012). On Winnicott's clinical innovations in the analysis of adults. *The International Journal of Psychoanalysis, 93*, 1475-1485.

Brafman, A. (2009). La consultation avec l'enfant: un travail "sur mesure". *Les Lettres de La Société de Psychanalyse Freudienne, Winnicott, un psychanalyste dans notre temps*(21), 33-46.

Caldwell, L. (2005). *Sex and Sexuality: Winnicottian Perspectives (Winnicott Studies Monograph Series)*. London: Karnac Books.

Caldwell, L. (2007). *Winnicott and the Psychoanalytic Tradition.* London: Karnac.

Caldwell, L. & Joyce, A. (2011). *Reading Winnicott*. London: Routledge.

Caropreso, F. & Simanke, R. T. (2008). Life and death in Freudian metapsychology: A reappraisal of the second instinctual dualism *The International Journal of Psychoanalysis, 89*(5), 977-992.

Davis, M. & Wallbridge, D. (1981). *Limite e espaço*. Rio de Janeiro: Imago, 1984. Dethiville, L. (2008). *Donald W. Winnicott. Une nouvelle approche*. Paris: Campagne Première.

Dethiville, L. (2009). Introduction. *Les Lettres de la Société de Psychanalyse Freudienne. Winnicott, un psychanalyste dans notre temps*(21), 13-18.

Dias, E. O. (2003). *A teoria do amadurecimento de D. W. Winnicott.* Rio de Janeiro: Imago Editora.

Eigen, M. (2012). On Winnicott's clinical innovations in the analysis of adults. *The International Journal of Psychoanalysis, 93*, 1449-1459.

Ellenberger, H. F. (1970). *The Discovery of the Unconscious. The History and Evolution of Dynamic Psychiatry*. New York: Basic Books.

Ellenberger, H. F. (1994). *Histoire de la découverte de l'inconscient.* Mesnil-sur-l'Estrée: Fayard, 1994.

Freud, S. (1953-1974). *The Standard Edition of the Complete Psychological Works of Sigmund Freud* – SE (12 vols.). London: Hogarth Press.

Freud, S. (1894a). The Neuro-Psychoses of Defence. SE 3 (pp. 43-61).

Freud, S. & Breuer, J. (1895d). Studies on Hysteria. SE 2 (pp. 3-305).

Freud, S. (1900a). The Interpretation of Dreams. SE 4 (pp. 1-627).

Freud, S. (1901b). The Psychopathology of Everyday Life. SE 6 (pp. 1-296).

Freud, S. (1905d). Three Essays on the Theory of Sexuality. SE (pp. 125-246).

Freud, S. (1905e). Fragment of an Analysis of a Case of Hysteria. SE 7 (pp. 3-122).

Freud, S. (1911b). Formulations on the Two Principles of Mental Functioning. SE 12 (pp. 215-226).

Freud, S. (1912g). A Note on the Unconscious in Psycho-Analysis. SE 12 (pp. 257-266).

Freud, S. (1912x). Totem and Taboo. SE 13 (pp. 1-162).

Freud, S. (1913j). The Claims of Psycho-Analysis to Scientific Interest. SE 13 (pp. 164- 190).

Freud, S. (1914c). On Narcissism. SE 14 (pp. 69-102).

Freud, S. (1914d). On the History of the Psycho-Analytic Movement. SE 14 (pp. 3-66).

Freud, S. (1915c). Instincts and their Vicissitudes. SE 14 (pp. 105-140).

Freud, S. (1915d). Repression. SE 14 (pp. 143-158).

Freud, S. (1915e). The Unconscious. SE 14 (pp. 161-215).

Freud, S. (1916x). Introductory Lectures on Psycho-Analysis. SE 15 (pp. 3-463).

Freud, S. (1917e). Mourning and Melancholia. SE 14 (pp. 239-258).

Freud, S. (1919h). The "Uncanny". SE 17 (pp. 218-256).

Freud, S. (1920g). Beyond the Pleasure Principle. SE 18 (pp. 3-64).

Freud, S. (1923a). Two Encyclopaedia Articles. SE 18 (pp. 234-260).

Freud, S. (1923b). The Ego and the Id. SE 19 (pp. 3-66).

Freud, S. (1926d). Inhibitions, Symptoms and Anxiety. SE 20 (pp. 77-176).

Freud, S. (1927c). The Future of an Illusion. SE 21 (pp. 3-56).

Freud, S. (1930a). Civilization and its Discontents. SE 21 (pp. 59-146).

Freud, S. (1933a). New Introductory Lectures On Psycho-Analysis. SE 22 (pp. 3-182).

Freud, S. (1937c). Analysis Terminable and Interminable. SE 23 (pp. 211-254).

Freud, S. (1940a). An Outline of Psycho-Analysis. SE 23 (pp. 141-208).

Freud, S. (1897). *Projeto de uma psicologia* (O. F. G. Junior, Trans.). Rio de Janeiro: Imago, 1995.

Freud, S. (1985). *Neuroses de transferência: uma síntese*. Rio de Janeiro: Imago, 1987.

Fulgencio, L. (2001a). Comentários críticos das referências textuais de Freud a Kant. *Psicologia USP*, *12*(1), 49-88.

Fulgencio, L. (2003a). As especulações metapsicológicas de Freud. *Revista de Filosofia e Psicanálise Natureza Humana*, *5*(1), 127-164.

Fulgencio, L. (2003b). Kant e as especulações metapsicológicas de Freud. *Kant e-Prints*, *2*(9).

Fulgencio, L. (2005b). Freud's metapsychological speculations. *International Journal of Psychoanalysis*, *86*(1), 99-123.

Fulgencio, L. (2006g). O método analógico em Freud. *Estilos da Clínica*, *XI*(21), 204-223.

Fulgencio, L. (2006i). Winnicott e uma psicanálise sem metapsicologia. *Revista de Filosofia e Psicanálise Natureza Humana*, *8*(Especial 1), 401-420.

Fulgencio, L. (2007e). O kantismo de Freud. *Mente * Cérebro & Filosofia. Fundamentos para a compreensão contemporânea da psique* (Vol. 3: *A construção da noção de sujeito no iluminismo*), 64-73.

Fulgencio, L. (2007h). Winnicott's rejection of the basic concepts of Freud's metapsychology. *International Journal of Psychoanalysis*, *88*(2), 443-461. http://www.blackwell-synergy.com/doi/abs/10.1516/W543-2117-1031-716J

Fulgencio, L. (2008c). Fundamentos kantianos da psicanálise freudiana e o lugar da metapsicologia no desenvolvimento da psicanálise. In V. Safatle & R. Manz (Eds.), *A filosofia após Freud* (Vol. 1, pp. 261-277). Humanitas.

Fulgencio, L. (2008g). *O método especulativo em Freud*. EDUC.

Fulgencio, L. (2015b). Discussion of the place of metapsychology in Winnicott's work. *The International Journal of Psychoanalysis*, *96*(5), 1235-1259. https://doi.org/10.1111/1745-8315.12313

Fulgencio, L. (2016c). *Por que Winnicott?* Zagodoni.

Fulgencio, L. (2020b). Incommensurability between paradigms, revolutions and common ground in the development of psychoanalysis. *The International Journal of Psychoanalysis*,

101(01), 13-41. https://doi.org/10.1080/00207578.2019.1686389

Fulgencio, L. (2020c). *Psicanálise do ser. A teoria winnicottiana do desenvolvimento emocional como uma psicologia de base fenomenológica*. Edusp-Fapesp.

Fulgencio, L. (2021a). *Ensaios sobre a constituição epistemológica do pensamento de Freud*. Edições Concern.

Fulgencio, L. (2021e). *Objetivos do tratamento psicanalítico*. Concern.

Fulgencio, L.; Simanke, R.; Imbasciati, A. & Girard, M. (Eds.). (2018). *A bruxa metapsicologia e seus destinos*. Blucher.

Foucault, M. (1988). *Doença mental e psicologia*. Rio de Janeiro: Tempo Brasileiro.

Geyskens, T. (2003). Imre Hermann's Freudian theory of attachment. *The International Journal of Psychoanalysis, 84*(6), 1517-1529.

Girard, M. (2005). *L'accueil en pratique institutionnelle. Immaturité, schizophrénies et bruissements du monde*. Paris: Champ Social Éditions.

Girard, M. (2010). Winnicott's foundation for the basic concepts of Freud's metapsychology? *The International Journal of Psychoanalysis, 91*(2), 305-324.

Girard, M. (2017). Early and deep: two independent paradigms? *The International Journal of Psychoanalysis*(98), 963-984. doi:10.1111/1745-8315.12644

Girard, M. (2018 [2010]). Winnicott fundamenta os conceitos básicos da metapsicologia freudiana? In *A bruxa metapsicologia e seus destinos* (pp. 201-238). Blucher.

Girard, M. (2018 [2017]). Le précoce et le profond: deux paradigmes indépendants ? In *De psychiatrie en psychanalyse avec Winnicott. Les conditions du soin psychanalytique institutionnel* (pp. 35-48). Champ Social Éditions.

Goldman, D. (1993). Introduction to *One's Bones: The Clinical Genius of Winnicott*. In *One's Bones: The Clinical Genius of Winnicott*. New York: Jason Aronson.

Golse, B. (2019). *Le bébé et ses possibles*. Toulouse: Érès.

Gordon, R. (1961). The death instinct and its relation to the self. *The Journal of Analytical Psychology*, 6(2), 119-135.

Green, A. (1995). *Propédeutique. La métapsychologie revisitée*. Seyssel: Champ Vallon.

Green, A. (2000). *André Green e a fundação Squiggle*. São Paulo: Roca, 2003.

Green, A. (2005a). *Jouer avec Winnicott*. Paris: PUF.

Green, A. (2005b). Winnicott at the start of the third millennium. In L. Caldwell (Ed.), *Sex and sexuality: Winnicottian perspectives (Winnicott Studies Monograph Series)* (pp. 11-31). London: Karnac Books.

Green, A. (2005c). Winnicott en transition, entre Freud et Melanie Klein. In *Jouer avec Winnicott* (pp. 43-66). Paris: PUF.

Green, A. (2007). *Pourquoi les pulsions de destruction ou de mort?* Paris: Éditions du Panamá.

Green, A. (2013a). *Penser la psychanalyse avec Bion, Lacan, Winnicott, Laplanche, Auglagnier, Anzieu, Rosolato*. Paris: Ithaca.

Green, A. (2013b). Origines et vicissitudes de l'Être dans l'œuvre de Winnicott. In A. Green (Ed.), *Penser la psychanalyse avec Bion, Lacan, Winnicott, Laplanche, Auglagnier, Anzieu, Rosolato* (pp. 71-92). Paris: Ithaca.

Greenberg, J. R. & Mitchell, S. A. (1983). *Relações objetais na teoria psicanalítica*. Porto Alegre: Artes Médicas, 1994.

Groarke, S. (2014). *Managed lives: Psychoanalysis, inner security and the social order*. London: Routledge.

Grünbaum, A. (1984). *The foundations of psychoanalysis*. Berkeley: University of California Press.

Guyomard, P. (2009). Désir et créativité. *Les Lettres de la Société de Psychanalyse Freudienne, Winnicott, un psychanalyste dans notre temps*, (21), 113-122.

Hjulmand, K. (1999). Lista completa das publicações de D. W. Winnicott. *Revista de Filosofia e Psicanálise Natureza Humana, 1*(2), 459-517.

Hjulmand, K. (2007). D. W. Winnicott: Bibliography: Chronological and alphabetical lists. In *The language of Winnicott: a dictionary of Winnicott's use of words* (2. ed., pp. 363-435). London: Karnac.

Kabesh, A. T. (Ed.) (2019). *Twelve essays on Winnicott. Theoretical developments and clinical innovations*. New York: Oxford University Press.

Kant, I. (1787). *Crítica da razão pura. 1. ed. 1781 (A) e 2. ed. 1787 (B)*. Lisboa: Fundação Calouste Gulbenkian, 1997.

Kant, I. (1798). *Antropologia de um ponto de vista pragmático*. São Paulo: Iluminuras, 2006.

Karnac, H. (2007). *After Winnicott. Compilation of words based on the life, writings and ideas os D. W. Winnicott*. London: Karnac Books, 2007.

Klein, M. (1921). O desenvolvimento de uma criança, pp. 21-75.

Klein, M. (1923). Análise de crianças pequenas, pp. 100-128.

Klein, M. (1926). Princípios psicológicos da análise de crianças pequenas, pp. 152-163.

Klein, M. (1927a). Simpósio sobre análise de crianças, pp. 164-196.

Klein, M. (1927b). Tendências criminosas em crianças normais, pp. 197-213.

Klein, M. (1928). Estágios iniciais do conflito edipiano, pp. 214-227.

Klein, M. (1930). A importância da formação de símbolos no desenvolvimento do ego, pp. 249-264.

Klein, M. (1933). O desenvolvimento inicial da consciência na criança, pp. 283-295.

Klein, M. (1940). O luto e suas relações com os estados maníaco-depressivos, pp. 385-412.

Klein, M. (1945). O complexo de Édipo à luz das ansiedades arcaicas, pp. 413-464.

Klein, M. (1952). As origens da transferência, pp. 70-79.

Klein, M. (1957). Inveja e gratidão, pp. 205-267.

Klein, M. (1958). Sobre o desenvolvimento do funcionamento mental, pp. 268-279.

Klein, M. (1991). *Obras completas de Melanie Klein* (Vol. III: *Inveja e gratidão e outros trabalhos 1946-1963*). Rio de Janeiro: Imago.

Klein, M. (1996). *Obras completas de Melanie Klein* (Vol. I: *Amor, culpa e reparação e outros trabalhos 1921-1945*). Rio de Janeiro: Imago.

Kuhn, T. S. (1970). *A estrutura das revoluções científicas*. São Paulo: Perspectiva, 1975.

Kuhn, T. S. (1977). *A tensão essencial*. Lisboa: Edições 70.

Kuhn, T. S. (2000). *O caminho desde A estrutura. Ensaios filosóficos, 1970-1993, com uma entrevista autobiográfica*. São Paulo: Editora Unesp, 2006.

Lacan, J. (1949). O estádio do espelho como formador da função do eu. In *Escritos* (pp. 96-103). Rio de Janeiro: Jorge Zahar Editor.

Laplanche, J. & Pontalis, J.-B. (1967). *Vocabulaire de psychanalyse*. Paris: PUF.

Laplanche, J. & Pontalis, J.-B. (1985). *Fantasia originária, fantasias das origens, origens da fantasia*. Rio de Janeiro: Zahar, 1988.

Laplanche, J. & Pontalis, J.-B. (1986). *Vocabulário da psicanálise*. São Paulo: Martins Fontes.

Lehmann, J.-P. (2003). *La clinique analytique de Winnicott. De la position dépressive aux états-limites*. Ramonville-Saint-Agne: Érès.

Lehmann, J.-P. (2007). *Développements de la clinique de Winnicott. Avatars des régressions et masochisme féminin*. Ramonville--Saint-Agne: Érès.

Limentani, A. (1989). *Between Freud and Klein*. London: Free Association.

Lipps, T. (2001 [1897]). O conceito de inconsciente na psicologia. *Revista de Filosofia e Psicanálsie Natureza Humana, 3*(1), 335-356.

Loparic, Z. (1995). Winnicott e o pensamento pós-metafísico *Psicologia USP, 6*(2), 39-61.

Loparic, Z. (1997a). A máquina no homem. *Psicanálise e universidade*(7), 97-114.

Loparic, Z. (1997b). Winnicott e Melanie Klein: Conflito de Paradigmas. In I. F. M. Catafesta (Ed.), *A clínica e a pesquisa no final do século: Winnicott e a universidade*. São Paulo: Lemos.

Loparic, Z. (1997c). Winnicott: Uma psicanálise não-edipiana. *Revista de psicanálise da Sociedade Psicanalítica de Porto Alegre, 4*(2), 375-387.

Loparic, Z. (1999). É dizível o inconsciente? *Revista de Filosofia e Psicanálise Natureza Humana, 1*(2), 323-385.

Loparic, Z. (1999b). O conceito de *Trieb* na filosofia e na psicanálise. In J. A. T. Machado (Ed.), *Machado 1999* (pp. 97-157). Porto Alegre: EDIPCRS.

Loparic, Z. (2001a). Além do inconsciente: Sobre a desconstrução heideggeriana da psicanálise. *Revista de Filosofia e Psicanálise Natureza Humana, 3*(1), pp. 91- 140.

Loparic, Z. (2001b). Esboço do paradigma winnicottiano. *Cadernos de História e Filosofia da Ciência, 11*(2), 7-58.

Loparic, Z. (2001c). Theodor Lipps: Uma fonte esquecida do paradigma freudiano. *Revista de Filosofia e Psicanálise Natureza Humana, 3*(2), 315-331.

Loparic, Z. (2003). De Kant a Freud: Um roteiro. *Revista de Filosofia e Psicanálise Natureza Humana, 5*(1), 231-245.

Loparic, Z. (2006). De Freud a Winnicott: Aspectos de uma mudança paradigmática. *Revista de Filosofia e Psicanálise Natureza Humana, 8*(Especial 1), 21-47.

Loparic, Z. (2007). Elementos da teoria winnicottiana da sexualidade. *Revista de Filosofia e Psicanálise Natureza Humana, 7*(2), 311-358.

Loparic, Z. (2012). From Freud to Winnicott: aspects of a paradigm change. In *Donald Winnicott Today*. London and New York: Routledge.

Lucas, R. (2002). The concept of the death instinct: a clinical viewpoint. *British Journal of Psychotherapy, 18*(4), 568-570.

McDougall, J. (2009). Winnicott, trente-cinq ans après. *Les Lettres de la Société de Psychanalyse Freudienne*(21), 23-32.

Mérot, P. (2011). Trace du maternel dans le religieux. *Revue Française de Psychanalyse, 75*, 1353-1433.

Nasio, J.-D. (2007). *Édipo. O complexo do qual nenhuma criança escapa*. Rio de Janeiro: Jorge Zahar.

Ogden, T. (1985). The mother, the infant and the matrix: interpretations of aspects of the work of Donald Winnicott. *Contemporary Psychoanalysis*(21), 346-371.

Ogden, T. (2020). Psicanálise ontológica ou "O que você quer ser quando crescer?". *Revista Brasileira de Psicanálise, 54*(1), 23-46.

Olsen, O. A. & Koppe, S. (1986). Problems in Freud's Metapsychology. *Scandinavian Journal of Psychology, 27*(1), 163-174.

Phillips, A. (1988). *Winnicott*. London: Fontana Press.

Phillips, A. (2007 [1988]). *Winnicott*. São Paulo: Idéias & Letras.

Porret, P. (2009). On n'habite que le lieu dont on se sépare. *Les Lettres de la Société de Psychanalyse Freudienne, Winnicott, un psychanalyste dans notre temps*(21), 141-161.

Reeves, C. (2007). The mantle of Freud: was 'the use of an object' Winnicott's todestrieb? *British Journal of Psychotherapy, 23*(3), 365-382.

Ricœur, P. (1965). *De l'interprétation. Essai sur Freud*. Paris: Seuil.

Ricœur, P. (1969). *Le conflit des interprétations. Essais d'herméneutique*. Paris: Seuil.

Ricœur, P. (1970). *Freud and Philosophy*. New Haven: Yale University Press.

Rodulfo, R. (2008). *El psicoanálisis de nuevo. Elementos para la desconstrucción del psicoanálisis tradicional*. Buenos Aires: Eudeba.

Roudinesco, E. & Plon, M. (1997). *Dictionnaire de la psychanalyse*. Paris: Fayard.

Roudinesco, E. & Plon, M. (1998). *Dicionário de psicanálise*. Jorge Zahar Editor.

Roussillon, R. (1999). Introduction à nouvelle édition de *Le paradoxe de Winnicott*. Actualité de Winnicott. In *Le paradoxe de Winnicott. De la naissance à la création*. Paris: In Press Éditions.

Roussillon, R. (2009). Transitionnel et réflexivité. *Les Lettres de la Société de Psychanalyse Freudienne, Winnicott, un psychanalyste dans notre temps*(21), 123-140.

Roussillon, R. (2010). The deconstruction of primary narcissism. *The International Journal of Psychoanalysis, 91*(4), 821-837.

Sandler, J. (1960). O conceito de superego. In *Da segurança ao superego*. Porto Alegre: Artes Médicas.

Spelman, M. B. (2013a). *The evolution of Winnicott's thinking: examining the growth of psychoanalytic thought over three generations*. London: Karnac Books.

Spelman, M. B. (2013b). *Winnicott's babies and Winnicott's patients: psychoanalysis as transitional space*. London: Karnac Books.

Spelman, M. B. & Thomson-Salo, F. (Eds.). (2015). *The Winnicott tradition*. London: Karnac.

Tyson, A. & Strachey, J. (1956). A chronological hand-list of Freud's works. *International Journal of Psychoanalysis, 37*(1), 19-33.

Winnicott, D. W. (1947a). A criança e o sexo. In *A criança e seu mundo* (pp. 166-182). Rio de Janeiro: Zahar, 1982.

Winnicott, D. W. (1953c [1958]). Objetos Transicionais e Fenômenos Transicionais. In Da *Pediatria à Psicanálise: Obras Escolhidas* (pp. 316-331). Rio de Janeiro: Imago Ed., 2000.

Winnicott, D. W. (1953c [1971]). Objetos Transicionais e Fenômenos Transicionais. In *Da pediatria à psicanálise* (pp. 316-331). Sào Paulo: UBU, 2021.

Winnicott, D. W. (1954a). A mente e sua relação com o psicossoma. In *Da pediatria à psicanálise* (pp. 408-426). São Paulo: UBU, 2021.

Winnicott, D. W. (1955c). A posição depressiva no Desenvolvimento emocional normal. In *Da pediatria à psicanálise* (pp. 437-461). São Paulo: UBU, 2021.

Winnicott, D. W. (1955d). Aspectos clínicos e metapsicológicos da regressão no contexto psicanalítico. In *Da pediatria à psicanálise* (pp. 462-485). São Paulo: UBU, 2021.

Winnicott, D. W. (1956a). Formas clínicas da transferência. In *Da pediatria à psicanálise* (pp. 486-492). São Paulo: UBU, 2021.

Winnicott, D. W. (1958b). A agressividade em relação ao desenvolvimento emocional. In *Da Pediatria à Psicanálise* (pp. 371-392). São Paulo: UBU, 2021.

Winnicott, D. W. (1958c). A tendência antissocial. In *Da pediatria à psicanálise* (pp. 502-516). São Paulo: UBU, 2021.

Winnicott, D. W. (1958d). Ansiedade associada à insegurança. In *Da pediatria à psicanálise* (pp. 212-217). São Paulo: UBU, 2021.

Winnicott, D. W. (1958f). Memórias do nascimento, trauma do nascimento e ansiedade. In *Da pediatria à psicanálise* (pp. 327-355). São Paulo: UBU, 2021.

Winnicott, D. W. (1958g). A capacidade de ficar sozinho. In *Processos de amadurecimento e ambiente facilitador* (pp. 34-43). São Paulo: UBU, 2022.

Winnicott, D. W. (1958m). Pediatria e neurose da infância. In *Da pediatria à psicanálise* (pp. 517-524). São Paulo: UBU, 2021.

Winnicott, D. W. (1958n). A preocupação materna primária. In *Da pediatria à psicanálise* (pp. 493-501). São Paulo: UBU, 2021.

Winnicott, D. W. (1958p). A reparação relativa à defesa organizada da Mãe contra a depressão. In *Da pediatria à psicanálise* (pp. 203-211). São Paulo: UBU, 2021.

Winnicott, D. W. (1960c). Teoria do relacionamento pais-bebê. In *Processos de amadurecimento e ambiente facilitador* (pp. 44-69). São Paulo: UBU, 2022.

Winnicott, D. W. (1962a). Adolescência. Transpondo a zona das calmarias. In *A família e o desenvolvimento individual* (pp. 115-127). São Paulo: Martins Fontes, 1999.

Winnicott, D. W. (1962e). Resenha de *Letters of Sigmund Freud 1873-1939*. In *Explorações psicanalíticas: D. W. Winnicott* (pp. 359-361). Porto Alegre: Artes Médicas, 1994.

Winnicott, D. W. (1963b). O desenvolvimento da capacidade de envolvimento. In *Privação e delinquência* (pp. 111-117). São Paulo: Martins Fontes, 1999.

Winnicott, D. W. (1963c). Os doentes mentais nos casos clínicos dos assistentes sociais. In *Processos de amadurecimento e ambiente facilitador* (pp. 279-311). São Paulo: UBU, 2022.

Winnicott, D. W. (1963d). Moral e Educação. In *Processos de amadurecimento e ambiente facilitador* (pp. 88-98). São Paulo: UBU, 2022.

Winnicott, D. W. (1964g). Introdução. In *A criança e seu mundo* (pp. 9-12). Rio de Janeiro: Zahar, 1982.

Winnicott, D. W. (1964h). Resenha de *Memories, dreams, reflections*, de C. J. Jung. In *Explorações psicanalíticas: D. W. Winnicott* (pp. 365-372). Porto Alegre: Artes Médicas, 1994.

Winnicott, D. W. (1965d). Os objetivos do tratamento psicanalítico. In *Processos de amadurecimento e ambiente facilitador* (pp. 212-217). São Paulo: UBU.

Winnicott, D. W. (1965j). Comunicação e falta de comunicação levando ao estudo de certos opostos. In *Processos de amadurecimento e ambiente facilitador* (pp. 229-247). São Paulo: UBU, 2022.

Winnicott, D. W. (1965m). Distorção do ego em Termos de self verdadeiro e falso self. In *Processos de amadurecimento e ambiente facilitador* (pp. 177-194). São Paulo: UBU, 2022.

Winnicott, D. W. (1965n). A integração do Ego no desenvolvimento da criança. In *Processos de amadurecimento e ambiente facilitador* (pp. 70-78). São Paulo: UBU, 2022.

Winnicott, D. W. (1965q). A criança de cinco anos. In *A família e o desenvolvimento individual* (pp. 49-57). São Paulo: Martins Fontes, 1999.

Winnicott, D. W. (1965r). Da dependência à independência no desenvolvimento do indivíduo. In *Processos de amadurecimento e ambiente facilitador* (pp. 104-116). São Paulo: UBU, 2022

Winnicott, D. W. (1965s). Influências de grupo e a criança desajustada: o aspecto escolar. In *Privação e delinquência* (pp. 215-226). São Paulo: Martins Fontes, 1999.

Winnicott, D. W. (1965t). Crescimento e desenvolvimento na fase imatura. In *A família e o desenvolvimento individual* (pp. 29-41). São Paulo: Martins Fontes, 1999.

Winnicott, D. W. (1965va). Enfoque pessoal da contribuição kleiniana. In *Processos de amadurecimento e ambiente facilitador* (pp. 218-228). São Paulo: UBU, 2022.

Winnicott, D. W. (1965vc). Provisão para a criança na saúde e na crise. In *Processos de amadurecimento e ambiente facilitador* (pp. 79-90). São Paulo: UBU, 2022.

Winnicott, D. W. (1965ve). A psicoterapia de distúrbios de caráter. In *Privação e delinquência* (pp. 275-290). São Paulo: Martins Fontes, 1999.

Winnicott, D. W. (1965vf). O relacionamento inicial entre uma mãe e seu bebê. In *A família e o desenvolvimento individual* (pp. 21-28). São Paulo: Martins Fontes, 1999.

Winnicott, D. W. (1966d). A enfermidade psicossomática em seus aspectos positivos e negativos. In *Explorações psicanalíticas: D. W. Winnicott* (pp. 82-90). Porto Alegre: Artes Médicas, 1994.

Winnicott, D. W. (1968a). A etiologia da esquizofrenia infantil em termos do fracasso adaptativo. In *Pensando sobre crianças* (pp. 193-196). Porto Alegre: Artes Médicas, 1997.

Winnicott, D. W. (1968c). O conceito de regressão clínica comparado com o de organização defensiva. In *Explorações psicanalíticas: D. W. Winnicott* (pp. 151-156). Porto Alegre: Artes Médicas, 1994.

Winnicott, D. W. (1968d). A comunicação entre o bebê e a mãe e entre a mãe e o bebê: convergências e divergências.

Winnicott, D. W. (1968i). O brincar: proposição teórica. In *O brincar e a realidade* (pp. 69-90). São Paulo: UBU, 2019.

Winnicott, D. W. (1969g). Fisioterapia e relações humanas. In *Explorações psicanalíticas: D. W. Winnicott* (pp. 427-432). Porto Alegre: Artes Médicas,1994.

Winnicott, D. W. (1970b). A experiência mãe-bebê de mutualidade. In *Explorações psicanalíticas: D. W. Winnicott* (pp. 195-202). São Paulo: Artes Médicas, 1994.

Winnicott, D. W. (1971a). *O brincar e a realidade* São Paulo: UBU, 2019.

Winnicott, D. W. (1971b). *Consultas terapêuticas em psiquiatria infantil.* Rio de Janeiro: Imago, 1984.

Winnicott, D. W. (1971d). As bases para o *self* no corpo. In *Explorações psicanalíticas: D. W. Winnicott* (pp. 203-218). Porto Alegre: Artes Médicas, 1994.

Winnicott, D. W. (1971f). O conceito de indivíduo saudável. In .

Winnicott, D. W. (1971g). A criatividade e suas origens. In *O brincar e a realidade* (pp. 108-140). Rio de Janeiro: UBU, 2019.

Winnicott, D. W. (1971l). Inter-relacionar-se independentemente do impulso instintual e em função de identificações cruzadas. In *O brincar e a realidade* (pp. 189-218). São Paulo: UBU, 2019.

Winnicott, D. W. (1971q). O lugar em que vivemos. In *O brincar e a realidade* (pp. 167-176). UBU, 2019.

Winnicott, D. W. (1971r). O brincar: atividade criativa e a busca do self. In *O brincar e a realidade* (pp. 91-107). São Paulo: UBU, 2019.

Winnicott, D. W. (1971va). Os elementos masculinos e femininos ex-cindidos [*split-off*] encontrados em homens e mulheres. In *Explorações psicanalíticas: D. W. Winnicott* (pp. 134-144). Porto Alegre: Artes Médicas, 1994.

Winnicott, D. W. (1972c). Resposta a comentários (Parte III do cap. 28: Sobre elementos masculinos e femininos ex-cindidos [*split-off*]). In *Explorações psicanalíticas: D. W. Winnicott* (pp. 148-150). Porto Alegre: Artes Médicas, 1994.

Winnicott, D. W. (1974). O medo do colapso. In *Explorações psicanalíticas: D. W. Winnicott* (pp. 70-76). Porto Alegre: Artes Médicas, 1994.

Winnicott, D. W. (1984e). Liberdade. In *Tudo começa em casa* (pp. 272-283). São Paulo: UBU, 2021.

Winnicott, D. W. (1984h). *Sum*: eu sou. In *Tudo começa em casa* (pp. 62-74). São Paulo: UBU, 2021.

Winnicott, D. W. (1984i). Variedades de Psicoterapia. In *Privação e Delinquência* (pp. 263-273). São Paulo: Martins Fontes, 1999.

Winnicott, D. W. (1986c). Os muros de Berlim. In *Tudo começa em casa* (pp. 264-271). São Paulo: UBU, 2021.

Winnicott, D. W. (1986f). Cura: uma conversa com médicos. In *Tudo começa em casa* (pp. 131-141). São Paulo: UBU, 2021.

Winnicott, D. W. (1986h). Vivendo criativamente. In *Tudo começa em casa* (pp. 43-61). São Paulo: UBU, 2021.

Winnicott, D. W. (1986k). Psicanálise e ciência: amigas ou parentes? In *Tudo começa em casa* (pp. 11-18). São Paulo: UBU, 2021.

Winnicott, D. W. (1987b). *O gesto espontâneo*. São Paulo: Martins Fontes, 1990.

Winnicott, D. W. (1987d). Notas preliminares para "A comunicação entre o bebê e a mãe e entre a mãe e o bebê: Convergências e divergências" (após Fonte dos capítulos). In .

Winnicott, D. W. (1987e). A mãe dedicada comum. In .

Winnicott, D. W. (1988). *Natureza humana*. Rio de Janeiro: Imago, 1990.

Winnicott, D. W. (1989d). O conceito de trauma em relação ao desenvolvimento do indivíduo dentro da família. In *Explorações psicanalíticas: D. W. Winnicott* (pp. 102-115). Porto Alegre: Artes Médicas, 1994.

Winnicott, D. W. (1989f). Pós-escrito: D.W.W. sobre D.W.W. In *Explorações psicanalíticas: D. W. Winnicott* (pp. 433-443). Porto Alegre: Artes Médicas, 1994.

Winnicott, D. W. (1989i). O destino do objeto transicional. In *Explorações psicanalíticas: D. W. Winnicott* (pp. 44-48). Porto Alegre: Artes Médicas, 1994.

Winnicott, D. W. (1989s). Uma nova luz sobre o pensar infantil. In *Explorações psicanalíticas: D.W. Winnicott* (pp. 119-123). Porto Alegre: Artes Médicas, 1994.

Winnicott, D. W. (1989vh). O brincar e a cultura. In *Explorações psicanalíticas: D. W. Winnicott* (pp. 160-162). Porto Alegre: Artes Médicas, 1994.

Winnicott, D. W. (1989vl). Psiconeurose na infância. In *Explorações psicanalíticas: D. W. Winnicott* (pp. 53-58). Porto Alegre: Artes Médicas, 1994.

Winnicott, D. W. (1989vp). Material clínico (Parte II cap. 28: Sobre os elementos masculinos e femininos ex-cindidos [*split-off*]). In *Explorações psicanalíticas: D. W. Winnicott* (pp. 144-148). Porto Alegre: Artes Médicas, 1994.

Winnicott, D. W. (1989xa). O uso do objeto no contexto de *Moisés e o monoteísmo* (Parte VII cap. 34). In *Explorações psicanalíticas: D. W. Winnicott* (pp. 187-191). Porto Alegre: Artes Médicas, 1994.

Winnicott, D. W. (1989xf). Primórdios de uma formulação de uma apreciação e crítica de enunciado kleiniano da inveja. (Parte II cap. 53: Melanie Klein: Sobre o seu conceito de inveja). In *Explorações psicanalíticas: D. W. Winnicott* (pp. 340-347). Porto Alegre: Artes Médicas, 1994.

Winnicott, D. W. (1989xi). Joseph Sandler. Comentários sobre *On the concept of the superego* In *Explorações psicanalíticas: D. W. Winnicott* (pp. 353-358). Porto Alegre: Artes Médicas, 1994.

Winnicott, D. W. (1993c). O desenvolvimento do sentido de certo e errado de uma criança. In *Conversando com os pais* (pp. 121-126). São Paulo: Martins Fontes, 1999.

Winnicott, D. W. (1996b). A Associação de Psicologia e Psiquiatria Infantil observada como um fenômeno de grupo. In *Pensando sobre crianças* (pp. 205-219). Porto Alegre: Artes Médicas, 1997.

Winnicott, D. W. (1996f). Psiquiatria infantil, serviço social e atendimento alternativo. In *Pensando sobre crianças* (pp. 235-238). Porto Alegre: Artes Médicas, 1997.

Winnicott, D. W. (Ed.) (2017). *The collected works of D. W. Winnicott.* New York: Oxford University Press.

Wright, G. H. v. (1971). *Explanantion and understanding.* Ithaca, NY: Cornell University Press.

GRÁFICA PAYM
Tel. [11] 4392-3344
paym@graficapaym.com.br